시詩
어떻게 쓸 것인가?

시詩 어떻게 쓸 것인가?

1판 1쇄_ 2017년 09월 05일
1판 2쇄_ 2020년 05월 07일

지은이_ 이승하
펴낸이_ 윤승천
펴낸곳_ Km

등록번호_ 제25110-2010-000016호
주소_ 서울특별시 은평구 가좌로 10길 26
전화_ 02-305-6077(대표)
팩스_ 0505)115-6077 / 02)305-1436

값_ 20,000원
ISBN 978-89-967527-2-1 03810

* 잘못된 책은 바꾸어 드립니다.
* 이 책의 판권은 Km에 있으며 저작권은 저자와 Km에 있습니다.
  허가없는 무단인용 및 복제·복사를 금하며 인지는 협의에 의해 생략합니다.

이승하 교수의 시 쓰기 수업
시詩창작 입문

시詩
어떻게 쓸 것인가?

이승하 지음

책머리에

시의 신 뮤즈에게 들리고 만 그대에게

1971년에 노벨문학상을 수상한 칠레의 시인 파블로 네루다는 처음에 어떻게 해서 시를 쓰게 되었는가에 대해 〈시〉라는 작품에서 이렇게 말합니다.

> 그러니까 그 나이였어……
> 시가 나를 찾아왔어.
> 몰라, 그게 어디서 왔는지.
> 모르겠어, 겨울에서인지 강에서인지.
> 언제 어떻게 왔는지 모르겠어.
> 아냐, 그건 목소리가 아니었고,
> 말도 아니었으며, 침묵도 아니었어.
> 하여간 어떤 길거리에서 나를 부르더군.

시를 쓰겠노라 억지로 마음먹고 쓴 것이 아니라 시의 여신 뮤즈가 찾아와서 자연스럽게 시를 쓰게 되었다는 것입니다. 하지만 시를 쓰고 싶어 하는 마음이 있었기에 시가 나를 찾아왔지, 시심이 없는 사람에게 시가 오지는 않습니다.

여러분은 시를 쓰고 싶은 생각이 든 적이 분명히 있었지요? 시가 어렵기만 하던가요?

제가 몸담고 있는 곳이 중앙대학교 문예창작학과여서 그런지 저는 해마다 신문사 신춘문예와 문예지 신인상 공모, 각 지역 문화재단의 창작지원금 선정, 청소년 백일장 등에 나가 심사를 하게 됩니다. 서울 시내 대다수 대학에서 백일장을 실시하고 있고, 또 대다수 대학에서 백일장 우수 수상자를 수능시험 이전에 뽑습니다. 이를 특기자 수시 입학이라고 하지요. 기업체나 관공서의 글쓰기 공모전 심사에도 간간이 참여하고 있습니다.

고등학생들이 글재주를 겨루는 백일장의 열기는 뜨겁습니다만 좋은 작품을 만나기란 그다지 쉽지 않습니다. 독서 경험이 부족하여 어설픈 작품을 써 내는 학생이 있는가 하면 기성시인의 작품을 흉내 내기도 합니다. 또래가 쓴 우수작들을 짜깁기한 작품도 간간이 눈에 뜨입니다. 수상작이 표절 시비에 휘말려 당사자가 인생의 큰 굴곡을 겪는 경우도 있지요.

백일장에 나가 몇 번 상장을 받으면 대학 입학의 특전이 주어지니 '좋은 글쓰기'를 목표로 하지 않고 '백일장에 나가 입상하기'를 목표로 두는 학생이 뜻밖에 꽤 많습니다. 이것은 잘못된 것이기에 고쳐주어야겠다는 생각을 여러 해 전부터 하게 되었습니다. 청소년들이 책을 통해 꿈을 키우고 글을 쓰면서 마음의 수양을 하면 정말 좋겠습니다.

또한 나이가 마흔 정도에 접어든 직장인이나 주부라면 자신의 삶을 돌아보고 새로운 꿈의 씨앗을 뿌릴 생각을 해보게 되지 않을까요? 지금까지는 가족을 위해 불철주야 일만 해왔는데 시간을 좀 내서 지나온 생을 돌아보고 앞으로 어떻게 살아가야 할지 명상에 잠겨볼 때가 있지 않을까요? 주부인 당신이 저녁에 찬거리를 사오면서, 직장인인 당신이 퇴근길에 술 한 잔 하고 집으로 가면서 문득 묘한 상실감이 엄습하지 않던가요? 그 친구가 그렇게 일찍 죽다니. 이렇게 금방 밀려나게 되다니. 자식은 이미 제 길로 가버렸는데 아내남편도 나를 이해해주지 않는구나. 상실감 정도가 아니라 뼈가 시린 고독감과 소외감 같은 것을 느껴보지는 않았습니까? 그때 시를 쓰고 싶은 마음이 생겨났다면 그것은 아주 자연스런 현상입니다.

시인인 저도 시를 쓰면 위안을 얻고 불안한 마음이 안정됩니다. 좋은 시집을 읽고 싶은 마음이 일어날 때도 있지요. 이 세상에는 자기 계발서나 처세술을 다룬 책은 차고 넘치지만 사랑, 외로움, 그리움, 죽음 같은 인생의 근원적인 문제에 대해 생각해보게 하고 시로 써보게 하는 책은 찾아보기 어렵습니다. 게다가 시를 써보고자 했을 때, 시중에 나와 있는 시 작법 관련 책은 많지만 대체로 어렵거나 딱딱합니다. 중고등학생은 물론 직장인, 주부들도 읽을 수 있는 시 창작 입문서를 써보고 싶었습니다. 그 책을 읽고 나서 '나도 시를 쓸 수 있겠구나' 하는 자신감을 갖게 된다면 얼마나 좋을까요. 그런 책이 있다면 시에 관심이 있는 개인은 물론 우리 시가 자라나게 할 좋은 거름이 되겠지요.

좋은 시를 쓰기 위한 친절한 안내서를 쓰고 싶다는 생각을 여러 해 동안 해왔습니다. 저는 2004년 9월에 문학사상사를 통해 《이승하 교수의 시 쓰기 교실》이란 책을, 2007년 3월에 《청소년을 위한 시 쓰기 교실》을 간행한 바가 있습니다. 앞의 책은 대학생을 위한 시 입문서였고 뒤의 책은 고등학생을 위한 시 입문서였습니다. 그런데 중앙대학교 예술대학원 문예창작전문가과정, 안성캠퍼스 평생교육원 시창작반, 한국문인협회 시창작반에서 시를 가르쳐보니 직장인과 주부를 위한 시 창작 안내서는 없다는 것을 알게 되었습니다.

이 책의 제1, 3부는 《청소년을 위한 시 쓰기 교실》의 상당 부분을 다시 실은 것이긴 하나 그 원고를 다시 손보았고, 제2부는 새로 들어가는 것입니다.

제1부는 시의 초심자들인 여러분에게 도움이 될 만한 글을 15개의 장에 나눠서 썼습니다. 전문적인 시 창작 방법론이라기보다 시 쓰기에 관심이 있는 여러분을 위한 길 안내자 노릇을 하고 싶었기에 쉽게 이해할 수 있는 내용으로 엮어보았습니다. 시가 무엇인지, 왜 시가 좋은지, 어떻게 하면 시를 잘 쓸 수 있는지에 대한 이야기가 전개됩니다.

제2부는 모두 편지글입니다. 평소에 안부를 전하고 싶었던 시인 분들에게 드리는 편지인데, 시에 대한 제 생각을 적은 글이라 여러분들에게 도움이 될 거라고 생각합니다. 제2부의 글들도 모두 쉬운 내용이라, 시 쓰기의 초심자인 여러분들이 재미있게 읽을 수 있을 것입니다.

제3부는 좋은 시를 직접 소개하고자 시와 함께 해설을 실었습니다. 평소에 이런 시들이 교과서에 실렸으면 하고 바랐던 18명 시인의 시를 선정하여 제 나름대로 해설의 글을 덧붙였습니다. 시인의 생애를 중심으로 쓴 것이기에 흥미롭게 읽을 수 있지 않을까, 기대를 해봅니다.

'시성詩聖'으로 일컬어지는 중국 당나라 때의 시인 두보는 이런 말을 했습니다. "붓 놓자 풍우가 놀라고 시편이 완성되자 귀신이 우는구나." "내가 쓴 시가 사람을 놀라게 하지 않으면 죽어도 그만두지 않으리라." 이런 정신으로 시를 썼기에 두보는 1200년이 지나도 우리 곁에서 살아 숨쉬고 있는 시인입니다. 좋은 시는 타인의 마음을 움직입니다. 움찔하게 하거나 뭉클하게 하지요. 따갑게도 하고 따뜻하게도 합니다. 때로는 타인의 마음에 그림을 그립니다. 좋은 시를 쓰자면 많은 노력을 해야 하는데, 이 책이 작은 길잡이가 된다면 더 바랄 것이 없겠습니다.

시 쓰기에 도움이 될 만한 책을 내고 싶은 의욕만 강할 뿐 이 책이 얼마나 널리 읽힐지는 자신할 수 없었는데 책 발간을 허락해주신 외우 윤승천 시인에게 마음 깊이 감사드립니다.

시를 참 좋아하는 아들 주형이 이 책을 읽어주기를 바라는 마음을 전하면서…….

2017년 늦여름에
이승하

차례

시의 신 뮤즈에게 들리고 만 그대   5

제1부   **시를 어떻게 쓸 것인가**

시문학 위기의 시대에 시를 쓴다는 것   14
시의 언어와 일상의 언어는 같은가 다른가   19
시의 매력은 첫째, 감동에 있다   23
시의 매력은 둘째, 공감에 있다   29
시의 매력은 셋째, 충격 주기에 있다   35
체험의 확장을 위하여   43
관찰력과 상상력의 중요성   56
상징의 중요성을 알고 써야 한다   60
아름다운 역설을 찾아서   66
이미지의 중요성   72
제목과 첫 행, 첫 연을 어떻게 쓸 것인가   77
어떤 글감을 갖고 시를 쓸 것인가   82
시는 묘사여야 하나 진술이어야 하나   92
문학을 하려는 청소년들에게   99
시를 쓰고 싶어 하는 중년의 그대에게   108

제 2부   시인에게 보내는 열두 통의 편지

새벽에 쓴 시, 새벽에 읽다 … 118

우리 시의 미래는 밝은가 어두운가 … 129

신춘문예 당선작 중에서 좋은 시 찾기 … 148

몸… 생명… 성욕 … 164

문예지 신인상 제도 이대로 좋은가? … 175

원초적 욕망에서 실체로서의 죽음까지 … 187

시인은 언어의 연금술사여야 한다네 … 196

우리 시에도 밝은 날이 올 것인가 … 210

일흔 개구쟁이, 시간 여행을 하고 있다 … 223

좋은 시가 갖고 있는 덕목들 … 234

나무 아래서 깨닫는 이와 나무를 바라보는 이 … 265

생명의 물, 온유의 눈물 … 275

제3부   교과서에 실려야 할 열여덟 시인의 시

나그네의 설움을 시로 노래하다 288

목숨을 끊기 직전에 쓴 시와 끊기기 직전에 쓴 시 294

백골이 되어 돌아간 또 다른 고향 298

민족을 위한 초지일관된 삶 305

짧은 사랑에 긴 이별 311

사랑을 하면 미치게 되는가 318

박두진 시인이 노래했던 '자연' 324

역사의 비극을 정화시키는 시의 힘 332

회의에서 믿음으로 가는 긴 여정 337

이루지 못한 사랑을 그리워하며 쓴 시 344

검은 신을 향해 던진 질문과 항의 353

이산가족의 가슴에 박힌 못 364

절망의 끝에 있는 희망을 믿고 산 시인 370

불행했기에 희망을 노래한 시인 376

관수제를 울렸던 그 큰 웃음소리 383

특유의 유머감각에 깃들어 있는 삶의 철학 393

하늘나라에 있는 기형도를 생각하며 400

제1부 시를 어떻게 쓸 것인가

시문학
위기의 시대에
시를 쓴다는 것

저는 2001년에 《한국 시문학의 위기를 극복하기 위하여》라는 시론집을 간행한 바 있습니다. 그 무렵 혹자는 베스트셀러 시집으로 대표되는 대중문학의 위세에 대해 감탄하면서 시의 상대적 위축에 대해 말하고 있었고, 또 다른 이는 영상매체의 쇄도에 대해 말하면서 시문학의 위기설을 펴고 있던 때였습니다. 과거의 문학 독자가 우리 주변에 즐비한 볼거리(웹툰과 영화, 뮤지컬, 각종 공연, 컴퓨터 게임, 스포츠 등)에 관심을 기울이면서 책을 읽지 않고 있는 것은 부인할 수 없는 현실입니다. 그럼에도 불구하고 문예지가 쏟아져 나오고 있고 시집 또한 많이 출간되고 있음을 운위하며 시문학이 위기 상황에 처하지 않았다고 말하는 사람이 많습니다.

하지만 누가 뭐라 해도 시집 독자가 줄어들고 있습니다. 시인이 시집을 출간하여 서점에 내놓아도 유명세를 누리는 시인이 아닌 한 도무지 팔리지 않습니다. 평론가들도 시집을 예전처럼 열심히 읽지는 않고 있는 듯하며, 언론매체에서도 예전처럼 주목하지 않습니다. 그래서 서점 한 귀퉁이에서 변색되다 끝내는 반품되어 사라지는 것이 대부분 시집의 정해진 운명입니다. 시내 큰 서점에 가보면 시집 코너가 확실히 줄어들었습니다.

  오늘날 시의 위기가 초래된 큰 이유가 운문성의 상실에 있다고 저는 믿고 있습니다. 시가 도무지 시가 아닙니다. 문예지상에서 보게 되는 시는 상당수 운문이 아니라 산문입니다. 4~5행, 심지어는 7~8행 이상이 한 개의 문장으로 된 시도 많습니다. 읽어도 무슨 뜻인지 모를 활자들의 촘촘한 운집, 행과 연으로 나뉘어 있는 공허한 독백, 상식적인 이야기를 하고 있는 시인의 뻔한 상상력, 진부한 표현에 어설픈 형식 실험……. 저는 올해 어떤 시 전문 계간지를 통해 등단한 이의 당선작을 보고 경악을 금치 못했습니다.

    뭉턱뭉턱 덤으로 잘려 나온
    선명한 붉은 간, 기름장에 찍으며
    맥없이 웃어도 보지만
    독을 숨긴 간사한 방울뱀의 혀를
    가져보지 못했거나
    하늘로 오르는 동아줄 스쳐본 적도 없이
    길고 지루한 회식 상 맨 끄트머리에서
    또 말이 없다
    세상이 내민 손 잡을 줄
    모르는 게 아니었으나
    이 숲을 벗어나
    동네 어귀에 다다를 쯤이면
    아이들에게 줄 몇 마리의 붕어빵,

그 온기가 소록이 손에 닿을 때마다

외등으로 서성이는 푸른 별빛이

늘 고개 숙인 가슴에 스몄던 것이다

—〈황소고집, 숯불구이〉 부분

　연 구분 없이 총 34행으로 되어 있는 시인데 제8행부터 23행까지 적어보았습니다. 이 시의 등장인물들은 "길고 지루한 회식 상"에서 숯불구이를 먹고 있습니다. 주인공 격인 '그'는 아이들에게 몇 마리 붕어빵을 사줄 정도로 착실한(?) 가장입니다. 시의 내용으로 보아 가장이 여간 소심한 것 같지 않습니다. 독자는 전형적인 소시민이 회식 자리에서 말없이 숯불구이를 먹고 있는 장면을 연상하면 됩니다. 그런데 문제는 시의 문장입니다. 제8행 "뭉턱뭉턱 덤으로 잘려 나온"부터 시작되어 제15행에서 한 문장이 끝납니다. 무려 8개의 행이 한 문장을 이루고 있습니다. 그 다음 문장도 마찬가지로 깁니다. 제16행부터 23행까지 역시 8개 행이 한 문장을 이루고 있습니다. 행을 나누어 시처럼 보이지만 가만히 들여다보면 시라고 하기가 어렵습니다. 시의 문장은 맺고 끊는 맛이 있어야 하는데 길고 긴 문장이 중첩되는 이런 시는 내용을 음미하기 전에 형식이 시의 맛을 완전히 죽여 버립니다. 산문시도 그 나름의 내재율이 있게 마련인데 '율격'을 잃어버리고 빽빽한 문장으로 이루어진 시를 읽는 괴로움이 참으로 큽니다.

　압축적인 표현, 상징적인 묘사가 시의 미덕인 시대는 가고 만 것일까요? 우리 시의 출발점에 위치해 있는 작품은 모두 '~가' 하는 식의 노래였습니다. 〈황조가〉 〈귀지가〉 〈공무도하가〉는 원래 우리말로 불렸는데 우리말 가사는 소실되고 후대에 이를 한문으로 번역한 것이 다행히도 그 유래와 함께 전해지고 있습니다.

백제가요의 대표작은 〈정읍사〉입니다. 행상 나간 남편이 밤길에 무사하기를 바라는 내용을 담은 이 작품은 한글로 전하는 가장 오래된 시이면서 현재까지 전하는 백제 유일의 시입니다.

　통일신라시대는 향가문학이라는 꽃이 활짝 피어난 시대입니다. '향가鄕歌'라는 용어는 중국의 노래에 대항하여 우리는 시골의 노래를 부르겠다는 민족적 성향을 담고 있는 것으로, 고유문화와 불교문화를 한데 융합한 신라 고유의 노래입니다.

　고려시대의 시는 〈도이장가〉〈정과정곡〉 같은 향가계 가요, 〈한림별곡〉〈관동별곡〉〈죽계별곡〉 같은 경기체가, 〈동동〉〈사모곡〉〈청산별곡〉〈가시리〉〈서경별곡〉〈정석가〉〈쌍화점〉〈이상곡〉〈만전춘〉 등의 속요로 구별됩니다. 대부분 '~가'가 아니면 '~곡'이지요. 중국의 가곡을 정곡正曲이라고 하는데, 우리 시가는 그와 다르다는 뜻으로 별곡別曲이라 부르면서 민족적 자긍심을 높였습니다. 〈가시리〉〈서경별곡〉〈쌍화점〉 등 속요는 남녀의 애정을 읊은 것이 대부분으로, 표현이 소박하고 함축성이 있어 국문학의 절창으로 꼽힙니다.

　조선 전기의 대표적인 문학은 악장평·시조·가사·한문학, 그리고 고대소설이었습니다. 악장은 〈용비어천가〉와 〈월인천강지곡〉을, 시조는 〈강호사시가〉〈어부사〉〈도산십이곡〉〈고산구곡가〉를, 가사는 〈상춘곡〉〈면앙정가〉〈관동별곡〉〈사미인곡〉을 대표작으로 꼽을 수 있습니다. 모두 '~가'가 아니면 '~곡'입니다.

　임진왜란과 병자호란을 겪고 난 뒤 정치는 걷잡을 수 없이 혼란스러워졌고 국민의 생활은 더욱 궁핍해졌습니다. 자연히 귀족 계급의 무능이 폭로되고 평민 계급의 자의식이 싹텄겠지요. 또한 훈민정음 반포 후 100년이 지나는 동안 평민과 부녀자들 사이에 한글이 널리 보급되어 우리말로 삶의 이모저모를 표현하는 일이 아주 자연스럽게 되었습니다. 이에 따라 평민 계급의 문학이 발달했는데 대표적인 장르는 사설시조 · 평민가사 · 수필 · 소설 · 판소리입니다. 시조는 윤선도의 등장과 사설시조의 성행으로 많은 수작이 나왔습니다. 조선 후기의 시가문학은 박인로가 벽두를 장식한 이후 내방가사와 평민가사, 잡가가 헤아릴 수 없이 많이 나왔습니다. 정말 자랑스러운 문학사를 갖고 있는 우리나라입니다. 중국의 영향을 많이 받았지만 중국과 다른 지점에 서려고 끊임없이 노력한 우리 조상의 숨결이 이토록 많은 명작을 탄생시켰던 것입니다. 우리 시의 역사가 2000년이 넘었는데 지금이야말로 위기의 시대입니다. 무진장 어려운 시, 운문이 아닌 산문, 서사시도 아닌데 길고 길어 읽기 힘든 시가 얼마나 많이 발표되고 있습니까. 독자가 외면해버린 시 위기의 시대에 이 위기를 극복하기 위한 방법을 여러분과 함께 논의해보고 싶습니다.

**시의 언어와
일상의 언어는
같은가 다른가**

　　　　　　시에 쓰이는 말, 혹은 시에 나와 있는 말이
따로 있을까요? 우리가 의사를 전달하는 데 쓰는 일상용어는 시어와 다른 것
일까요? 결론을 미리 말씀드리자면 '같지만 다르다'입니다. 도대체 무슨 농담
따먹기를 하고 있냐고요? 자, 이것에 대해 설명을 해드리겠습니다.

가갸거겨

고교구규

그기가

라랴러려

로료루류

르리라

한센병에 걸려 불우하게 살다 간 시인 한하운이 쓴 〈개구리〉의 전문입니다. 초등학교 1학년 학생의 교과서에서나 볼 수 있는 한글 자모음의 나열, 그 가운데 몇 개를 뽑아놓았군요. 이 시에 무슨 뜻이 있을까요? 저는 뜻이 있다고 생각합니다. 개구리 울음소리를 이렇게 표현해본 것일 수도 있고, 개구리 울음소리와 아이들 글 배우는 소리가 비슷하다고 생각해본 것일 수도 있고, 자신의 우울한 심사를 개구리 울음소리에 빗댄 것일 수도 있습니다. 마음껏 울 수 있는 개구리의 자유와 울음조차 울 수 없는 자신의 슬픈 처지를 비교해본 것일 수도 있습니다. 자신의 신세가 한철 울다 가는 개구리와 다를 바 없음을 이렇게 한글 자모음을 빌어다가 고백한 것인지도 모르겠습니다.

여러분의 생각은 다르다고요? 여러분의 생각이 물론 맞을 수도 있지요. 이것이 시이기 때문에 여러 측면에서 해석을 해보는 것이지, 일상용어의 차원이라면 단순히 한글 자모음을 나열한 것에 지나지 않습니다. 이런 것이 어찌 시라고 할 수 있냐고요? 아, 분명히 시입니다. 시인인 한하운이 시라고 발표했는데 시가 아니라고 부정할 수 있겠습니까. 시는 의미 전달에만 목적이 있는 것이 아닙니다. 이미지 전달, 마음과 정情의 전달을 꾀할 때도 있습니다. 충격도 주고 감동도 주고 깨달음도 줍니다. 일상어의 목적은 의사 소통과 정보 전달에 있지만 시어의 목적은 '낯설게 하기', '뒤집어 생각하게 하기', '일상어 넘어서기' 등에 있습니다. 일상어의 세계에서는 언어와 사물과의 관계가 1 : 1이 아니면 곤란합니다. 밥이 영어 meal, prey, one's share처럼 사전에 나오는 의미 중 하나로 쓰이지 않으면 우리 사회에 큰 혼란이 올 것입니다. 밥이 meal을 가리킬 때는 meal만 가리켜야지 meal이기도 하고 prey이기도 하고 one's share이기도 하다면 곤란하다는 거지요. 시인은 '밥'이라는 낱말의 사전적인 의미에 충실하기도 하고 반항하기도 합니다. 특히 시인은 언어와 사물과의 관계를 1 : 다多로 설정하는 경우가 많습니다. 시어 중의 밥은 meal, prey, one's share뿐만 아니라 다른 것까지 포함하기도 하는데, 그런 점을 시어의 애매성이라고 합니다. 일상어는 명확성을 지향하는 반면 시어는 애매성을 지향하므로 일상어와 시어는 다르지만 사용되는 언어 자체는 다르지 않습니다. 밥을 일상적으로 쓸 때는 '밥'이라고 하고 시에 쓸 때는 '법'이라고 하지 않거든요. 다 '밥'이라고 쓰지만 해석은 달리 하게 됩니다.

> 이런 밥,
> 부잣집 개라면 안 먹일 거야
> 기계라도 덜거덕 소리가 날 거야
> 우리들은 식사를 거부하고
> 마지막 지점,
> 옥상으로 모였다
>
> ―박노해, 〈밥을 찾아〉의 제1연

이 시에서의 밥은 우리가 끼니때마다 먹는 그 밥과 일용할 양식 정도를 가리킵니다. 그런데 이런 시를 보십시오.

> 밥으로 고통苦痛을 만든다 밥으로 시詩를 만든다 밥으로 철새의
> 날개를 만든다 밥으로 오르가슴을 만든다 밥으로 양심가책에 젖는다 밥으로 푸념과 하품을 만든다 세상은 나쁜 꿈 나쁜 꿈 나쁜
> 밥은 나를 먹고 몹쓸 시대時代를 만들었다 밥은 나를 먹고 동정과 눈물과 능변能辯을 만들었다, 그러나
> 밥은 희망希望을 만들지 못할 것이다 밥이 법法이기 때문이다 밥은 국법國法이

다 오 밥이여, 어머님 젊으실 적 얼굴이여

—이성복, 〈밥에 대하여〉 끝부분

국어사전 속에 나오는 밥의 의미만을 가지고는 이 시를 이해할 수 없습니다. 밥으로 고통·시·철새의 날개·오르가즘 등을 만든다고 하는 것도 이상야릇하지만 밥이 나를 먹고 눈물과 능변을 만들고, 밥이 곧 국법이고, 끝에 가서는 "어머님 젊으실 적 얼굴"이라고까지 하니 몹시 혼란스럽습니다. 이 시에서는 밥이 상징의 기재機材로 쓰였기 때문에 사전적인 의미 영역을 훌쩍 뛰어넘습니다.

요즈음에는 시인들이 '시어'에 대해 별다른 생각을 하지 않는 듯합니다. 소월과 영랑, 지용과 백석, 미당과 청록파 3인의 시를 보면 정제된 시어 선택이 시 쓰기에 있어 중요한 요소임을 알 수 있게 합니다만 지금은 그렇지 않습니다. 1980년대 초반의 몇 명 시인에 의해 쓰인 해체시(혹은 포스트모더니즘 시)의 등장 이후 시인은 언어의 연금술사가 아니어도 무방하게 되었습니다. 패러디(남의 작품 변용하기)를 잘하는 사람, 혼성모방(남의 작품 짜깁기)을 잘하는 사람, 몽타주와 콜라주를 잘하는 사람, 펀(pun, 말장난)의 재주가 있는 사람도 얼마든지 시인으로 활동할 수 있게 되었습니다. 하지만 시가 언어를 부정할 수는 없습니다. 시어는 우리의 정서를 자극하는 데 이용이 되고, 그렇기 때문에 풍부한 애매성을 지니는 것이 좋습니다. 애매성이란 이도 아니고 저도 아니라는 뜻이 아니라, 여러 가지 뜻을 동시에 지니고 있다는 뜻에서 '다중의 의미'를 뜻합니다. 자, 이제 '같지만 다르다'라는 앞에서 한 제 말의 뜻을 이해하셨습니까?

**시의 매력은
첫째,
감동에 있다**

　　　　　　　　　　21세기 들어 시집이 예전만큼 안 나가는 것은 사실입니다. 냈다 하면 베스트셀러가 되는 시인도 있기는 합니다만 대다수 시인이 이제는 인세 수입에 대한 기대를 버리고 어느 기관이나 재단에서 주는 지원금을 받기를 희망합니다. 시인들이 독자의 외면을 당연시하게 되었으니, 아직도 시를 쓰고 있는 저 같은 사람은 무척 처량해지는 것이 사실입니다. 하지만 제가 좋아하는 시인 소월과 만해가, 윤동주와 이육사가, 박용래와 김종삼이 시를 써서 끼니를 해결했다는 말을 들어본 적이 없습니다. 시에 대한 그들의 순교자적 자세가 오히려 제게 위안을 줍니다. 시인은 죽으나 사나 독야청청獨也靑靑해야지 금전에 눈이 어두우면 안 되지요. 중국 당나라 때 이백과 두보는 필력을 앞세워 벼슬길에 오르고자 했지만 그것이 여의치 않자 올곧은 시인의 길을 걸어갔습니다. 그래서 고난의 세월을 보내게 되지요.

　　서양에서나 동양에서나 시의 역사는 산문의 역사보다 훨씬 깁니다. 수천 년 시의 역사를 보면 시인의 수는 정말 너무 많아 도저히 헤아릴 수 없습니다.

300년 당나라의 역사에 이름을 뚜렷이 남긴 시인의 수는 2,300여 명, 그들의 시 4만 8,900여 수가 청나라 강희제 46년1707에 편찬된 《전당시全唐詩》에 실려 있습니다. 이름 없이 스러져간 시인의 수는 이보다 훨씬 많을 터, 몇 십만인지도 알 수 없지요.

우리나라에만 있는 독특한 신인 등용문으로 신춘문예란 것이 있습니다. 서울과 지방 할 것 없이 신문사마다 공모하는 신춘문예에 많게는 수천 편, 적게는 수백 편의 시가 투고된다고 합니다. 문예지가 수백 종에 이르는데, 각 문예지마다 신인 공모를 하고 있으니 해마다 등단하는 시인의 수는 실로 엄청날 것입니다. 시집이 잘 나가건 안 나가건 상관없이 문학 저변 인구가 이렇게 많은 것이지요. 이렇게 많은 사람이 시에 관심을 갖고 있는 이유가 무엇일까요? 시에 독특한 매력이 있기 때문이 아니겠습니까. 여러 신문에 시가 매주 실리는 것도 시의 가치를 인정해 주어서일 것입니다. 시의 가치 중 첫 번째는 시가 우리에게 감동을 준다는 것입니다. 그러니 여러분도 감동적인 시를 써보고자 애를 쓰기 바랍니다.

    흰 구름에 빨간 고추잠자리
    볼 수는 없지만
    샘물에 떨어진 은행잎 건지며
    가을이 온 줄을
    나는 알아요.

    샘물에 두 손 담그면
    아, 여름날 차갑던 샘물이 따뜻해요.

―〈가을이 온 줄을〉 전문

충주 성심맹학교의 어린 학생이 쓴 동시입니다. 눈먼 아이가 체험한 내용이 그대로 시가 되었습니다. 날씨가 차가워지는 가을에는 샘물이 오히려 따뜻하게 느껴지는데, 저로서는 시를 쓴 아이의 마음이 더 따뜻하게 다가옵니다.

초능력 둘리가 될 수 있다면
날개 달린 나비가 될 수 있다면

아프리카 배고픈 어린이에게 날아가
사탕이랑 초코파이랑
많이 많이
어린이날에 선물할 수 있게

알라딘의 요술램프가
있다면 좋겠어요.

―〈나의 꿈〉 전문

동시치고도 되게 시시하다고요? 정신지체로 고생하는 초등학교 5학년 아이가 쓴 동시입니다. 아이 자신은 커다란 십자가를 지고 한 세상을 살아가고 있으면서도 남을 불쌍히 여기는 마음, 즉 측은지심과 자비지심을 갖고 있어 우리를 감동시킵니다. 감동적인 시는 여운이 남습니다. 가슴이 뿌듯해지기도 하고 콧잔등이 시큰해지기도 하지요. 김종삼의 이런 시는 어떤가요.

물 먹는 소 목덜미에

할머니 손이 얹혀졌다.

이 하루도

함께 지냈다고,

서로 발잔등이 부었다고,

서로 적막하다고,

—〈묵화〉 전문

둘 다 발등이 부을 정도니 얼마나 가혹한 노동의 날이었을까요? 밭갈이를 마친 저녁, 소도 지쳤고 할머니도 지쳤습니다. 물을 먹는 소가 가련해 할머니는 소 목덜미에 손을 얹었지요. 삶이란 참으로 적막한 것이지만 두 생명체 사이를 잇는 교감, 곧 유대감이 독자의 마음을 따뜻하게 합니다. 이 한 폭의 묵화가 주는 감동은 밀레의 〈만종〉이나 박수근의 〈아기 업은 소녀〉에 못지않습니다.

여러분은 살아가다 감동적인 일을 보고 듣지 않습니까? 텔레비전을 보다가 눈시울이 뜨거워진 적이 없습니까? 영화를 보다가 눈물을 흘린 적이 없습니까? 시인은 감동을 전하는 사람입니다. 한국 현대시가 위기를 맞이했다고는 하지만 수천 년 역사를 지속해오고 있는 이유 중 하나가 '감동'일진대, 여러분은 감동적인 시를 한 편 써보기 바랍니다. 감동의 시는 기교의 시가 아니라 정신의 시, 영혼의 시입니다. 울림이 있는 시, 떨림이 있는 시는 시대를 초월할 수 있습니다. '감동'이 너무 부담스러우면 주변의 몇 사람이라도 십분 공감할 수 있는 시를 써보십시오. 《두시언해》나 《두보시선》에 실려 있는 시는 특히 감동적이니, 다시 한번 읽어보십시오. 감동의 힘이 1200년도 더 지난 오늘을 살고 있는 우리를 울게 합니다.

늙은 처는 다른 지방에 부탁하고	老妻寄異縣
열 식구가 바람과 눈에 가려 살았으니	十口隔風雪
누군들 오래 안 돌볼 수 있겠는가?	誰能久不顧
가서 함께 기갈을 나누고자 하네.	庶往共飢渴
문에 들어서니 울부짖는 소리 들리는데	入門聞號咷
어린놈이 굶어죽었다 하네.	幼子飢已卒
내 어찌 슬퍼하지 않을 수 있으리요?	吾寧捨一哀
이웃사람도 같이 흐느껴 우네.	里巷猶嗚咽
부끄럽구나, 아비 되어	所愧爲人父
밥 없어 일찍 자식을 죽였으니!	無食致夭折

―〈서울시 봉선현에 가며 읊은 오백 자 自京赴奉先縣詠懷五百字〉 부분

안록산의 난에 기근이 겹쳐 초근목피草根木皮로 근근이 목숨을 부지하던 두보 일가는 다 함께 앉아서 굶어죽을 지경에 이르게 됩니다. 하는 수 없이 식량을 구하러 외지를 떠돌던 두보가 두고 간 식구들 소식이 궁금해 견딜 수가 없어 쌀 한 포대를 짊어지고 고향 어귀에 이르렀습니다.

어느 집에선가 몇 사람이 통곡을 하고 있는 것이 아닙니까. 불길한 예감이 들어 집으로 달려갔더니 딸아이가 방금 굶어죽었다고 하지 않습니까. 아사한 자식을 보는 아버지의 심정이 어땠을까요. 이 시 속에 나오는 유명한 대목, "대궐 문 안에는 술과 고기가 썩은 내를 풍기나/ 길에는 얼어 죽은 시체가 뒹구네/ 영화와 빈곤이 지척 사이에 있으니/ 처량한 마음 이루 말할 수 없네."에는 두보의 분노가 담겨 있고, 이 분노는 독자의 가슴을 저리게 하는 감동을 줍니다. 또한 자신의 불행에 짓눌리면 타인의 고통은 아랑곳하지 않는 경우가 많은데 "묵묵히 생업 잇는 사람들이나/ 변경 멀리에 있는 병졸들을 생각하니/ 걱

정은 종남산 높이만큼 쌓여/ 끝없이 흐트러져 걷잡을 수 없구나" 하면서 동시대인의 아픔을 보듬고 있습니다. 두보의 시를 읽고 있노라면 중국 당나라의 서민들뿐만 아니라 우리 선조들이 겪었을 아픔도 함께 떠오르면서 감동의 강물에 몸을 던지게 됩니다.

**시의 매력은
둘째,
공감에 있다**

'공감'이라는 낱말을 국어사전에서 찾아보았지요. 민중서림의 《민중 엣센스 국어사전》에는 "남의 의견에 대하여 자기도 그러하다고 하는 느낌"이라고 되어 있고, ㈜금성출판사의 《DESK 국어사전》에는 "(어떤 사람이 취하거나 펼치는 태도나 의견에 대해) 마음으로부터 정말 그렇구나, 그렇겠구나 하는 느낌을 가지는 것, 또는 그 느낌"이라고 되어 있습니다. 후자의 설명이 훨씬 자상하지요? 우리가 오래 기억하는 좋은 시는 많은 경우, 그 시를 쓴 시인의 의도에 공감했기 때문입니다. 그러므로 시를 쓸 때에는 타인과 공감대를 형성하려는 노력을 해보는 것이 좋습니다. 독자의 연령과 성품, 수준과 기대치가 천차만별인데 어떻게 공감을 줄 수 있냐고요? 모든 독자에게 공감을 주기는 사실상 불가능한 일이고, 소수의 어떤 부류에게라도 공감을 주면 그 작품은 성공작이 될 수 있습니다.

시세 모니터는 쉴새없이 눈을 깜박거리며

자기 얼굴을 봐달라고 안달한다
자궁도 없는 것이 날 끌어들이는 유혹이
애처롭기도 하고 치욕스럽기도 하다
내 눈은 그 지저분한 치마 속으로
단말기 키를 두드리며 파고든다

현대전자 주식을
프라이팬의 계란처럼
수없이 젖혔다 뒤집었다 하며
혼탕의 하루를 보낸다
프라이팬 바닥에 검게 탄 시간의 그을음

―이명훈, 〈주식 영업〉 제1, 2연

월간 《현대시》의 2000년도 신인상 당선작입니다. 이 땅의 수많은 사람이 조간을 펼치면 무엇부터 보는지 아십니까? 일단 제1면의 몇 개 헤드라인을 얼른 읽지요. 그 다음에 주식시세란을 본다고 합니다. 내가 갖고 있는, 혹은 최근에 산 주식이 올랐나 내렸나 궁금해 일단 시세를 확인한 뒤 다른 면을 본다는 것이지요. 주식 영업의 세계를 적나라하게 묘사한 이 시는 주식을 사 갖고 있는 수많은 사람들과 공감대를 형성했다는 점에서 성공작이라 할 수 있습니다. 저는 기업체에서 정확히 10년 동안 샐러리맨 생활을 했는데 대다수 동료 직원들이 점심시간이 되자마자 컴퓨터로 그 시간대의 주식시세를 확인하더군요. 제가 아는 어떤 사람은 주식을 "프라이팬의 계란처럼/ 수없이 젖혔다 뒤집었다 하며" 보내다 집도 날리고 빚더미에 앉더니 결국 이민을 갔습니다. 그런 사람이 이 시를 읽는다면 내 얘기라고 무릎을 칠 것입니다. 아주 현실적인 시이기 때문에 공감을 줄 수 있다면 이런 동시는 어떨까요?

    카랑카랑한 할아버지의 기침소리는

    간데없고

    거미줄이 온통

    집을 지키고 있다.

    뚫린 문구멍으로

    펄럭이며 드나드는 바람.

    빈 장독 속에서

    멱감고 있는 구름 몇 송이……

    아이들의 웃음소리가

    금방이라도 들릴 것 같은 마당.

    깨진 밥그릇 하나가

    할아버지를 기다리며

    졸고 있다.

—〈시골 빈집에〉 전문

    1996년 조선일보 신춘문예 동시 당선작입니다. 시골마다 이농 현상이 심해 빈집이 나날이 늘고 있는 우리네 현실이 담겨 있습니다. 하지만 이 동시를 읽고 깊이 공감할 어린이는 많지 않을 것입니다. 주제의 측면에서는 높이 사줄 수 있겠지만 소재도 사실은 너무나 진부하고 표현에 있어서도 새로운 구석이 없는 평이한 동시인데 신춘문예 당선작으로 뽑혀 의아스럽게 생각했던 적이 있습니다. 동시임에도 아이의 '마음'은 없고 어른의 '생각'만 담겨 있어 영 마음에 안 들었습니다.

울엄마
내가 중학생 되자
무서워졌다

엄마가 아는 애들은
왜 그리도 공부를 잘하는지

어디 갔다 오시면
뭐 하는 거냐고 혼낸다
책상 앞이 아니면

덕분에 TV 볼 때도
마음대로 못 보고
밥 먹을 때도
편안히 못 먹는다

시험기간에는 늘
살얼음판을 걷는 기분

시험 결과 나오면
일주일은 모자관계 끊는다

나를 이렇게 비극적으로 만드는 건

무한 경쟁

이놈의 시험 없어져라

그래야 가정이 편안해진다

—최세환, 〈시험과 엄마〉 전문

중학교 3학년 학생이 쓴 이 시를 읽는다면 전국의 수많은 중학생이 '맞아, 내 얘기야' 하고 동의를 하겠지요? 이 시는 '유머'와 '공감'의 측면에서는 성공했다고 봐집니다. 다소 과장된 면도 없지는 않지만 많은 독자가 공감을 했고, 우리나라 보통 집안의 풍경이어서 현실감이 느껴집니다. 전혀 실감이 나지 않는 연애시가 독자의 사랑을 받는 경우는 어떻게 해석해야 될까요?

그대여
손을 흔들지 마라.

너는 눈부시지만
나는 눈물겹다.

떠나는 사람은 아무 때나
다시 돌아오면 그만이겠지만
남아 있는 사람은 무언가.
무작정 기다려야만 하는가.

기약도 없이 떠나려면

손을 흔들지 마라.

—〈사랑의 이율배반〉 전문

　근 10년 동안 베스트셀러 순위를 오르내린 어느 시집에 실려 있는 한 시인의 사랑 이야기에 저는 전혀 공감할 수 없습니다. 사랑도 이별도 너무나 추상적이라 어떤 경우인지, 어떤 사연인지 도무지 알 수가 없습니다. 이런 모호하기만 한 사랑 타령에 현혹되어서는 안 될 것입니다. 시는 관념과 추상을 가급적이면 배격해야 합니다. 다시 말해 시는 구체적이어야 합니다.

시의 매력은
셋째,
충격 주기에 있다

청소년 시절, 이상화의 시에 매료된 적이 있었습니다. 그의 대표작 〈빼앗긴 들에도 봄은 오는가〉를 너무너무 좋아해 좔좔 외고 다녔습니다. 그런데 그 시 이상으로 마음에 든 시가 〈나의 침실로〉였습니다. 현대식 표기로 고칩니다.

'마돈나' 지금은 밤도 모든 목거지에 다니노라, 피곤하여 돌아가려는도다.
아, 너도 먼동이 트기 전으로 수밀도水蜜桃의 네 가슴에 이슬이 맺도록 달려오너라.

'마돈나' 오려므나, 네 집에서 눈으로 유전遺傳하던 진주眞珠는 다 두고 몸만 오너라.
빨리 가자, 우리는 밝음이 오면 어딘지 모르게 숨는 두 별이어라.

'마돈나' 구석지고도 어둔 마음의 거리에서 나는 두려워 떨며 기다리노라.
아, 어느덧 첫닭이 울고— 뭇 개가 짖도다, 나의 아씨여, 너도 듣느냐.

'마돈나' 지난밤이 새도록 내 손수 닦아 둔 침실로 가자. 침실로—
낡은 달은 빠지려는데, 내 귀가 듣는 발자욱— 오, 너의 것이냐?

'마돈나' 짧은 심지를 더우잡고 눈물도 없이 하소연하는 내 마음의 촛[燭]불을 봐라,
양털 같은 바람결에도 질식이 되어, 얄푸른 연기로 꺼지려는도다.

'마돈나' 오너라, 가자, 앞산 그리메가 도깨비처럼 발도 없이 이곳 가까이 오도다,
아, 행여나 누가 볼는지— 가슴이 뛰누나, 나의 아씨여, 너를 부른다.

'마돈나' 날이 새련다, 빨리 오려무나, 사원[寺院]의 쇠북이 우리를 비웃기 전에
네 손이 내 목을 안아라, 우리도 이 밤과 같이, 오랜 나라로 가고 말자.

'마돈나' 뉘우침과 두려움의 외나무다리 건너 있는 내 침실 열 이도 없느니!
아, 바람이 불도다, 그와 같이 가볍게 오려무나, 나의 아씨여, 네가 오느냐?

'마돈나' 가엾어라, 나는 미치고 말았는가, 없는 소리를 내 귀가 들음은—
내 몸에 파란 피— 가슴의 샘이 말라 버린 듯 마음과 몸이 타려는도다.

'마돈나' 언젠들 안 갈 수 있으랴. 갈 테면 우리가 가자, 끄을려 가지 말고—

너는 내 말을 믿는 '마리아'— 내 침실이 부활의 동굴洞窟임을 네야 알련만……

　　'마돈나' 밤이 주는 꿈, 우리가 엮는 꿈, 사람이 안고 궁그는 목숨의 꿈이 다르지 않으니,
　　아, 어린애 가슴처럼 세월 모르는 나의 침실로 가자, 아름답고 오랜 거기로.

　　'마돈나' 별들의 웃음도 흐려지려 하고 어둔 밤 물결도 잦아지려는도다,
　　아, 안개가 사라지기 전으로, 네가 와야지. 나의 아씨여, 너를 부른다.

　총 12개 연으로 되어 있는 이 시 역시 좔좔 욀 수 있었는데 지금은 기억력이 나빠져 다 외우지는 못합니다. 한창 사춘기 때여서 그랬는지는 모르겠으나, 동트기 전에 가슴에 이슬이 맺도록 내게 달려오라고 유혹하는 부분 등 농염한 표현들이 제법 많이 나오는 이 시는 저에게 적지 않은 충격을 주었습니다. 껍질 얇고 물 많고 달디단 복숭아를 수밀도라고 하는데 "수밀도의 네 가슴"이라고 했으니 그 얼마나 풍만한 여인의 젖가슴일까요. "날이 새련다, 빨리 오려무나, 사원의 쇠북이 우리를 비웃기 전에／ 네 손이 내 목을 안아라, 우리도 이 밤과 같이, 오랜 나라로 가고 말자."에 이르면 가슴이 쿵쾅쿵쾅 뛰는 것이었습니다. 내가 손수 닦아둔 침실은 "뉘우침과 두려움의 외나무다리 건너 있는" "부활의 동굴"이고, 또한 "아름답고 오랜 거기"입니다. 이 시를 두고 감정의 과잉이니 현실 도피니 하면서 나쁘게 평할 수도 있을 터인데, 대구에 있는 상화 시비에 〈빼앗긴 들에도 봄은 오는가〉가 아니라 이 시가 적혀 있는 것을 보면 이상화 시인의 대표작으로 평가받아 왔기 때문이 아닐까요. 저는 이 시의 매력이 '충격'에 있다고 생각합니다. 물론 21세기인 지금 1923년도 작품인 이 시를 읽고 충격을 받을 사람은 없을 테지만 말입니다. 하지만 이 시는 시인이 스물

세 살 때 쓴 작품임을 잊지 말아야 할 것입니다.

　사춘기 시절, 저의 또 다른 애송시는 유치환의 몇 편 시였습니다. 그의 시를 두고 평론가들은 생명에의 의지니 철학적 사유의 깊이니 초월에의 동경이니 하고 말합니다. 그런 비평적 언어를 이해할 수 없었던 그 시절의 저는 일상적 언어 규범을 초월하는 시어의 역동성에 압도되었고, 그것은 제 영혼을 뒤흔드는 충격으로 와 닿았습니다.

　　이것은 소리 없는 아우성
　　저 푸른 해원海原을 향하여 흔드는
　　영원한 노스탤쟈의 손수건
　　순정은 물결같이 바람에 나부끼고
　　오로지 맑고 곧은 이념의 표ㅅ대 끝에
　　애수는 백로처럼 날개를 편다.
　　아아 누구던가
　　이렇게 슬프고도 애달픈 마음을
　　맨 처음 공중에 달 줄을 안 그는.

　　　　　　　　　　　　　　　　　　　―〈旗ㅅ발〉 전문

　　나의 지식이 독한 회의를 구하지 못하고
　　내 또한 삶의 애증愛憎을 다 짐지지 못하여
　　병든 나무처럼 생명이 부대낄 때
　　저 머나먼 아라비아의 사막으로 나는 가자.

　　거기는 한 번 뜬 백일白日이 불사신같이 작열하고

일체가 모래 속에 사멸한 영겁의 허적虛寂에

오직 알라의 신만이

밤마다 고민하고 방황하는 열사熱沙의 끝.

그 열렬한 고독 가운데

옷자락을 나부끼고 호올로 서면

운명처럼 반드시 '나'와 대면케 될지니.

하여 '나'란 나의 생명이란

그 원시의 본연한 자태를 다시 배우지 못하거든

차라리 나는 어느 사구에 회한 없는 백골을 쪼이리라.

―〈生命의 書 · 1章〉전문

　이런 시가 무어 그리 충격적이었느냐고 묻는 그대에게 저는 딱히 할 말이 없습니다. 하지만 깃발을 "이것은 소리 없는 아우성"이라고 표현한 것은 우리 시문학상의 혁명이 아니고 무엇이겠습니까. 나의 생명이 병든 나무처럼 나부낀다거나, 내 두 쪽으로 깨뜨려져도 소리하지 않는 바위가 되겠다는 의지적 표현은 커다란 충격의 파도로 제 어린 가슴을 치는 것이었습니다. 시라는 것이, 지시어에 지나지 않는 일상적인 언어의 질서를 파괴하는 데 그치지 않고, 함축적인 언어, 상징적인 언어, 비유적인 언어 등으로 쓰이면서 언어의 확장을 가능케 했기 때문에 어린 저로서도 충격을 받지 않았었나 여겨집니다. 그런 의미에서 저는 시의 아주 큰 매력이 충격 주기에 있다고 생각합니다. 단지 수백 개의 단어만 알면 살아가는 데 별다른 불편이 없는 세상이지만 시라는 것이 있어 우리는 깊은 사색의 오솔길을 거닐 수 있습니다. 언어의 숲 속에서 때로는 전율하고 때로는 눈물짓지요.

제가 시인이 되게끔 부추긴 이는 사실 프랑스의 상징파 시인 보들레르와 대학 시절에 시작법을 가르쳐주신 서정주 선생이 아니었나 싶어요. 저의 10대 후반 시절에 서정주의 시가 준 충격은 크고도 신선했습니다. 명랑소설과 학원 명작소설, 그리고 명탐정 홈즈와 괴도 루팡의 세계에 빠져 있던 저에게 서정주는 천하에 둘도 없는 불효자식과 파락호가 되기를 부추겼습니다. 이마 위에 얹힌 시의 이슬에는 몇 방울의 피가 언제나 섞여 있다고 하니, 저는 마땅히 시인이 되어야 했습니다. 보들레르의 말마따나 시를 쓰면 나도 흡혈귀가, 살인자가, 해골이, 송장이, 즐거운 사자死者가 될 수 있는 것이리라. 시가 주는 매력 가운데에는 분명히, 뺨을 철썩 한 대 얻어맞거나 뒤통수를 강하게 맞는 '충격'이란 것이 있습니다.

> 귀 기울여도 있는 것은 역시 바다와 나뿐.
> 밀려왔다 밀려가는 무수한 물결 위에 무수한 밤이 왕래하나
> 길은 항시 어디나 있고, 길은 결국 아무데도 없다.
>
> 아 — 반딧불만 한 등불 하나도 없이
> 울음에 젖은 얼굴을 온전한 어둠 속에 숨기어 가지고…… 너는,
> 무언無言의 해심海心에 홀로 타오르는
> 한낱 꽃 같은 심장으로 침몰하라.
>
> 아 — 스스로이 푸르른 정열에 넘쳐
> 둥그런 하늘을 이고 웅얼거리는 바다,
> 바다의 깊이 위에
> 네 구멍 뚫린 피리를 불고…… 청년아.

애비를 잊어버려,

에미를 잊어버려,

형제와 친척과 동무를 잊어버려,

마지막 네 계집을 잊어버려,

알래스카로 가라, 아니 아라비아로 가라,

아니 아메리카로 가라, 아니 아프리카로

가라 아니 침몰하라. 침몰하라. 침몰하라!

오— 어지러운 심장의 무게 위에 풀잎처럼 흩날리는 머리칼을 달고

이리도 괴로운 나는 어찌 끝끝내 바다에 그득해야 하는가

눈뜨라. 사랑하는 눈을 뜨라…… 청년아,

산 바다의 어느 동서남북으로도

밤과 피에 젖은 국토가 있다.

알래스카로 가라!

아라비아로 가라!

아메리카로 가라!

아프리카로 가라!

—서정주, 〈바다〉 전문

여러분은 이런 격정적인 시를 쓰고 싶지 않습니까? 저는 이 시에 대해 제법 길게 해설의 글을 쓴 적이 있습니다[1]. 애비와 에미를 잊어버리고, 형제와 친척과 동무도 잊어버리고, 마지막엔 네 계집까지 잊어버리고 멀고 먼 곳으로 떠

---

1) 이숭하, 〈진취적인 기백의 정서〉, 이숭원 외 《詩의 아포리아를 넘어서》, 이룸, 2001

나라고 충동질을 하니 사춘기 소년이었던 저는 무엇에 홀린 듯이 가출하여 무작정 상경을 하고 말았던 것이지요.

　타인의 마음에 파문을 일으키기 위해서 여러분은 시를 쓰는 것입니다. 연주회에 와서 졸고 있는 귀족을 놀라게 하려고 〈놀람교향곡〉을 작곡했다고 하는 하이든처럼 말입니다. 예술 행위는 무에서 유를 창조하는 것이고, 전에는 없던 새로운 작품이 이 세상에 태어났다는 것은 그 자체가 충격적인 일입니다. 모든 탄생에는 산고가 따르는 법, 안이한 마음으로 펜을 들어서는 충격을 줄 수 없습니다.

체험의 확장을 위하여

　　　　　　　　　　　릴케가 쓴 《말테의 수기》를 보면 이런 말이 나옵니다. "시는 사람이 생각하는 것처럼 감정은 아니다. 시가 만일 감정이라면 젊은 시절에 이미 평생 쓸 시를 다 써버릴 것이다. 시는 정말로는 체험인 것이다." 저는 이 말을 대학생 때만 해도 철석같이 믿었습니다. 다른 사람도 아닌 시인 중의 시인인 릴케가 한 말이니까요. 그런데 이 말에는 빠진 것이 있습니다. 그 체험이 어떤 체험이냐는 것입니다. 루 살로메라는 여성을 남몰래 사랑했기에 주옥같은 연애시편을 쓴 릴케였는데, 그렇다면 제가 이 나이에 짝사랑을 하거나 불륜의 사랑이라도 해보아야 하는데……. 체험에는 간접체험이나 추推체험도 있음을 릴케는 분명히 말해야 했습니다.

　　소설은 체험과 상상력의 조합물입니다. 체험한 것을 바탕으로 하여 상상력을 마음껏 펼쳐서 이야기를 해나가면 소설이 됩니다. 소설을 영어로는 novel이라고도 하고 fiction이라고도 하지요. novel은 '새로운', '진기한', '잘 알려져 있지 않은', '색다른'이라는 뜻이 있으므로 새로운 이야기, 진기한 이야기, 잘 알려져 있지 않은 이야기, 색다른 이야기라고 보면 되겠습니다. fiction은 말 그대로 허구, 즉 지어낸 이야기입니다.

한편 시는 영어로 쓰면 poem 또는 lyric poetry입니다. poem은 산문prose의 반대되는 뜻이므로 운문임에 틀림없습니다. 서정시를 lyric poetry로 보면 리라lyra라는 악기에서 유래된 말이므로 운율이 있는 글이라고 보면 되겠습니다. 한자로 어원을 따져보아도 소설이란 꾸며낸 이야기나 산문을 가리키는 것임을 알 수 있습니다. 시가 시가詩歌에서 왔다고 보면 노래에서 파생된 것이고, 말씀[言]과 사찰[寺]이 합쳐져 된 말이라고 본다면 언어와 정신의 총화임을 알 수 있습니다. 그런데 시라는 것도 결국은 지어낸 이야기이지 자신의 실제 체험을 그대로 쓴 것은 아닙니다. 물론 실제로 체험한 것만으로 시를 쓰는 경우도 많지만 말입니다.

고등학교 다닐 때
버스 안에서 늘 새침하던
어떻게든 사귀고 싶었던
포항여고 그 계집애
어느 날 누이동생이
그저 철없는 표정으로
내 일기장 속에서도 늘 새침하던
계집애의 심각한 편지를
가져왔다.

그날 밤 달은 뜨고
그 탱자나무 울타리 옆 빈터

그 빈터엔 정말 계집애가

교복 차림으로 검은 운동화로

작은 그림자를 밟고 여우처럼

꿈처럼 서 있었다 나를

허연 달빛 아래서

기다리고 있었다.

그날 밤 얻어맞았다

그 탱자나무 울타리 옆 빈터

그 빈터에서 정말 계집애는

죽도록 얻어맞았다 처음엔

눈만 동그랗게 뜨면서 나중엔

눈물도 안 흘리고 왜

때리느냐고 묻지도 않고

그냥 달빛 아래서 죽도록

얻어맞았다.

그날 밤 달은 지고

그 또 다른 허연 분노가

면도칼로 책상 모서리를

나를 함부로 깎으면서

나는 왜 나인가

나는 왜 나인가

나는 자꾸 책상 모서리를

눈물을 흘리며 책상 모서리를

깎아댔다.

—〈첫사랑〉 전문

    2014년 12월 6일에 작고한 박남철 시인은 참 많은 일화를 남겼다는 점에서 김관식이나 천상병에 못지않지만, 대체로 '폭력'과 연관이 있어서 시인을 생각하면 안타까움을 강하게 느끼게 됩니다. 이 시도 짝사랑의 대상이었던 "포항여고 그 계집애"가 마음의 문을 열자 엉뚱하게도 무자비한 폭력으로 응징하고 맙니다. 초지일관 새침대기여야 할 네가 왜 그렇게 무너지느냐, 내 애를 계속 달궈주지 않은 데 대한 실망감이 엉뚱하게 폭력으로 분출했다는 이 이야기가 저는 사실이라고 생각합니다. 박남철을 만난 적이 있는 사람이라면 시인의 기질과 성격상 이 일은 허구가 아니라고 생각할 것입니다. "나는 왜 나인가/ 나는 왜 나인가" 하는 자책도 능히 그럴 수 있다고 여길 거구요. 시인의 자기고백은 《지상의 인간》에 이어 《반시대적 고찰》 《러시아집 패설》 《자본에 살으리랏다》로 계속해서 이어지는데, 이런 시를 볼까요.

사랑했던 제자가 졸업 후에 찾아왔습니다.

문학평론가 한 분과 새로운 젊은 聖者 시인 한 분과 같이 만나게 되었습니다.

새로운 젊은 聖者 시인께서는 엄지손가락을 둘째손가락과 셋째손가락 사이에 끼워 넣으며 "많이 하라!"고 하셨습니다.

나는 빈 맥주병을 들어 그 젊은 聖者의 대가리를 박살내 버렸습니다.

—〈러시아집 패설稗說〉 부분

이 시의 '새로운 젊은 聖者 시인'은 김영승입니다. 박남철 시인이 고인이 되었으므로 정말 김영승 시인이 그런 나쁜 욕을 했느냐고 물어볼 수 없는 노릇이지만, 폭력사태 자체는 문단에 큰 이슈가 됐던 적이 있습니다. 젊은 성자 시인은 다량의 피를 흘렸고, 함께 병원으로 갔던 몇몇 시인이 즉석에서 헌혈을 했기에 기적적으로 살아났다는 소문이 문단에 돌았습니다. 김영승 시인은 그 무렵 거의 매일 술을 마셨고, 낮에도 취한 채 돌아다녔으므로 분명히 실언을 한 것이었는데, 왜 그런 욕을 했는지 그 연유가 시집에 나와 있지는 않습니다. 박남철은 첫 시집 때부터 가족의 해체와 가정의 무너짐을 종종 시화했는데, 《자본에 살으리랏다》를 보면 이혼을 하기까지 부부싸움의 전말을 간간이 올려둡니다. 아무튼 지나치게 솔직한 탓에 독자가 상상할 수 있는 공간이 사라져 버렸다는 것은 박남철 시의 한계가 아닐까 합니다. 박남철 시인에 의해 저승 문턱까지 가보았던 김영승은 연작시집《반성》을 통해 과거에 했던 많은 일들을 뉘우칩니다.

술에 취하여
나는 수첩에다가 뭐라고 써 놓았다.
술이 깨니까
나는 그 글씨를 알아볼 수가 없었다.
세 병쯤 소주를 마시니까
다시는 술 마시지 말자
고 써 있는 그 글씨가 보였다.

―〈반성 16〉 전문

"술에 취하여 하루 종일 넘어졌다 일어나도/ 나는 집에 올 수도 없다."〈반성

97〉, "모두들 한 일년 술을 끊으면 혹시／ 사람이 될 수 있을 거라고 말했다." 〈반성 21〉, "나는 술에 취해서 꽥꽥 기념가를 불렀다 아아, 잊으랴 어찌 우리 그날을……"〈반성 78〉 하고 말하는 등 아주 많은 시가 술 마신 이야기, 술 마시고 일어난 사건 이야기입니다. 이후에 낸 시집 중 《취객의 꿈》이 있으니 시인의 취중행각 이야기는 수필로 치면 변영로의 《명정 40년》을 방불케 합니다. 박남철도 김영승도 자신의 일상사를 솔직하게 말하는 시인, 즉 체험에 입각해 시를 쓴 시인이었습니다.

간접체험에는 자신의 독서체험, 영화를 본 체험, 누구의 이야기를 들은 체험 등이 포함됩니다. 추체험은 '내가 저 사람이었다면', '내가 저 경우를 당했다면' 하고 생각해보는 것입니다. 안도현의 〈서울로 가는 전봉준〉이나 정일근의 〈유배지에서 보낸 정약용의 편지〉 같은 신춘문예 당선작은 간접체험의 산물입니다. 안도현은 동학혁명이 실패로 끝난 뒤 순창에서 한양으로 압송되어 가는 전봉준의 사진을 본 적이 있었습니다. 그 체험을 잘 살려 시를 한 편 써 등단을 했습니다. 정일근은 박석무 씨가 번역한 정다산 서한집 《유배지에서 보낸 편지》를 읽고 느낀 것을 시로 써 등단을 했습니다. 간접체험이 이렇게 중요한 것입니다.

추체험의 대가는 고은과 이성복입니다. 고은은 누나도 누이동생도 없으면서 폐결핵에 걸린 누나에 대한 사무치는 그리움과 안타까움을 초기에 여러 차례 시에 담아 썼습니다. 《이성복 문학앨범》이란 책을 보았습니다. 그 책에 송재학 시인이 쓴 이성복의 연대기를 보니 이성복은 유복한 가정에서 자라난 것이 분명한데 무능한 아버지, 폭력을 휘두르는 형, 유곽에 나가는 누이를 등장시켜 끔찍한 가정 파탄의 광경을 몇 차례 보여준 바 있습니다. 자기 자신의 체험이 아닌데도 너무나 그럴듯하게, 너무나 구체적으로 묘사하여 많은 독자가 속았지만 우리는 두 시인을 사기꾼이라고 비난할 수 없습니다.

누님이 와서 이마맡에 앉고

외로운 파스 하이드라지드 병 속에

들어 있는 정서情緒를 보고 있다.

뜨락의 목련이 쪼개어지고 있다.

한 번의 긴 숨이 창 너머 하늘로 삭아가 버린다.

오늘, 슬픈 하루의 오후에도

늑골에서 두근거리는 신神이

어딘가의 머나먼 곳으로 간다.

지금은 거울에 담겨진 기도와

소름조차 말라버린 얼굴

모든 것은 이렇게 두려웁고나

기침은 누님의 간음,

한 겨를의 실크빛 연애에도

나의 시달리는 홑이불의 일요일을

누님이 그렇게 보고 있다.

언제나 오는 것은 없고 떠나는 것뿐

누님이 치마 끝을 매만지며

화장 얼굴의 땀을 닦아 내린다.

—고은, 〈폐결핵〉 1번 시

그는 아버지의 다리를 잡고 개새끼 건방진 자식 하며

비틀거리며 아버지의 샤쓰를 찢어발기고 아버지는 주먹을

휘둘러 그의 얼굴을 내리쳤지만 나는 보고만 있었다

그는 또 눈알을 부라리며 이 씨발놈아 비겁한 놈아 하며
아버지의 팔을 꺾었고 아버지는 겨우 그의 모가지를
문 밖으로 밀쳐냈다 나는 보고만 있었다 그는 신발 신은 채
마루로 다시 기어올라 술병을 치켜들고 아버지를 내리
찍으려 할 때 어머니와 큰누나와 작은누나의 비명,
나는 앞으로 걸어 나갔다 그의 땀 냄새와 술 냄새를 맡으며
그를 똑바로 쳐다보면서 소리 질렀다 죽여버릴 테야
법法도 모르는 놈 나는 개처럼 울부짖었다 죽여버릴 테야
별은 안 보이고 갸웃이 열린 문틈으로 사람들의 얼굴이
라일락꽃처럼 반짝였다 나는 또 한번 소리 질렀다
이 동네는 법法도 없는 동네냐 법도 없어 법도 그러나
나의 팔은 죄짓기 싫어 가볍게 떨었다 근처 시장에서
바람이 비린내를 몰아왔다 문門 열어 두어라 되돌아올
때까지 톡, 톡 물 듣는 소리를 지우며 아버지는 말했다

—이성복, 〈어떤 싸움의 기록〉 전문

두 사람을 누가 사기꾼이다, 거짓말쟁이다라고 욕하겠습니까. 허구를 통해 진실을 추구한 탁월한 시인이라고 인정하지요. 어찌 보면 실제로 한 체험보다 더욱 중요한 것이 간접체험과 추체험일 것입니다. 체험을 절대로 무시해서는 안 되지만 각종 간접체험, 예컨대 예술작품 감상 체험, 꿈 체험, 여행 체험, 남에게 들은 이야기 등도 자신의 직·간접적인 '체험'이니 십분 활용할 필요가 있습니다.

1997년 세계일보 신춘문예 당선작의 제목은 '정동진역'입니다. 가운뎃부분에 "해안선을 잡아놓고 끓이는 라면집과/ 파도를 의자에 앉혀놓고/ 잔을 주고

받기 좋은 소주집이 있다"는 아주 재미있는 표현이 보이는 시입니다.

> 겨울이 다른 곳보다 일찍 도착하는 바닷가
> 그 마을에 가면
> 정동진이라는 억새꽃 같은 간이역이 있다.
> 계절마다 쓸쓸한 꽃들과 벤치를 내려놓고
> 가끔 두 칸 열차 가득
> 조개껍질이 되어버린 몸들을 싣고 떠나는 역.
> 여기에는 혼자 뒹굴기에 좋은 모래사장이 있고,
> 해안선을 잡아놓고 끓이는 라면집과
> 파도를 의자에 앉혀놓고
> 잔을 주고받기 좋은 소주집이 있다.
> 그리고 밤이 되면
> 외로운 방들 위에 영롱한 불빛을 다는
> 아름다운 천장도 볼 수 있다.
> 강릉에서 20분, 7번 국도를 따라가면
> 바닷바람에 철로 쪽으로 휘어진 소나무 한 그루와
> 푸른 깃발로 열차를 세우는 역사驛舍,
> 같은 그녀를 만날 수 있다.
>
> ―〈정동진역〉 전문

김영남은 등단작의 제목을 그대로 첫 시집의 제목으로 삼았는데, 그 첫 시집의 해설을 제가 썼기에 이 시의 생산 과정을 본인한테 들을 수 있었습니다. '모래시계'이던가요, 텔레비전 드라마의 촬영 장소가 됨으로써 세상에 알려진

정동진역은, 1996년까지만 해도 해돋이 관광 명소가 아니었습니다. 그곳 경치가 제법 괜찮다는 것 정도가 몇몇 사람에게 알려져 있었지요. 어느 신문기자가 누군가로부터 정동진역 풍광이 좋다는 말을 듣고 직접 갔다 와서는 '알려지지 않은 곳, 그러나 가볼 만한 곳'이라며 그곳을 소개하는 기사를 썼습니다. 김영남은 그 기사를 읽고 일필휘지 이 시를 썼습니다. 물론 가본 적이 없었지요. 신문기사 한 쪼가리도 유심히 읽는 관찰력이 그에게 시인이란 타이틀을 붙여 주었습니다.

《죄와 벌》《테스》《여자의 일생》 등 소설의 공통점은 소설가가 짧은 신문기사를 읽고, 그것을 갖고 쓴 작품이라는 것입니다. 시도 소설과 마찬가지로 관찰하고 기록하기가 선행되어야 합니다. 텔레비전 드라마든 영화든 관찰의 안테나를 세우고 유심히 보면 거기서 시의 제재가 나옵니다. 친구의 이야기든 소설 속 주인공의 이야기든 유심히 들으면 거기서 시의 제재가 나옵니다. 모든 사물과 모든 생명체가 시가 될 수 있기 때문에 시는 열려 있는 총체입니다. 시는 그 어떤 인접예술과도 교배할 수 있습니다. 문제는 거짓말을 능수능란하게 하되 시적 진실을 표방하지 않으면 안 된다는 것입니다.

시인이 정동진역에 전혀 가본 적이 없으면서 이런 시를 썼다고 하여 우리는 시인을 비난할 수 없습니다. 앞에서 저는 시가 시인 자신의 체험의 산물이라는 말씀을 드렸는데 한편으로는 이렇게 신문기사를 읽은 간접체험에다가 상상력을 보태어도 얼마든지 재미있는 혹은 훌륭한 시를 쓸 수 있음을 말씀드립니다. 안 보고도 본 척, 안 겪고도 겪은 척, 모르고도 아는 척하는 사람이 또한 시인입니다. 시인은 신문기사를 보고도, 책을 읽고도, 영화를 보고도 시를 쓸 수 있습니다, 간접적으로 체험한 것을 직접 체험한 양 둘러칠 수 있는 능력이 시인됨의 기본 능력이 아니겠습니까. 저는 오늘 제 시를 한 편 낭송해 드릴까 합니다.

볼품없이 누워 계신 아버지

차갑고 반응이 없는 손

눈은 응시하지 않는다

입은 말하지 않는다

오줌의 배출을 대신해주는 도뇨관導尿管과

코에서부터 늘어져 있는

음식 튜브를 떼어버린다면?

항문과 그 부근을

물휴지로 닦은 뒤

더러워진 기저귀 속에 넣어 곱게 접어

침대 밑 쓰레기통에 버린다

더럽지 않다 더럽지 않다고 다짐하며

한쪽 다리를 젖히자

눈앞에 확 드러나는

아버지의 치모와 성기

물수건으로 아버지의 몸을 닦기 시작한다

엉덩이를, 사타구니를, 허벅지를 닦는다

간호사의 찡그린 얼굴을 떠올리며

팔에다 힘을 준다

손등에 스치는 성기의 끄트머리

진저리를 치며 동작을 멈춘다

잠시, 주름져 늘어져 있는 그것을 본다

내 목숨이 여기서 출발하였으니

이제는 아버지의 성기를 노래하고 싶다

활화산의 힘으로 발기하여

세상에 씨를 뿌린 뭇 남성의 상징을

이제는 내가 노래해야겠다

우리는 모두 이것의 힘으로부터 왔다

지금은 주름져 축 늘어져 있는

아무런 반응이 없는 하나의 물건

나는 물수건을 다시 짜 와서

아버지의 마른 하체를 닦기 시작한다.

—〈아버지의 성기를 노래하고 싶다〉 전문

솔직히 말씀드려 이 시는 완벽한 거짓말입니다. 제 아버지는 돌아가시기 전 4개월을 제외하고는 입원이라는 것을 해본 적이 없습니다. 허리가 많이 안 좋으십니다만 돌아가시기 전해까지도 고향에서 밭농사를 지었습니다. 그런데 이 시를 읽은 많은 독자가 대부분 실제상황인 줄 알고 제게 물어왔습니다. 부친을 간병하느라 고생이 많았겠다는 위로의 말을 들을 때마다 곤혹스럽기도 하고 미안하기도 했던 기억이 납니다. 이 시는 재미교포 2세인 루이스 최가 쓴 《생명일기》라는 간병기를 보고 제 체험인 양 가져와서 쓴 것입니다. 물론 아버지의 성기 운운하는 대목은 그 책에 나오지 않습니다. 식물인간의 상태가 된 어른을 간병하는 것이 얼마나 힘든 일인지, 여실히 기록되어 있는 그 책을 보고 만약 제 아버지가 저런 상태가 되었다면 나는 어떻게 할 것인가, 상상해보면서 한 편의 시를 썼던 것입니다. 이 시가 시적 진실을 추구하는지 어떤지는 잘 모르겠습니다만 저는 책을 통한 간접체험을 직접체험으로 슬쩍 바꿈으로써 시를 쓸 수 있었습니다. 한 인간의 체험에는 한계가 있는 법인데, 간접체험과 상상력은 그 한계를 무한정 확장해줍니다.

**관찰력과
상상력의
중요성**

앞장에서 저는 간접체험과 추체험의 중요성에 대해 말씀드렸습니다. 시의 소재가 오로지 자신의 실제체험에서만 나오는 것이라면 금방 고갈되고 맙니다. 상상력을 발휘하여 자신이 체험한 것에 적절히 양념을 치는 일도 중요하지만 여러분 주변의 것들— 즉, 주변의 사물, 주변 사람들, 주변에 일어나는 일들을 잘 관찰하는 일도 그에 못지않게 중요합니다. 먼 우주를 천체망원경으로 살펴보는 우주과학자나 꼼지락거리는 세균을 현미경으로 살펴보는 생명공학도에게만 관찰력이 필요한 것이 아닙니다. 시인도 관찰력이 있어야 좋은 시를 쓸 수 있습니다. 하지만 상상력과 관찰력은 완전히 동떨어진 개념은 아닙니다. 내 시야에 들어오는 모든 것이 관찰의 대상이고, 내 뇌리에 입력되는 모든 것이 상상의 대상입니다.

제 후배 중에 정상현이라고 있는데 큰 교통사고를 당해 눈이 멀었습니다. 교통사고를 당하고 나서 한동안 식물인간의 상태에 있다가 깨어났는데 반신불수에 맹인이 되고 만 것입니다. 상현은 눈이 먼 상태에서 시를 써 두 권의 시집을 냈는데 《마음의 지옥에서 피우는 꽃》을 보니 이런 시가 있네요.

깡통 하나 길바닥에 놓여 있다.
한번 차 보아라.
깡통이 어디 차인다고 깡통이 아니더냐.
네가 힘주어 차면 깡통도 더욱 힘주어 깡통이다.
쭈그러지고 밟혀도 멀쩡한 깡통 하나.

길바닥에 단단하게 놓여 있다.

―〈깡통〉 전문

우리 눈에 깡통보다 더 잘 뜨이는 것이 있을까요? 상현은 눈멀기 전에도 그랬겠지만 눈이 먼 상태로 살아가는 지금도 길에서 깡통을 발로 찬 적이 있을 것입니다. 그는 우리에게 길에 놓인 깡통을 보면 한번 차보라고 말합니다. 우리가 힘주어 차면 깡통은 더욱 힘주어 소리를 내고, 통기고, 반항합니다. "쭈그러지고 밟혀도 멀쩡한 깡통 하나"란 행에 담겨 있는 주제의식이 가슴을 서늘하게 합니다. 깡통은 세상의 비정함에 가슴 아파하는 장애인이 아닌지 모르겠습니다. 속으로는 멀쩡한데 겉으로 장애가 있다고 부당한 대우를 받는다면 그것은 분명히 잘못된 일입니다. 절대다수의 사람이 길거리의 깡통을 보고 무심히 지나쳤는데 상현은 흔하디흔한 깡통에 생명을 불어넣어 의미심장한 한 편의 시를 썼습니다. 사람들의 발에 자주 차이지만 어느새 길바닥에 단단하게 놓여 있는 깡통의 자존심을 상현은 들려주고 싶었을 것입니다. 눈이 먼 상현의 관찰력이 놀랍지 않습니까?

다시 말합니다. 어떤 대상이나 사물에서 받은 느낌과 머리에 떠올린 생각을 글로 구체화하기 위해서는 관찰력이 필요합니다. 내 주변의 사물을 유심히 보고, 주변 사람들의 이야기를 유심히 듣고, 어디에 가서도 면밀히 살펴보아야 합니다. 좋은 시를 쓰기 위해서는 잘 보고, 잘 듣고, 깊이 느끼는 마음가짐이 중요합니다. 또한 나를 매료시킨 사물이 무엇인지, 왜 그것이 내 마음에 파문을 일으켰는지, 그것으로 말미암은 나의 심리상태가 어떠한지, 그런 심리상태로 인해 내가 얻은 것이 무엇이고 잃은 것이 무엇인지 골똘히 생각해보아야 합니다. 이런 것과 아울러 나와 사물과는 어떤 관계인지, 그 사물과 관계된 또 다른 것으로는 어떤 것이 있는지, 그 사물로 말미암아 일어난 나의 심리적인 변화로는 어떤 것이 있는지 살펴보는 것이 바로 관찰입니다. 그렇게 하는 힘이 관찰력이고요. 정상현의 시를 한 편 더 봅시다.

> 이제 나는 여기서도 꽃을 피우리.
> 첫날밤 여인의 속옷을 벗겨내듯 가슴 설레는 꽃을
> 이제 막 탯줄을 잘라낸 아기의 깨끗한 살갗같이 맑은 꽃
> 아주 조심스레 피우리.
> 나는 진정 나 자신의 흉터보다 아름다운 꽃을 피울 수 있을까?
>
> ─〈마음의 지옥에서 피우는 꽃〉 전문

이 시는 상상력의 산물입니다. '여기'는 눈이 먼 상태로 살아가게 된 지금의 처지를 가리킵니다. 불의의 교통사고로 인해 부모님의 보살핌 속에서 살아가게 된 자신이기에 첫날밤 여인의 속옷을 벗겨낼 수는 없지만 그토록 가슴 설레게 꽃을 피워내고 싶어 합니다. 아기를 낳아서 키울 수 없게 된 자신이기에 아기의 깨끗한 살갗같이 맑은 꽃이나마 조심스럽게 피워내고 싶어 합니다. 시로써 말입니다. "나 자신의 흉터"는 몸에 난 것이지만 그 몸으로 자신의 흉터

보다 아름다운 영혼의 꽃을 피워내고 싶어 합니다. 바로 이것이 시의 힘이며 상상력의 힘입니다.

일본의 대표적인 시가 형식인 하이쿠의 대가 마쓰오 바쇼松尾芭蕉라는 이가 남긴 작품 가운데 이런 것이 있습니다.

    덫에 걸린 채
    얼음을 핥고 있는
    목마른 생쥐

사진 한 컷에 지나지 않는 짧은 단상이지만 많은 것을 생각하게 합니다. 살아보려고 발버둥을 치는 생쥐 한 마리가 하나의 상像을 만들어 우리의 뇌리를 스쳐갑니다. 생명체의 자기 목숨에 대한 애착이 눈물겹기까지 합니다. 하지만 시인은 감정이입을 하지 않고 장면 하나를 딱 보여주고 맙니다. 시인이 자신의 관찰력의 결과물을 제시하여 독자의 상상력을 끌어내는 기법을 쓴 것이지요. 고바야시 잇사小林一茶의 하이쿠를 볼까요.

    모기여,
    넌 낮잠 자는 사람 위에 앉아
    점심을 먹는구나

모기에게 피를 빨려본 적이 있는 우리 모두 이런 촌철살인의 시를 쓴 적이 없습니다. 이런 일상의 작은 일도 잘만 관찰하면 시가 됩니다. 물론 적당한 상상력이 곁들여져야 하지만 말입니다.

상징의
중요성을
알고 써야 한다

상징의 어원은 '조립하다', '짜맞추다'를 뜻하는 그리스어 심발레인symballein에서 왔다고 합니다. 이 말의 명사형인 심볼론symbolon은 부호·증표·기호 등을 뜻하므로 상징이란 기호로써 다른 어떤 것을 대신하는 기능을 수행하는 것입니다. 그런데 상징이 왜 시에서 그렇게 중요한 것일까요?

여러분은 유치환의 시 〈깃발〉의 '깃발'이 인간의 이상을 향한 낭만인 향수 노스탤지어를 상징한다고 배웠을 것입니다. 서정주의 시 〈국화 옆에서〉의 '국화'는 성숙한 여인의 마음을, 이상의 소설 〈날개〉의 '날개'는 현실 초월에의 욕구를 상징한다고 배웠을 것입니다. 깃발, 국화, 날개 등은 구체적인 사물이지만 그것을 동원하여 표현하고자 한 것은 다분히 추상적인 '낭만적인 향수', '성숙한 여인의 마음', '현실 초월에의 욕구'입니다. 자, 서정주의 다른 시를 봅시다.

순이야. 영이야. 또 돌아간 남아.

굳이 잠긴 재ㅅ빛의 문을 열고 나와서
하눌ㅅ가에 머무른 꽃봉오리ㄹ 보아라

한없는 누에 실의 올과 날로 짜 느린
차일을 두른 듯, 아늑한 하눌ㅅ가에
뺨 부비며 열려 있는 꽃봉오리ㄹ 보아라

순이야. 영이야. 또 돌아간 남아.

저,
가슴같이 따뜻한 삼월의 하눌ㅅ가에
인제 바로 숨쉬는 꽃봉오리ㄹ 보아라

―〈밀어〉 전문

    1947년 3월에 발표한 시입니다. 광복이 되고 나서 두 번째 맞는 봄에 쓴 것이므로 이 시를 평범한 봄 노래로 읽으면 안 됩니다. 순이와 영이는 일제 강점기에 온갖 수난을 당한 우리 민족의 가장 흔한 이름이며, 남이는 일제에 희생된 모든 사람을 대표하는 이름일 것입니다. 꽃봉오리는 처음에 하늘가에 머물러 있었으나 시간이 지남에 따라 아늑한 하늘가에 뺨 비비며 열려 있고, 마침내 삼월이 오자 "인제 바로" 숨쉬고 있습니다. 나무는 엄동설한을 견디어냈기 때문에 꽃봉오리를 맺을 수 있는 것입니다. 꽃봉오리는 이 땅의 젊은이들이라는 구체적인 대상과, 그 젊은이들이 엄동설한을 견딘 이후에 비로소 맞이한 그해의 봄에 새롭게 가슴에 품은 희망이라는 막연한 관념을 함께 상징하고 있습니다.

상징주의의 비조鼻祖는 보들레르입니다. 시는 오로지 쓰는 즐거움 때문에 쓰여야만 진정한 시가 된다는 보들레르의 시론인 자기목적성은 그때까지 나온 모든 시론을 부정한 획기적인 발상이었지요. 애드가 앨런 포의 소설을 불역한 보들레르는 그의 영향을 받아 예술은 도덕이 아니라 미를 추구해야 한다고 주장했습니다.

자연은 하나의 신전, 거기에 살아 있는 기둥들은
이따금 혼돈스런 말을 흘러보내고,
사람은 친근한 시선으로 자기를 지켜보는
상징의 숲을 가로질러 그리로 들어간다.

밤처럼 그리고 빛처럼 아득한,
어둡고 그윽한 통일 속에
긴 메아리 멀리서 어울려들 듯
향기와 색채와 음향이 서로 화답한다.

그 향기들, 어린아이의 살결처럼 싱싱하고,
오보에처럼 부드럽고, 들판처럼 푸르르고,
또 그 밖에 부패하고 풍부하고 화사한 향기 있어,

용연향, 사향, 안식향 혹은 훈향처럼,
무한한 것으로 퍼져나가
영혼과 육체의 영광을 노래한다.

—〈만물조응〉 전문

보들레르가 말하는 '조응'이란 신전으로 상징되는 이데아와 "상징의 숲"으로 표상되는 현상계의 조응, 또 제2연에 나오는 "향기와 색채와 음향이 서로 화답한다"에서 이루어지는 감각 간의 조응, 제4연에 나오는 '영혼과 육체의 조응' 등일 것입니다. 제1연의 "상징의 숲을 가로질러 그리로 들어간다"는 것은 신전에서 흘러나오는 혼돈한 말, 즉 해독 불가능한 상징을 감지할 수 있는 자만이 황홀경으로 들어갈 수 있음을 뜻합니다. 하나의 감각에서 다른 감각으로 이동해가거나 감각 간의 구분이 붕괴되는 감각의 전이를 공감각共感覺이라고 하는데, 이것을 제일 먼저 시도한 이가 바로 보들레르입니다. 공감각이라고 하면 바로 김광균의 시 〈외인촌〉의 마지막 행 "분수처럼 쏟아지는 푸른 종소리"가 생각나지요?

보들레르 이후 시인들이 시를 쓸 때 상징을 즐겨 사용하는 이유는 우리의 정서를 유발하여 심미적 욕구를 채워주기 위한 것입니다. 상징주의자들은 이 세계가 기호적 부분과 의미적 영역(혹은 지상의 세계와 천상의 세계, 혹은 물상의 세계와 영혼의 세계)으로 나뉘어 있다고 보았습니다. 상징주의자들은 이 지상의 물질적 세계는 불완전하며, 허위와 부조리와 죄악과 고통으로 가득 찬 곳으로 간주하여 현실도피적인 성향이 있었습니다. 지상의 세계는 초월적인 이데아 세계의 그림자요 가상에 불과하다는 것입니다.

비유와 비교해보면 상징은 비유에서 원관념을 떼어내고 보조관념만 남은 형태입니다. 비유가 원관념과 보조관념을 작품 표면에 직접적으로 제시하는 반면 상징은 작품 표면에서 원관념을 숨기고 보조관념만 제시합니다.

1

하늘에 깔아 논

바람의 여울터에서나

속삭이듯 서걱이는

나무의 그늘에서나, 새는

노래한다. 그것이 노래인 줄 모르면서

새는 그것이 사랑인 줄도 모르면서

두 놈의 부리를

서로의 죽지에 파묻고

따스한 체온을 나누어 가진다.

2

새는 울어

뜻을 만들지 않고,

지어서 교태로

사랑을 가식假飾하지 않는다.

3

─포수는 한 덩이 납으로

그 순수純粹를 겨냥하지만,

매양 쏘는 것은

피에 젖은 한 마리 상한 새에 지나지 않는다.

―박남수, 〈새〉 전문

    이 시에서 새는 자연의 순수성을 상징하고 총은 문명의 야만성과 잔인성을 상징합니다. 이처럼 비교적 파악하기 쉬운 1 : 1의 관계가 성립하는 상징도 있습니다만 1 : 多의 관계여서 파악하기 쉽지 않은 상징도 있습니다. 상징이 다

의성을 가지면 가질수록 독자는 애를 먹겠지만 시는 더욱 상징성이 짙은 시가 되는 법입니다.

**아름다운
역설을
찾아서**

우리의 뇌리에 잊히지 않고 똬리를 틀고 있는 시구 중에는 역설적인 표현이 많습니다. 예컨대 정지용·김영랑·이육사·유치환의 시를 생각해봅시다.

밤에 홀로 유리를 닦는 것은
외로운 황홀한 심사이어니.

—정지용, 〈유리창〉 부분

나는 기다리고 있을 테요, 찬란한 슬픔의 봄을.

—김영랑, 〈모란이 피기까지는〉 부분

겨울은 강철로 된 무지갠가 보다.

—이육사, 〈절정〉 부분

이것은 소리 없는 아우성.

—유치환, 〈깃발〉 부분

논리적으로는 들어맞지 않지만 시에서는 이런 것이 허용될 뿐만 아니라 오히려 잘된 표현이라고 환영을 받습니다. 소리 없는 아우성이란 것이 말이 됩니까. 순 거짓말이지만, 거짓말 속에 '진리' 내지는 '진실'이 깃들어 있기에 우리는 이런 표현을 뇌리에 새기게 되는 것입니다. 이런 것들은 모순어법으로서, 표층적 역설이라고 합니다. 수식어와 피수식어 사이의 모순에서 생겨난 재미있는 시적 표현이지요.

한편 심층적 역설은 모순의 의미를 일상적 논리로는 충분히 설명할 수 없는, 꽤 난해한 역설입니다. 종교의 교리를 설명하는 데 사용되는 신비스럽고 초월적인 진리를 나타내는 말 가운데 이런 것이 있습니다.

도를 도라고 하면 도가 아니다.

색즉시공色卽是空, 공즉시색空卽是色이라.

오른쪽 뺨을 맞으면 왼쪽 뺨을 내밀어라.

이런 표현은 생각을 한참 해도 알 듯 모를 듯, 우리를 헷갈리게 합니다. 심층적 역설과 비슷한 것으로 존재론적 역설이 있습니다. 이것은 삶의 초월적 진리를 내포한 역설로, 신비롭고 새로운 의미 창조의 가능성을 포함합니다. 선시禪詩 중에는 존재론적 역설로 이루어진 표현이 무궁무진합니다.

부처님이 영산에서 설법을 할 때 씩 웃었다는 스님의 이름이 가섭이요, 그 고사로부터 나온 말이 '염화시중의 미소'인데, 아래는 가섭의 임종게臨終偈입니다. 임종게란 고승이 입적入寂을 앞두고 한 수 쓰는 시입니다.

> 법이라는 법의 본래의 법은
> 법도 없고 법이 아닌 것도 없음이니
> 어찌 한 법 가운데
> 법과 법 아닌 것이 있으랴.

뭔 소리인지 솔직히 모르겠습니다. 시시비비를 따지며 아웅다웅하는 속세의 인간을 계도하는 것도 같고, 부정과 긍정을 반복하는 사유를 통해 진리를 탐색하는 과정인 것도 같습니다. 불가의 심오한 진리를 비교적 쉽게, 아름다운 연애시에 담아낸 시인이 한용운입니다. 한용운은 표층적 역설, 심층적 역설, 존재론적 역설을 종횡무진 구사한 탁월한 시인입니다.

> 타고 남은 재가 기름이 됩니다.
> ―〈알 수 없어요〉 부분

> 남들은 자유를 사랑한다지만 나는 복종을 좋아하여요.
> ―〈복종〉 부분

> 아아 님은 갔지마는 나는 님을 보내지 아니하였습니다.
> ―〈님의 침묵〉 부분

한용운의 〈복종〉 같은 시는 표층적 역설도 보이지만 시 전체가 통째로 역설인 시적 역설입니다. 김소월의 〈진달래꽃〉은 시적 역설을 구사한 작품으로 널리 알려져 있고, 이상의 시도 상당수 역설적인 표현으로 되어 있습니다.

> 내키는커서다리는길고왼다리압흐고안해키는적어서다리
> 는짧고바른다리가압흐니내바른다리와안해왼다리와성한
> 다리끼리한사람처럼걸어가면아아이夫婦는부축할수업는
> 절름바리가되여버린다無事한世上이病院이고꼭治療를기
> 다리는無病이곳곳내잇다

—〈지비紙碑〉 전문

이 시에 대해서 저는 《이승하 교수의 시 쓰기 교실》이란 책에서 설명을 한 적이 있습니다. 제목의 뜻은 '종이에 쓴 비문'이나 '종이로 만든 비석'일 터인데, 제목부터 역설입니다. 말도 안 되지만 시인이 썼기에 말이 되는 것—그것이 바로 역설입니다. 시적 역설은 우리 같은 범인이 구사하기는 어려우니 표층적 역설이라도 간간이 구사해보도록 합시다. 현대시에 있어서 역설은 너무나 중요하고, 그것을 강조한 이가 클리언드 브룩스입니다.

미국의 대표적인 신비평가 브룩스는 현대시의 구조를 분석한 책 《잘 빚어진 항아리》1947에서 이렇게 말했습니다. "과학자의 진리는 역설의 흔적이 모조리 제거된 언어를 요구하지만, 시인이 말하는 진리는 분명히 역설을 통해서만 접근될 수 있다"고. 그가 이 말을 한 이래 역설은 현대시 작법에 있어 금과옥조 같은 진리로 받아들여지고 있습니다. 언뜻 보기에는 모순·충돌되는 진술 형태지만 일상 세계에서는 그런 모순적인 표현이 모순 그 자체를 초월함으로써 보다 차원 높은 세계에서 시적 진실을 얻어내는데, 이것이 역설의 묘미입니다. 예전에는 '역설' 하면 "찬란한 슬픔의 봄"이나 "사월은 가장 잔인한 달" 같은 표층적 역설이 생각났지만 지금은 한두 행에 담긴 역설이 우리의 뇌리에 똬리를 틀지 않습니다. 시의 구조 자체가 역설인 경우도 왕왕 있습니다.

왜들 안 올까.

아무도 없는 텅 빈 집
부엌에 들어가 불을 켠다.

냄비 뚜껑을 한번 열어본다.
김치찌개 냄새.
춥다.

사람들이 나를 들어다가 이곳에 묻고
그저 홀로 누워 반듯하게 썩고 있겠거니
생각한다.

―김영승, 〈무덤〉 전문

앞의 3연은 집의 이미지인데 마지막 연에 가서 집은 무덤이 됩니다. 마지막 연의 역설이 없었다면 이 시는 실패작이 되고 말았을 것입니다. 한국 시단에서 역설의 도사는 《뒹구는 돌은 언제 잠 깨는가》를 낸 이성복이 아닐까요.

우리는 살아 있다 손가락을 발바닥으로 짓이긴다
우리는 살아 있다 애써 모은 돈을 인기인과 모리배에게 헌납한다

우리의 욕망은 백화점에서 전시되고 고층빌딩 아래 파묻히기도 하며
우리가 죽어도 변함없는 좌우명 인내! 도대체 어떤 사내가
새와 짐승과 나비를 만들고 남자와 여자를 만들고 제7일에
휴식하는가 새는 왜 울고 짐승은 무얼 믿고 뛰놀며 나비는
어찌 그리 고운 무늬를 자랑하는가 무슨 낙으로 남자는 여자를 끌어안고
엉거주춤 죽음을 만드는가 우리는 살아 있다 정다운 무덤에서 종소리,
종소리가 들릴 때까지 후회, 후회, 후회의 종소리가 그칠 때까지

―〈다시, 정든 유곽에서〉 부분

역설, 역설, 역설의 아름다움이 그칠 때까지 우리는 말을 잘 이용하여 발명품을 만들어내야 합니다.

이미지의
중요성

'이미지'라는 낱말을 우리는 살아가면서 종종 쓰고 있습니다. 그 사람 이지미가 참 좋다느니, 그런 사람 때문에 한국인에 대한 이미지가 나빠진다느니, 말 한마디 잘못해서 이미지를 완전히 구겼다느니 하면서 이미지란 말을 쓰고 있지요. 이미지를 쉽게 말하면 어떤 사물이나 사람한테서 받은 인상이라고 할 수 있겠지만 시의 이미지는 "마음속에다 언어로 그린 그림"으로 이해하면 됩니다. 다시 말해 이미지란 시를 읽을 때 마음속에 그려지는 모습이나 광경입니다. 그래서 이미지를 한자로는 심상心象이라고 하는 것입니다. 추상의 나락으로 굴러 떨어질 위험이 있는 관념을 구체적인 이미지에 의존하여 감각적이고 감성적인 것으로 변용시키는 능력은 바로 상상력에 있습니다. 관념을 구체화하는 능력이 상상력이고, 그 도구가 이미지인 것입니다.

A. 프레밍거라는 사람이 이미지에는 크게 세 가지가 있다고 했습니다. 비유적 이미지 · 감각적 이미지 · 상징적 이미지가 그것으로, 이미지를 활용하여

시를 써보기 위해 이들에 대해 알아봅시다. 이미지 하면 가장 먼저 생각나는 시인은 30년을 못 채우고 죽은 이장희입니다.

> 꽃가루와 같이 부드러운 고양이의 털에
> 고운 봄의 향기가 어리우도다.
>
> 금방울과 같이 호동그란 고양이의 눈에
> 미친 봄의 불길이 흐르도다.
>
> 고요히 다문 고양이의 입술에
> 포근한 봄 졸음이 떠돌아라.
>
> 날카롭게 쭉 뻗은 고양이의 수염에
> 푸른 봄의 생기가 뛰놀아라.
>
> —〈봄은 고양이로다〉 전문

1924년 작인 이 시는 섬세한 감각과 비유법을 논할 때 흔히 인용이 되는데, 저는 이 시를 갖고 이미지를 논하고 싶습니다. 이장희는 고양이의 털과 눈, 입술과 수염을 각각 봄의 고운 향기, 미친 불길, 포근한 졸음, 푸른 생기 네 가지 이미지에 연결시켰습니다. 사물과 관념의 연결이므로 상징으로 볼 수도 있겠지만 따뜻한 봄 햇살을 받으며 졸고 있는 고양이의 몸 여러 부위에서 봄이 갖고 있는 대표적인 이미지를 도출한 솜씨가 놀랍습니다. 향기와 불길, 졸음과 생기 중에서 우리 눈으로 직접 볼 수 있는 것은 불길 정도인데, 시인은 이런 것들을 우리 시각으로 확인 가능한 고양이의 털과 눈, 입술과 수염의 이미지로 설명해주어 우리는 시인이 봄에 대해 느낀 것을 잘 이해할 수 있습니다. 이장희는 1, 2연에서 직유법을, 3, 4연에서 은유법을 구사, 비유가 작품 전체를 아우르고 있습니다. 따라서 그의 대표작 〈봄은 고양이로다〉는 비유적 이미지가 잘 구현된 시라고 할 수 있습니다. 직유·은유·제유·환유·풍유·의인화 등 각종 비유법을 이용한 이미지가 비유적 이미지입니다.

감각적 이미지는 정신적 이미지 혹은 지각적 이미지라고도 하는데 우리의 각종 감각 경험을 통해 빚어지는 이미지입니다. 인간의 감각기관에 가해진 자극으로 말미암아 생긴 현상이니까 오감(시각·청각·후각·미각·촉각)의 이미지가 다 포함되며, 이 밖에도 근육감각 이미지·색채 이미지·역동적 이미지·정태적 이미지 등이 포함됩니다. 이 가운데 두 가지 이상의 감각이 결합된 형태로 나타나는 이미지를 공감각적인 이미지라고 하지요. 감각적 이미지의 대가는 정지용과 김기림입니다. 이 두 시인의 후예로 김광균과 박남수를 들 수 있습니다.

> 넓은 벌 동쪽 끝으로
> 옛이야기 지줄대는 실개천이 회돌아 나가고,
> 얼룩배기 황소가
> 해설피 금빛 게으른 울음을 우는 곳,
>
> ―그곳이 참하 꿈엔들 잊힐리야.
>
> ―정지용, 〈향수〉 부분

> 귀에 설은 새소리가 새어 들어와
> 참한 은시계로 자근자근 얻어맞은 듯,

마음이 이 일 저 일 보살필 이로 갈라져,

수은 방울로 동글동글 나동그라져,

춥기는 하고 진정 일어나기 싫어라.

—정지용, 〈이른 봄 아침〉 부분

"해설피 금빛 게으른 울음을 우는 곳"이란 구절은 시각적 이미지와 청각적 이미지가 어우러져 너무나 멋진 공감각적인 표현을 이루었습니다. 이른 봄 아침에 이부자리에서 들은 새소리를 정지용은 '지지배배'나 '짹짹'이라고 표현하는 대신 "참한 은시계로 자근자근 얻어맞은 듯"하다고 했습니다. 새소리란 것은 분명히 시각적 이미지인데, 시인은 이를 촉각이나 근육감각으로 표현하는 마수魔手를 발휘한 것입니다. 다른 시인의 감각적 이미지는 한 편씩만 예로 듭니다.

비늘

돛인

해협

배암의 잔등

처럼 살아났고

아롱진 '아라비아'의 의상을 둘른 젊은 산맥들

—김기림, 〈기상도〉 부분

퇴색한 성교당의 지붕 위에선

분수처럼 흩어지는 푸른 종소리.

—김광균, 〈외인촌〉 부분

먹구름이 깔리면

하늘의 꼭지에서 터지는

뇌성이 되어

가루 가루 가루의 음향이 된다.

—박남수, 〈종소리〉 부분

   상징적 이미지는 여러 가지 이미지들이 중첩되거나 유사한 이미지가 반복적으로 사용되면서 시 전체에 상징적 분위기를 확산시킵니다. 이 이미지는 신화나 원형, 또는 인간의 잠재의식과 관련을 맺고 있는 경우가 많습니다. 원형原型이 무엇이냐구요? 원형이란 여러 나라의 문학작품에서 동일하게 반복되어 나타나는 서사 양식이나 인물 유형 혹은 이미지 등을 지칭하는 말입니다. 원형은 문화인류학적인 관점에서 말하자면 범위가 더욱 넓어지는데, 인류가 오랫동안 반복하여 겪은 원초적인 경험이 신화·종교·문학 및 개인의 무의식에 반영되어 이루어진, 보편적인 사고의 방식이나 상징을 가리키는 말입니다.

제목과
첫 행, 첫 연을
어떻게 쓸 것인가

사람과 사람과의 만남에서 첫인상은 대단히 중요합니다. 첫인상을 안 좋게 주어 고생을 하는 경우도 있고 첫인상을 좋게 주어 일이 잘 풀리는 경우도 있습니다. 첫눈에 반해버리면 눈에 콩깍지가 씌고 맙니다. 하느님인들 어떻게 할 수가 없지요. 시에서도 첫인상은 대단히 중요합니다. 첫인상이 마음에 안 들면 독자는 뒤에 이어지는 글을 읽으려들지 않을 뿐 아니라 그 시와 영영 이별하고 맙니다. 시인은 시를 몇 날 며칠 공들여서 썼는데 독자가 몇 초도 그 시에 머물지 않고 다음 페이지로 넘어간다면 참담한 일이지요. 그렇기 때문에 일단 제목을 잘 정하는 것이 중요하고, 그 다음은 첫 행을 잘 쓰는 것이 중요하고, 그 다음에는 첫 연을 잘 쓰는 것이 중요합니다. 제목을 다음과 같이 붙인다면 명시가 안 될 수가 없습니다.

빼앗긴 들에도 봄은 오는가(이상화)

모란이 피기까지는(김영랑)

무슨 꽃으로 문지르는 가슴이기에 나는 이리도 살고 싶은가(서정주)

울음이 타는 가을강(박재삼)

껍데기는 가라(신동엽)

타는 목마름으로(김지하)

저문 강에 삽을 씻고(정희성)

이런 제목은 쉽게 붙일 수 있는 것이 아닙니다. 제목 자체가 한 편의 멋진 시라고 할 수도 있으니까요. 여러분은 우선 시의 도입부를 잘 쓸 궁리를 해야 합니다. 제목도 너무나 평이했는데 첫 행조차도 진부하다면 독자는 금방 실망할 것입니다. 문예지를 통해 등단한 몇 분의 시를 살펴보겠습니다.

단추의 생명은 구멍이다(이인주), 〈단추〉

먹어도 먹어도 배가 고픈 그녀가 있어요(박미산), 〈늙은 호수〉

개가 사람을 키운다(박하현), 〈개에게서 배운다〉

방마다 죄수들이 들어가 있다(정준영), 〈B157별의 저녁식사〉

나는 조작당하고 있다(김영선), 〈수인번호〉

이처럼 첫 행이 하나의 문장으로 되어 있고, 그 문장이 독자로 하여금 궁금증을 불러일으켰다면 시인은 일차적으로 성공을 거둔 것입니다. 특히 제목을 '개에게서 배운다'로 해놓고 "개가 사람을 키운다"라는 문장으로 시작하면 그 뒤를 안 읽어볼 수가 없지요. 'B157별의 저녁식사'라는 이상야릇한 제목의 시가 "방마다 죄수들이 들어가 있다"로 시작되면 일단 반은 성공한 것입니다. 1, 2 혹은 1, 2, 3행이 각각 1개의 문장으로 되어 있거나 2~3개 행이 한 문장인 경우도 흡입력을 지닐 수 있는데 산문시의 경우는 큰 효과를 얻지 못합니다. 2개

행이 합쳐져 1개의 첫 문장을 이룬 경우만 예로 듭니다.

평소 성격이 과격하고 모가 나
둥근 것을 보면 참지를 못한다

—김영선, 〈단감을 먹으며〉

뼈가 새의 것보다
더 가볍게 태어나는 사람이 있대

—이성주, 〈엘리바시옹〉

저 드높은 하늘엔들
어찌 부끄럼이 없겠는가

—박일규, 〈분수〉

오래 집 비운 사이, 그 노인
베란다에 놓인 난분 안으로 들어가 버렸다

—정경남, 〈제주 한란〉

4개의 문장이 다 꽤 재미가 있지요? 엘리바시옹은 발레 용어로서 마루에서 점프를 해서 뛰어오르는 능력을 말하는 것인데, 이것을 제목으로 삼은 시를 비롯하여 이들 시의 제목과 첫 문장이 잘 어울립니다. 그런데 끌어당기는 힘이 왠지 부족한 도입부를 가진 시들이 있습니다.

등산로 초입 매점에서

         생수를 하나 샀다

         잔돈 거슬러 받다가

         천원짜리 한 장을 떨어뜨렸다

         천원은 바람에

         비탈 쪽으로 날아갔다

―〈가을산〉

　　14행 시가 6행이 진행되도록 시시한 진술로 일관하고 있는데 끝 문장 "시월 어느 날/ 생수 하나와/ 가을산 귀퉁이를/ 천원으로 산 적이 있다"에 이르러서도 진부함을 떨쳐버리지 못하고 있습니다. 전체적인 내용도 그렇거니와 각각의 문장에서도 긴장감을 찾아볼 수 없는데 어떻게 당선되었는지 이해가 되지 않습니다. 물론 다른 작품도 당선작으로 게재되어 있었지만 말입니다.

         철도청을 정년퇴임한 유 기관사는

         혈관보다 긴 선로가 온몸에 뻗어 있어서,

         석양이 머리를 푸는 바닷가에서 홀로 술을 마시면

         몸속의 선로가 슬며시 빠져나와

         파도를 타고 넘어 수평선으로 아득히 나아가는데,

         해변에 파도가 한 채씩 도착할 때마다

         처얼컥처얼컥 기차가 오는 소리를 듣는다.

―〈회상〉 부분

　　이 시는 위에 인용한 7개 행이 한 문장을 이루고 있지만 당선작 중 또 하나는 비슷한 길이의 11개 행이 모여 한 개의 문장이 됩니다. 쉼표가 무려 9개나 나오고요. 제목도 '회상'이라고 평이하게 붙였네요. 이 시는 문장 분할만 제대로 되었더라면 훨씬 좋은 시가 되었을 것입니다. 여러분 모두 제목을 붙이는 데, 첫 행과 첫 연을 쓰는 데 공을 아주 많이 들이기를 바랍니다. 아래의 시는 첫 연이 1개의 문장으로 되어 있기는 하지만 쉼표와 부사를 적절히 사용하여 긴장감을 살리고 있습니다.

> 하늘의 갈색 섬 매 한 마리가
> 내리꽂히기 직전, 강변 갈대숲에
> 오금이 저리는 뱁새들처럼
> 겨우내 땅속에 노랗게 웅크린
> 생명들,
> 톡,
> 톡,
> 지구알 속에서 신호를 보낸다
>
> ─김서운, 〈줄탁〉 제1연

 당신은 시를 왜 씁니까? 노트나 수첩에 적어놓고 적적할 때 읽어보기 위해 쓰는 것이 아니라, 남에게 보여주려고 쓰는 것입니다. 이왕이면 '잘 보이는' 것이 좋습니다. 제목과 첫 행(혹은 첫 문장, 혹은 첫 연)이 진부하면 시는 일찍 힘을 잃고 맙니다. T. S. 엘리엇처럼 "사월은 가장 잔인한 달"이라고 외치거나 윌리엄 블레이크처럼 "한 알의 모래 속에서 세계를 보고/ 한 송이 들꽃에서 천국을 본다"라고 말하면 잊으려고 해도 잊을 수가 없습니다. 그래서 명시가 되는 것이라면 여러분도 그런 시를 써보기 위해 노력해야 합니다.

어떤 글감을 갖고 시를 쓸 것인가

　　주제를 보다 선명하게, 설득력 있게, 또한 감동적으로 독자에게 전달하기 위해 우리가 취하는 시의 재료를 소재라고 하지요. 작품의 주제가 되는 재료라고 해서 제재題材라 하기도 합니다. 아무리 시의 주제가 진부할지라도 소재가 좋으면 얼마든지 감동을 줄 수 있고, 또한 그 시 나름의 독창성을 지닐 수 있습니다. 우리 주위에서 일어나는 온갖 일들, 우리가 만나는 많은 사람들, 우리가 매일 보는 언론 매체인 텔레비전이나 신문, 영상 매체인 영화와 공연, 스포츠 게임 관람과 인터넷 오락 게임 등 각종 게임에 이르기까지 우리의 뇌를 자극하는 사물 중에서 시의 소재가 될 만한 것들을 잘 포착해내는 능력이 바로 시를 쓰는 능력이기도 합니다.

　　생명을 가진 것을 불쌍하게 여겨 돕는 마음을 불교에서는 측은지심 혹은 연민의 정이라고 하고 기독교에서는 사랑 혹은 희생이라고 합니다. 측은지심을 실천하는 것을 불교에서는 자비라고 하고 사랑을 실천하는 것을 기독교에서는 은혜라고 합니다. 부처가 오신 지 2500년 동안, 그리고 예수가 오신 지

2000년 동안 이런 마음으로 쓴 시는 몇 만 편에 달할 것입니다. 그런데 생명에 대한 연민의 정이나 자비·은혜 같은 주제를 너무 거창하게 말하면 실패작이 될 공산이 큽니다. 소박하게, 평이하게 말함으로써 오히려 큰 감동을 줄 수 있습니다.

 지하철 7호선 바닥에 딱정벌레 한 마리가 열심히 기어가고 있었습니다 나는 딱정벌레를 바라보기가 뭣해 이렇게 저렇게 고개를 돌리거나 실은 조는 척도 했습니다 다행히 지하철은 붐비지 않았습니다 그러나 역에서 갈아타는 승객들이 조그만 딱정벌레를 밟을까 염려했습니다 다행히 건대 입구 종착역까지 딱정벌레는 무사했습니다 종착역에서 뿔뿔이 흩어지던 승객들 틈에 끼어 뒤돌아볼 틈도 없이 나는 자리를 떴습니다 집에 돌아와 눈을 감고 누웠어도 고 쪼그만 딱정벌레 한 마리가 눈에 밟혀 마음이 쓰이고 쓰였습니다 고놈을 왜 남몰래 주워 들고 내리지 못했는지 두고두고 원망했습니다 딱정벌레가 자꾸만 뒤돌아보는 것 같아 미치겠습니다 내가 시인입니까 죄인입니까

 강세환 시인의 〈딱정벌레〉 전문입니다. 벌레 한 마리의 목숨을 살려주지 못한 죄책감이 이 시를 쓰게 했습니다. 우리의 일상적 삶 가운데 이런 '시적 경험'은 사실 하루에도 몇 번씩 할 수가 있지요. 우리는 다만 그 수많은 소재를 놓치며 살 뿐입니다. 소재 선택에 무슨 기준이 있을까요?
 첫째는 보편성입니다. 지나치게 특이한 경우나 특수한 사건을 소재로 이용하면 공감을 주지 못하는 수가 있습니다. '세계명작'치고 죽음에 대한 공포, 연애감정, 질투심, 희생정신 등 인류 보편의 감정을 주제로 하지 않은 것이 드뭅니다. 시의 경우는 자연 친화적인 것들, 예컨대 꽃·나무·산·강·새·달·별 같은 것이 종종 소재가 되지요. 문제는 이런 주제와 소재를 얼마나 자신의 독창적인

시각으로 관찰하여 형상화하느냐 하는 것입니다.

지금 한창 습작기에 있는 여러분이니만큼 우선 자신의 이야기를 하십시오. 그리고 나서 주변의 이야기, 자연 풍경 등을 갖고 시를 써본 뒤에 차츰 이 사회, 도시 문명, 첨단 정보사회에 대한 것들, 우주와 역사, 신화와 설화 등으로 소재를 확대해나가 보십시오.

둘째는 객관성입니다. 확실하고 정확한, 그리고 타당성 있는 소재를 시에 제시하면 독자가 좋아합니다. 아프리카 오지에 갔다 온 이야기를 시로 썼을 경우 그쪽의 풍경과 풍토를 전혀 모르는 독자가 읽고 공감하기란 어려울 것입니다. 뼈대 있는 집안의 제사 풍경을 시로 묘사하면서 '가문의 영광'이니 '제례의 엄숙함' 같은 것을 주제로 삼았다면 시대에 걸맞지 않을 뿐 아니라 그런 것을 중요하게 여기지 않는 뭇 독자가 눈살을 찌푸릴 것입니다. 초현실주의나 포스트모더니즘 흉내를 내기로 했다면 또 모르겠지만 이치에 맞지 않는, 전후 모순된 소재 선택 또한 금물입니다.

　　　　푸른 나무 그늘의 네 갈림길 위에서
　　　　내가 불그스름한 얼굴을 하고
　　　　앞을 볼 때는, 앞을 볼 때는,

　　　　내 나체의 엘레미아書
　　　　비로봉상의 강간사건들.

　　　　미친 하늘에서는
　　　　미친 오필리아의 노래 소리 들리고,

원수여, 너를 찾아가는 길의
쬐꼬만 이 휴식.

나의 미열을 가리우는 구름이 있어
새파라니 새파라니 흘러가다가
해와 함께 저물어서 네 집에 들르리라.

서정주의 〈桃花桃花〉 전문입니다. 시의 소재가 중구난방입니다. 분산되어 있는 소재 때문에 시의 뜻조차 알 수가 없습니다. 한국 시단에서 천상천하유아독존의 권위를 누렸던 서정주도 이렇게 이치에 안 맞는 소재를 택한 적이 있었군요. 여러분은 시를 쓸 때 주제와 직접적인 관련이 있는 소재를 택해야 하겠습니다. 또한 일상적인 어법과 문법과 문맥에 맞는가, 객관적인 논리성에도 맞는가를 따져보아야 합니다.

보지 마라, 너 눈물어린 눈으로는……
소란한 홍소의 정오 천심에
다붙은 내 입술의 피 묻은 입맞춤과
무한 욕망의 그윽한 이 전율을……

서정주의 〈정오의 언덕에서〉의 제1연입니다. 이 시는 어법과 문법과 문맥, 어디에도 맞지 않습니다. 대가도 이런 실패작을 낼 수 있습니다. 물론 2편 시는 시인이 젊은 시절에 쓴 초기작입니다만 노년기에 쓴 작품 중에도 썩 좋지 않은 시가 꽤 된다는 것이 문단의 중평이지요. 이런 것을 보면 평생 고른 수준의 시를 쓴다는 것은 참으로 어려운 일임을 알 수 있습니다.

셋째는 참신성입니다. 보편성에 집착하다 보면 시가 너무 싱겁고 평범한 것이 되기 쉽습니다. 우리는 예리한 관찰력으로 인체, 동물의 특성, 사계의 변화, 세태의 변모 등을 그려낼 줄 알아야 합니다. 소재가 독창적이고 구체적이면 더욱 좋지요. 유머나 풍자, 아이러니나 알레고리, 극적 요소가 들어 있으면 더더욱 좋고요.

소재의 종류는 사실 무궁무진합니다. 소월과 영랑 및 청록파 3인은 자연을 즐겨 시의 소재로 삼았습니다. 박목월의 후기작인 〈가족〉이나 김수영의 〈어느 날 고궁을 나오면서〉 같은 작품은 일상적 삶이 시의 소재가 되었습니다. 역사적 인물이 시의 소재가 된 경우는 변영로의 〈논개〉, 안도현의 〈서울로 가는 전봉준〉, 오태환의 〈최익현〉 등이 있지요. 자기 주변의 사물이 시의 소재가 된 경우는 전연옥의 〈멸치〉, 임영조의 〈리모컨〉이 있습니다. 추상적인 관념도 시의 훌륭한 소재가 되는데 윤동주의 〈십자가〉나 김광섭의 〈고독〉을 예로 들 수 있을까요. 일상적 삶, 역사적 인물, 주변 사물, 추상적 관념에 대해 다른 시의 예를 하나씩 들어봅니다.

왜 나는 조그만 일에만 분개하는가
저 왕궁 대신에 왕궁의 음탕 대신에
오십 원짜리 갈비가 기름덩어리만 나왔다고 분개하고
옹졸하게 분개하고 설렁탕집 돼지 같은 주인년한테 욕을 하고
옹졸하게 욕을 하고

한 번 정정당당하게
붙잡혀간 소설가를 위해서
언론의 자유를 요구하고 월남 파병에 반대하는

자유를 이행하지 못하고

이십 원을 받으러 세 번씩 네 번씩

찾아오는 야경꾼들만 증오하고 있는가

옹졸한 나의 전통은 유구하고 이제 내 앞에 정서情緒로

가로놓여 있다.

이를테면 이런 일이 있었다.

부산에 포로수용소의 제14 야전병원에 있을 때

정보원이 너어스들과 스폰지를 만들고 거즈를

개키고 있는 나를 보고 포로경찰이 되지 않는다고

남자가 뭐 이런 일을 하고 있느냐고 놀린 일이 있었다.

너어스들 앞에서

─김수영, 〈어느 날 고궁을 나오면서〉 앞 3연

이 시에 대해 중앙대학교에 20년 동안 대우교수로 출강하신 구상 시인께서 학생들에게 '좋지 않은 시'의 예로 들면서 이런 말씀을 하셨습니다. "시인 자신의 소소한 일상이 얼마든지 시의 소재가 될 수 있습니다. 저도 사창가에서 하룻밤을 보낸 접대부와 함께 아침 산책을 한 일을 갖고 시를 쓴 적이 있습니다. 그런데 그런 경험이 인간에 대한 연민이 아닌 시인의 자기비하나 세상에 대한 불만 토로의 차원에서 행해진다면 시가 지나치게 가벼워집니다. 코 푼 휴지와 시는 다른 것입니다."

스승은 아마도 현대시가 지나치게 시인의 시시콜콜한 일상 토로에 치우치는 것을 보고 "우주적 연민"과 "형이상에 대한 관심"을 유도하기 위해 김수영의 시를 예로 든 것이 아닐까요.

희고 작은 물새 하나가

끌고 가는 을사乙巳

이후의 정적

너무 크고 맑구나.

서럽게

서럽게 황토마다 사직社稷의

흰 뼈를 묻고

일어서는 낫, 곡괭이의

함성이 들린다.

불길 타는 순창淳昌의 하늘

말발굽 소리의

눈발, 희미하게 들린다.

—오태환,〈최익현〉부분

　구한말 위정척사파의 대표적인 인물인 최익현이란 사람 자체를 시의 제목으로 내세운 이 작품은 1984년 한국일보 신춘문예 시 당선작입니다. 을사조약 이후 정읍과 순창 등지에서 의병을 일으켜 일군과 싸우다 잡혀 쓰시마 섬에 유배되어 가서 그곳에서 단식 끝에 병을 얻어 순국했음은 국사 공부를 한 여러분이 저보다 더 잘 알 것입니다. 저는 최익현이라는 인물에게 매료되어《마지막 선비 최익현》이라는 평전을 쓰기도 했습니다.

저격을 꿈꾼다

가장 편한 자세로

앉거나 서서 또는 누워서

증오의 화상을 처치하는 꿈

귀신도 곡할 범죄를 꿈꾼다

잠시 숨을 멈추고

긴장을 풀고

일격필살을 노리는

복수의 버튼만 살짝 누르면

세상은 전혀 딴판으로 바뀌고

놈은 쥐도 새도 모르게

눈앞에서 썩 사라지겠지

외마디 비명은커녕

피 한 방울 남기지 않고

행적은 묘연한 채

별의별 소문만 분분하겠지

물증은 없고 심증만 가는

이 시대의 테러리스트

언제나 깨어 있는 눈으로

완전무결한 단죄를 꿈꾼다.

―임영조, 〈리모컨〉 전문

    텔레비전의 채널을 손쉽게 돌릴 수 있게 하는 리모컨이 없는 집은 거의 없을 것입니다. 우리는 누구나 하루에 몇 번씩 리모컨을 만지며 살아가지만 우리 가운데 이 기기를 시적 제재로 삼은 이는 없었습니다. 임영조는 리모컨을 새롭게 해석하는데, 보통 사람이라면 결코 연결시킬 수 없는 '테러리스트'로 보았습니다. 리모컨은 증오의 화상을 처치할 수 있고, 세상을 전혀 딴판으로 바꿀 수도 있습니다. 리모컨을 누르면 꼴도 보기 싫은 자정치인이겠지요가 쥐도 새도 모르게 눈앞에서 썩 사라집니다. 발상의 전환이 시를 쓰는 원동력이 되는 것입니다.

>
> 내
> 하나의 생존자로 태어나서 여기 누워 있나니
>
> 한 간 무덤 그 너머는 무한한 기류의 파동도 있어
> 바다 깊은 그 곳 어느 고요한 바위 아래
>
> 내
> 고달픈 고기와도 같다.
>
> 맑은 성性 아름다운 꿈은 잠들다.
> 그리운 세계의 단편斷片은 아즐타.
> 오랜 세기의 지층만이 나를 이끌고 있다.
>
> 신경도 없는 밤
> 시계야 기이타.
> 너마저 자려무나.
>
> —김광섭, 〈고독〉 전문

제목인 '고독'부터 관념의 산물입니다. 이 시에는 무덤, 바위, 고기, 시계 같은 구체적인 대상이 나오긴 하지만 주지주의 계열의 시라서 그런지 이해하기가 쉽지 않습니다. 일제 강점기 때인 1935년 4월에 나온 문예지 《시원》 제 2호에 실려 있는데, 시대적인 배경을 살펴보아야 합니다. 일제에 아부하지 않는 식민지의 젊음이란 바다 깊은 곳에 있는 바위 아래의 고기 신세와 다를 바 없었습니다. 모든 희망을 잃고 단지 생존해 있을 따름인 자신의 처지에 대한 비관적인 인식을 '고독'이라고 표현했는데, 답답한 시간을 견디고 있는 시인의 고절감이 잘 느껴집니다. 아무튼 우리는 좋은 소재를 포착하기 위해서 촉각을 곤두세운 채 살아가야 합니다. 주제도 표현도 중요하지만 소재도 그에 못지않게 중요한 것임을 가슴에 새기길 바랍니다.

시는
묘사여야 하나
진술이어야 하나

시가 구체적인 이야기여야 한다고 생각하는 사람들이 있습니다. 최초의 자유시로 일컬어지는 주요한의 〈불놀이〉는 저녁노을에 대한 묘사가 잘 된 시입니다만 죽은 연인을 사무치게 그리워하는 마음을 담았기에 서사적인 구조, 즉 이야기성을 지닌 시라고도 볼 수 있습니다. 근대시의 출발이라고 볼 수 있는 〈불놀이〉부터 시가 묘사인지 진술인지 우리를 헷갈리게 합니다.

아아 날이 저문다, 서편 저문 하늘에, 외로운 강물 우에, 스러져가는 분홍빛 놀…… 아아 해가 저물면, 날마다 살구나무 그늘에 혼자 우는 밤이 또 오건마는, 오늘은 사월이라 파일날 큰길을 물밀어가는 사람 소리는 듣기만 하여도 흥성스러운 것을 왜 나만 혼자 가슴에 눈물을 참을 수 없는고?

―〈불놀이〉 제1연

이야기시의 대가는 백석이며, 1980년대에 백석 시의 의의를 부각시키면서 이야기시론을 전개한 시인은 최두석입니다. 《대꽃》《성에꽃》《사람들 사이에 꽃이 필 때》《꽃에게 길을 묻는다》《투구꽃》 등 시집명을 정할 때 꽃을 꼭 썼던 시인이지요. 최두석의 시 중에서 노래와 이야기의 차이를 논한 것이 있습니다.

> 노래는 심장에, 이야기는 뇌수에 박힌다.
> 처용이 밤늦게 돌아와, 노래로써
> 아내를 범한 귀신을 꿇어 엎드리게 했다지만
> 막상 목청을 떼어내고 남은 가사는
> 베개에 떨어뜨린 머리카락 하나 건드리지 못한다.
> 하지만 처용의 이야기는 살아남아
> 새로운 노래와 풍속을 짓고 유전해 가리라.
> 정간보가 오선지로 바뀌고
> 이제 아무도 시집에 악보를 그리지 않는다.
> 노래하고 싶은 시인의 말 속에
> 은밀히 심장의 박동을 골라 넣는다.
> 그러나 내 격정의 상처는 노래에 쉬어 덧나
> 다스리는 처방은 이야기일 뿐
> 이야기로 하필 시를 쓰며
> 뇌수와 심장이 가장 긴밀히 결합되길 바란다.
>
> —〈노래와 이야기〉 전문

'심장'은 감성을, '뇌수'는 이성을 가리킵니다. 이 둘이 긴밀히 결합될 때 좋은 시가 된다는 것입니다. 노랫말은 사람을 감동시키는 힘이 없고 시간이 흐르면 잊혀지고 만다고 주장합니다. 그런데 이야기만 남아 있는 많은 현대시는 노래가 될 수 없으니 그것 또한 문제입니다. '뇌수'와 '심장' 즉, 이성과 감성이 긴밀히 결합될 때 좋은 시가 된다는 말을 저는 수업시간에 서정주 선생님한테서 들은 바 있습니다. 한국의 현대시는 크게 가슴으로 쓴 시와 머리로 쓴 시로 나눌 수 있다고 하셨습니다. 자연친화적인 순수서정시가 전자요 아주 지적인 주지주의 계열의 모더니즘 시가 후자인데 정말 좋은 시는 이 두 가지를 다 포괄하는 시라고 하셨습니다. 그리움이나 쓸쓸함 같은 자기감정에 너무 치우쳐서도 안 되고 지나치게 이지적인 관념 편향도 문제가 있다면서 양자의 균형을 잘 잡아서 시를 쓰라고 충고하신 그 말씀이 오랜 세월이 지나도 잊히지 않습니다.

80년대에 이른바 '민중시인'으로 불린 이들은 거의 다 사물에 대한 구체적인 묘사보다는 스토리텔링을 강조한 시를 썼습니다. 최근에 나온 김진완의 시집 《기찬 딸》을 보고 이야기시의 전통이 훌륭히 이어지고 있음을 알 수 있었습니다. 일단, 묘사와 진술이 어떻게 다른지 알아볼까요?

내 죽으면 한 개 바위가 되리라.
아예 애린愛隣에 물들지 않고
희로喜怒에 움직이지 않고
비와 바람에 깎이는 대로
억년 비정의 함묵緘黙에
안으로 안으로만 채찍질하여
드디어 생명도 망각하고
흐르는 구름

머언 원뢰遠雷
꿈꾸어도 노래하지 않고
두 쪽으로 깨뜨려져도
소리하지 않는 바위가 되리라.

―〈바위〉 전문

유치환의 이 작품은 바위의 생김새를 묘사하는 대신 단단하고 비정한 바위의 본질을 잘 파악하여 말해주고 있습니다. 하지만 이 시는 이야기시가 아니라 묘사의 시입니다. 이야기라는 것은 줄거리가 있는 법인데 이 시는 화자의 희망과 결심을 피력한 관념 편향의 시입니다. 시인은 단단하고 비정한 바위의 본질을 생각하고는 바위를 본받고 싶어 하지요. 또한 나약한 인간의 본성을 안타까워하면서 삶의 가치를 바위처럼 견고하게 추구하겠노라고 굳게 마음먹고 있습니다. 묘사의 효과는 시인이 사물을 얼마나 구체적으로 묘사하느냐에 달려 있습니다. '구체적인 묘사'란 존재와 깊은 관련을 맺고 있는데, 존재란 것은 인식의 문제로 연결되지요. 전통이나 관습의 힘보다는 사물이나 대상을 구체적으로 그림으로써 시가 힘을 얻는다는 말입니다. 존재의 문제를 제기하기 위해서는 사물 혹은 대상에 대한 적절한 묘사가 필요하다는 말이기도 합니다.

하지만 진술, 즉 이야기는 역사적이고 사회적인 배경이 있어야 합니다. 우리가 이야기를 왜 하는 것입니까? 내 주장을 펴기 위하여, 결국 내가 무엇을 주장하여 타인을 설득하고자 이야기를 하는 것이 아니겠습니까? '단편서사시' 논쟁을 불러일으킨 임화의 시야말로 이야기시의 선구자격인 작품입니다.

네가 지금 간다면, 어디를 간단 말이냐?
그러면, 내 사랑하는 젊은 동무,

너, 내 사랑하는 오직 하나뿐인 누이동생 순이,

너의 사랑하는 그 귀중한 사내,

근로하는 모든 여자의 연인……

그 청년인 용감한 사내가 어디서 온단 말이냐?

눈바람 찬 불쌍한 도시 종로 한복판에 순이야!

너와 나는 지나간 꽃피는 봄에 사랑하는 한 어머니를

눈물나는 가난 속에서 여의었지

그리하여 너는 이 믿지 못할 얼굴 하얀 오빠를 염려하고,

오빠는 가냘픈 너를 근심하는,

서글프고 가난한 그늘 속에서도

순이야, 너는 마음을 맡길 믿음성 있는 이곳 청년을 가졌었고,

내 사랑하는 동무는……

청년의 연인 근로하는 여자 너를 가졌었다.

—⟨네거리의 순이⟩ 앞 2연

　　흡사 무성영화 시대의 변사 같은 목소리로 열변을 토하듯이 전개되는 이 시는 카프문학의 맹장 임화가 노동운동의 당위성을 주장하고자 쓴 것입니다. 비장하고 처절하지만 당대적 의미를 넘어서기가 쉽지 않아 보입니다. 시 자체는 무척 쉽지만 말입니다. '이야기시의 대가'라고 한 백석이 풍경을 어떻게 묘사했는지 볼까요. 현대식 표기로 고칩니다.

　　흙꽃 이는 이른봄에 무연한 벌을

　　경편철도輕便鐵道가 노새의 맘을 먹고 지나간다

멀리 바다가 보이는

가假 정차장도 없는 들판에서

차는 머물고

젊은 새악시 둘이 내린다

—〈광원曠原〉전문

제목은 '넓은 들판'이지요. 협궤열차가 정거장도 없는 어느 들판에 멈춰 섰는데 내리는 사람은 단둘, 젊은 색시입니다. 무언가 사연이 있을 법합니다. 이 시는 비록 풍경을 묘사하고 있지만 이야기가 숨어 있습니다. 시인은 이야기보따리를 풀어놓지 않고 보따리째로 독자에게 내민 것이지요.

신살구를 잘도 먹더니 눈 오는 아침

나어린 아내는 첫아들을 낳았다

인가 먼 산중에

까치는 배나무에서 짖는다

컴컴한 부엌에서는 늙은 홀아비의 시아버지가 미역국을 끓인다

그 마을의 외딴집에서도 산국을 끓인다

—〈적경寂境〉전문

이것 역시 백석의 작품입니다. 제목은 '고요한 경계'나 '고요한 상태'를 뜻하겠지요. 나이 어린 며느리의 출산을 기뻐하며 미역국을 끓이는 이는 홀아비인 시아버지입니다. 남편과 시어머니가 부재하는 이유는 말해주지 않고 있습니

다. 이웃집 어린 아낙의 출산 소식에 마을의 외딴집에서도 축하의 뜻을 전하고자 산국을 끓입니다. 고즈넉한 산골마을, 어느 일가의 고요한 외로움을 가족 간의 정, 이웃 간의 정이 따뜻하게 데워줍니다. 독자의 마음도 따뜻하게 데워집니다. 이 작품은 이야기시의 전형입니다. 하지만 이 시에는 주의·주장이 담겨 있지 않습니다. 백석 시의 생명력이 여기에서 기인하는 것이지요.

  시에서는 시적 대상에 대한 구체적인 묘사도 중요하고 시적 진술이라고 할 수 있는 이야기성도 중요합니다. 시인에 따라서, 또 시인이 쓰는 각각의 작품에 따라서 비중이 달라질 수 있겠지요.

문학을 하려는
청소년들에게

저는 대학교 문예창작학과에서 학생들에게 시 이론과 창작 실기를 지도하고 있습니다. 교수라고 불리고 있지만 그것은 직업일 뿐, 제 스스로는 시인이라고 생각하며 살아가고 있습니다. 1984년에 중앙일보 신춘문예에 〈화가 뭉크와 함께〉라는 시로 등단하여 지금까지 시인으로 살아오고 있답니다.

저는 청소년기에 네 번 가출을 했고 세 번 자살기도를 하는 등 엉망진창의 삶을 살아 모범생과는 거리가 멀었습니다. 여러분들에게 교훈이 될 만한 이야기는 한마디도 해줄 수 없는 처지라 대단히 미안합니다. 문학도가 가져야 할 자세에 대해 이야기를 펼쳐놓기 전에 잠시 그때 그 시절을 회상해보고 싶네요.

집안 환경이 조금 어두웠던 탓에 고등학교를 딱 두 달만 다니고 가출을 시도, 서울 구경을 난생처음 했습니다. 이른바 '무작정 상경'이라는 것이었는데, 독서실에서 새우잠을 자며 살아가다가 돈이 떨어져 대학생인 형한테 도움을 청한 것이 잘못이었지요. 아버지가 형에게 이미, '승하가 나타나면 곧장 집으로 연락해라'고 말을 해두어 저는 고향 김천으로 끌려 내려오고 말았습니다. 저의 고등학교 시절은 그 뒤에도 세 번 더 행해진 가출로 달랑 2개월 재학으로 끝나버렸습니다. 다행히도 검정고시를 거쳐 대학에는 들어가게 되었는데 어머니의 권유로 선택한 곳이 중앙대학교 문예창작학과란 데였습니다. 인생행로가 완전히 바뀐 계기가 대학 선택이었던 것이지요. 저는 둔재고 범재여서 문예지 신인상이며 신춘문예 등에 시와 소설을 계속해서 투고, 사십 몇 번을 떨어진 끝에 중앙일보 신춘문예에 간신히 당선하여 등단했습니다.

다시 말하지만 성장기, 청소년기, 습작기 그 어느 시절을 회상해보아도 저 자신의 체험 안에서는 교훈 삼아 들려줄 이야기가 없습니다. 어쩔 도리가 없지만 여러분이 기왕 문학에 뜻을 두고 있다면, 아니면 문학을 할까 말까 망설이고 있다면 이런 말을 해주고 싶습니다.

첫째, 문학을 한다는 것은 세상을 남들과 다르게 산다는 것입니다.

문학인 가운데에는 글을 써서 받은 원고료니 인세니 하는 것만으로도 생활을 꾸려가는 사람들이 있습니다. 그런데 이 땅의 많고 많은 문학인 중 다른 직업을 갖지 않고 글만 써서 살아가는 사람은 그렇게 많지 않습니다. 다시 말해 글만 써서 가족을 부양하고 자신의 의식주를 해결하기란 너무나 어렵습니다. 저도 시인이란 것이 직업이 될 수 없어 학교에 몸담고 있습니다만 솔직하게 말해 글만 써서 먹고살기란 불가능에 가깝습니다. 자본주의 사회에서 인간의 행위는 돈과 무관할 수 없습니다만 글이란 것이 대개의 경우 큰 재화財貨로 돌아오지 않습니다. 제 경우 하루 종일 컴퓨터 앞에 앉아 원고를 쓰면 10만 원 정도의 원고료를 받을 수 있습니다.

그래서 결단이 필요한 것입니다. 문학을 한다는 것은 자본주의의 논리를 거역하는 것입니다. 물론 돈이 되는 책을 쓰는 경우도 있지요. 이른바 베스트셀러라는 것이 있는데, 그런 책은 그 방면으로 재주가 따로 있는 사람이 쓰는 것입니다. 대개의 경우, 문학은 순수한 창작 행위입니다. 공자의 말씀 그대로, 시란 마음에 사악한 것이 깃들지 않는다는 사무사思無邪를 지향하기에 신의 창조 행위에 버금가는 위대한 작업입니다. 문학인에게 요구되는 것은 용기와 결심과 집념입니다. 수많은 사람들이 돈을 좇아 앞으로 치달려갈 때, 천천히 걸어갈 줄 아는 용기가 필요합니다. 수많은 사람이 앞만 보고 걸어갈 때, 뒤를 돌아볼 줄 아는 결심이 필요합니다. 수많은 사람이 쿨쿨 자고 있을 때, 깨어 있는 집념이 필요합니다. 문학인이 명리를 좇거나 부를 추구하면 사기꾼이 됩니다. 표현이 거칠지만, 문학은 진정성이 중요하다는 말을 하고 싶었습니다. 문학이 어떤 목적을 지향하면 정치적인 언어가 됩니다. 문학은 내면과 내재성에 충실할 때 진실을 말할 수 있습니다. 문학은 자본주의의 논리와는 무관하게, 정신의 세계 혹은 영원의 세계를 추구합니다. 여러분 중 100년 뒤에도 읽힐 글을 쓴 사람이 있다면 그대는 100년 이상을 더 사는 것과 같습니다. 결국은 죽고 마는 것이 인간의 운명일진대 정신의 세계 혹은 영원의 세계를 추구하고 싶지 않습니까?

둘째, 문학은 천재성의 산물이 아니라 노력파의 생산물입니다.

이 세상에는 문학적 천재나 요절한 문학인들이 꽤 있습니다. 세계 문학사를 살펴보면 30년도 채 못 살고 죽은 사람이 제법 되고 40년을 못 살고 죽은 사람은 수두룩합니다. 당나라 때의 시인 중 이백과 두보, 왕유와 더불어 '당시사걸唐詩四傑'로 일컬어지는 이하李賀, 791~817, 영국의 대표적인 낭만파 시인 존 키츠1795~1821, '현대의 고전'으로 평가받고 있는 장편소설《대장 몬느》를 쓴 프랑스의 소설가 알랭 푸르니에1886~1914, 일본 단카[短歌] 문학의 거장 이시카와 다쿠보쿠1886~1912, 독일 전후 문학사의 출발점을 이루는 작가 볼프강 보르헤르트1921~1947는 모두 스물일곱의 나이로 죽은 문인입니다. 일제하 한국 문단의 찬란한 별인 김소월1902~1934, 김유정1908~1937, 이상1910~1937, 윤동주1917~1945 등은 두말해 무엇하겠습니까. 자신의 천재성을 뚜렷하게 보이고 죽은 문인도 이처럼 많지만, 여러분이나 저나 문학에 관한 한 범재가 아니겠습니까. 그러므로 부지런히 읽고 써야 합니다. 저는 학생들에게 종종 이렇게 말합니다.

"읽는 것만큼 쓸 수 있습니다. 읽지 않고 쓰려고 하는 것은 사상누각을 짓는 일이며, 나무 앞에 가서 고기를 구하려는 파렴치한 행위입니다."

"무엇이든 쓰고 싶은 것을 쓰십시오. 일기나 편지도 좋습니다. 써볼 버릇을 해야지 글이 나오지, 언젠가 역작을 쓰리라 하고 마음만 먹고 있다간 영영 못 쓰게 됩니다."

"옛 사람이 글을 잘 쓰려면 다독, 다작, 다상량(多商量, 생각을 많이 하는 것) 해야 한다고 했습니다. 이 말은 만고불변의 진리입니다."

셋째, 젊을 때 책을 안 읽으면 영영 못 읽습니다.

10대에는 무조건 많은 책을 읽어야 합니다. 책 읽을 시간을 확보하려면 게임을 하는 시간, 웹서핑을 하는 시간, 친구와 카톡하는 시간을 줄여야 합니다. 어떤 책을 읽어야 하냐고요? 세계적으로 인정받고 있는 명작 혹은 고전을 많이 읽어야 합니다. 평생의 양식이 되는 책이 명작이며 고전입니다. 세계명작전집 한 질을 독파하지 않고 글을 쓰겠다고 하는 것은 어불성설인데……. 시험 성적 올리기에 시달리고 있기 때문에 책을 읽을 겨를이 없다고요? 핑계 없는 무덤이 없다는 속담이 있습니다. 여행을 가서도 틈을 내서 읽어야 하고, 시험 후에 집중적으로 읽어야 하고, 밤을 꼬박 새우며 읽어야 합니다. 책읽기를 생활화하지 않으면 글을 쓸 욕망이 생겨나질 않습니다. 청소년기에 읽을 필독서를 선정해 달라고요? 중학생, 고등학생 구분하지 않고 읽을 만한 책을 외국소설에 국한시켜 꼽아봅니다. 물론, 제가 청소년기에 환장하면서 읽었던 책들입니다. 생각나는 대로 적습니다.

J. D. 샐린저, 《호밀밭의 파수꾼》

헤르만 헤세, 《나르치스와 골트문트》, 《크눌프》, 《데미안》

앙드레 지드, 《지상의 양식》, 《좁은 문》

생텍쥐페리, 《어린 왕자》, 《인간의 대지》

펄 S. 벅, 《대지》

리처드 바크, 《갈매기의 꿈》

막스 뮐러, 《독일인의 사랑》

레마르크, 《사랑할 때와 죽을 때》

괴테, 《젊은 베르테르의 슬픔》

도스토예프스키, 《가난한 사람들》, 《죽음의 집의 기록》

노신, 《아Q 정전》, 《광인일기》

푸시킨, 《대위의 딸》

바스콘셀로스, 《나의 라임오렌지나무》

알랭 푸르니에, 《대장 몬느》

볼프강 보르헤르트, 《이별 없는 세대》(소설집), 《문 밖에서》(희곡집), 《가로등과 별과 시》(시집)

알베르 카뮈, 《적지와 왕국》(단편집)

어니스트 헤밍웨이, 《노인과 바다》, 《누구를 위하여 종은 울리나》

샬롯트 브론테, 《제인 에어》

에밀리 브론테, 《폭풍의 언덕》

에밀 아자르(로맹 가리), 《자기 앞의 생》

마르텡 뒤 가르, 《티보 가의 사람들》(대하소설)의 제1부 《회색 노트》

이런 책들을 읽기 바랍니다. 요즘 백일장에 참가하는 학생들의 글을 보면 맞춤법과 띄어쓰기가 엉망인 것은 물론이거니와 문장이 제대로 안 되는 경우가 너무 많습니다. 컴퓨터로 글을 쓰다가 백일장에 와서 펜으로 글을 쓰니 이런 현상이 벌어집니다. 비문이 많지만 자기가 쓴 글이 비문투성이인 것을 모르니 안타까운 일이지요. 이로써 저는 청소년들이 책을 너무나 안 읽고 있음을 알 수 있었습니다. 한창 감수성이 예민한 젊을 때 책을 읽어야 영혼의 자양분이 됩니다.

넷째, 책을 읽은 뒤에는 꼭 독후감을 씁시다.

독후감 쓰기는 초등학교 때도, 중·고등학교 때도, 대학교에 가서도 줄기차게 써야 하는 과제입니다. 대학교에 가서 문학을 전공하지 않더라도 '교양국어'를 대신한 과목들을 수강해야 하기 때문에 서너 번은 독후감이란 것을 써내지 않을 수 없습니다. 독후감만 요령껏 잘 써도 상장을 받을 수 있고, 국어 점수를 높일 수 있으며, 학점을 잘 딸 수 있습니다. 초등학교 대상 글짓기 학원과 방문 교사의 국어·논술 수업이 독후감 쓰기 위주로 이루어지는 것은 당연한 일입니다.

대학 입시의 논술 고사라는 것은 지문을 이해하는 능력, 문제를 파악하는 능력, 정해진 분량으로 서론과 본론을 거쳐 결론을 이끌어내는 능력을 평가하는 것인데, 독후감을 평소에 많이 써본 학생이 대단히 유리합니다. 독후감을 잘 써 선생님의 칭찬을 들어본 경험이 있는 사람이라면 '독후감 쓰기의 요령'이라는 것을 알고 있을 것입니다. 저는 시험기간에 시험을 치는 대신 곧잘 독후감을 과제로 내줍니다.

저는 대학 재학 시에 교직 과목을 이수해 들었는데 거의 다 암기 과목이었습니다. 시험 전날 딸딸 암기하고는 졸린 눈으로 시험을 치르고 돌아서면 그 길로 까맣게 잊어버리는 경험을 여러 차례 한 저로서는 학생들에게 책을 한 권이라도 더 읽히는 독후감 쓰기로 시험을 대신하곤 하는데, 채점은 훨씬 더 어렵습니다. 학생 수가 많을 경우 끔찍한 양의 독후감을 모조리 읽어야 하는 고역이 따릅니다. 게다가 그 책의 해설이나 관련 평문을 그대로 베낀 혐의가 있는지를 일일이 체크해야 합니다. 컴퓨터를 이용하여 기존 자료나 몇몇 학우의 독후감을 교묘하게 편집한 것이 간혹 나와 이것도 체크해야 합니다. 책을 읽기는커녕 구하지도 않고 인터넷을 이용해 독후감을 아주 그럴듯하게 써내는 학생이 적지 않습니다. 학생들은 시험 대신 독후감 과제를 내주면 처음에는 좋아하지만 나중에는 '책'이란 것을 읽는 일의 어려움 때문에 곤혹스러워합니다. 그만큼 책 읽는 훈련이 안 되어 있고, 독후감 쓰는 훈련이 안 되어 있는 탓입니다. 독후감 쓰기의 요령이 있는지 저 자신 장담할 수는 없지만 몇 가지 방법을 제시해 봅니다.

1) 독후감들을 대개 이렇게 쓰고 있습니다. 서두는 작자 소개이고, 작품의 줄거리가 본문을 점하고 있으며, 정작 본격적인 감상은 끝 부분에 소략疏略하게 됩니다. 가장 나쁜 독후감입니다. 책 자체에 대한 이야기를 서두에 펼쳐놓는 것이 바람직합니다. 그 책의 구입 경위, 독자들의 반응은 어떤가, 어떤 출판

사를 통해 어떤 사람이 펴낸 책인가, 책의 장정은 괜찮은가, 그 책의 색다른 바는 무엇인가 등등을 비롯해 그 책에 관한 정보 가운데 아는 것이 있으면 서두에 몇 마디 해놓는 것이 좋습니다.

2) 작자 소개 및 줄거리 소개는 간단히 줄여 몇 마디만 합니다.
3) 이상이 서론이고 본론에서는 이런 내용을 주로 씁니다.
　①그 책을 통해 특별히 느낀 점이 있거나 감동을 받은 바가 있는가.
　②내가 그 책을 읽는 동안 겪은 일이 있는가.
　③그 책을 통해 내 생각에 어떤 변화가 왔는가.
　④작품의 장점은 무엇이며 단점은 무엇인가.
　⑤작가의 다른 책과의 비교. 동시대 다른 작가와의 비교.
4) 문단의 평가, 문학사적 의의, 당대적 의미와 후대에 끼친 영향력 등 그 작품에 대한 평가가 어떻게 내려져 있는지 조사해 첨부합니다.

대충 이런 흐름으로 독후감이 전개되면 좋습니다. 특히 독후감을 써 내려가는 중간 중간에 자신의 이야기를 시시콜콜 함으로써 그 독후감의 독자에게 지루함을 주지 않으려 애써야 합니다. 독후감이란 일종의 책 안내문이기 때문에 그 책이 갖고 있는 특징에 대해 읽는 이들이 흥미를 느끼도록 하는 것이 중요합니다. 재미없는 책이란 사실 독자의 취향과 먼 것일 뿐, 누군가에게는 가장 재미있는 책일 수도 있으므로 독후감은 재미있게 써야 합니다. 책으로부터 어떤 의미를 캐내고 싶은 독자들이 호기심을 갖도록 써야 합니다. 남이 쓴 독후감을 읽은 독자가 그 책에 흥미를 느끼고 사보게끔 하지 않는다면 그 독후감은 실패한 글입니다.

책을 읽지 않으면 영혼에 때가 낍니다. 21세기 한국문학을 짊어지고 갈 청소년 여러분! 게임을 하는 시간을 조금만 줄이면 '영혼의 양식'인 책을 읽을 수 있습니다. 책을 열심히 읽지 않으면서 글을 쓰겠다고 한다면 자신의 밭에서는 농사를 짓지 않으면서 남의 밭의 소출을 탐내는 것과도 같습니다.

시를 쓰고 싶어 하는 중년의 그대에게

　　　　　　　　　　시에 대해 많은 사람 앞에서 이야기를 하는 경우가 있는데, 그때 가장 많이 받는 질문이 이런 것들입니다. "왜 시인이 되었습니까?" "무엇 때문에 시를 쓰고 있습니까?" "어떤 시를 좋은 시라고 생각합니까?" "지금까지 어떤 시를 써왔고 앞으로 어떤 시를 쓰려고 합니까?"
　한두 마디로 답하기가 쉽지 않습니다. 저는 답변의 실마리를 풀어나가면서 일단 글이라는 것을, 특히 시를 쓰고자 하는 사람은 목표의식이 뚜렷해야 한다고 말해줍니다. 나 자신의 존재를 증명하는 데 글보다 더 훌륭한 것이 있나요? 저는 그간 소설을 10여 편 써보았는데 체력이 많이 딸림을 절감했고, 시는 주로 감성의 산물이며 또 비교적 짧아서 지금까지 쓰고 있다고 대답합니다.
　시를 쓰면서 살아가게 되면 크게 열 가지 좋은 점이 있습니다. 첫째는 앞서 말씀드린 '존재의 의미 증명'인데 작품 제목 밑에 바로 자신의 이름을 쓴다는 것이야말로 엄숙한 존재 증명 행위인 것이지요. 두 번째는 시를 씀으로써 자기 목소리를 갖고 살아갈 수 있다는 것입니다. 누구의 아들, 누구의 아내, 누구의 며느리, 혹은 무슨 대학 박사, 무슨 회사 사원, 무슨 단체의 회원이 아니라 시인 아무개로 살아갈 수 있습니다. 김신용 시인이 무학인 것이, 김지하 시인이 무기수였던 것이, 프랑스의 장 주네 시인이 상습절도범이었던 것이 시인으로 활동하는 데 장애가 되느냐 하면 전혀 그렇지 않았습니다. 시인 아무개일 따름이고, 그는 시인으로서 자기 목소리를 내며 살아갈 뿐입니다. 세 번째부터는 죽 나열하겠습니다.

3) 글을 쓰는 동안은 내가 세계의 중심이므로 능동적이고 적극적으로 살아갈 수 있습니다.

4) 깊이 생각하면서, 즉 사색하면서 살아갈 수 있습니다. 우리의 일상적 삶은 번잡하기 짝이 없어 명상을 하거나 철학적 사고를 할 여유를 주지 않습니다. 그런데 깊은 밤에 깨어 일어나 펜을 들면 지난 일들을 정리해볼 수도 있고 현재의 삶을 성찰해볼 수도 있고 미래를 설계할 수도 있습니다. 먹고사는 데 급급한 동물인 우리를 '생각하는 갈대'로 만드는 것이 시입니다.

5) 사람의 일곱 감정(칠정, 喜怒哀樂哀惡慾) 등 온갖 감정을 펼쳐볼 수 있습니다. 살아가면서 받는 스트레스를 시를 쓰면서도 풀 수 있지요.

6) 남에게 감동과 공감, 혹은 충격을 줄 수 있습니다. 여기에 대해서는 앞에서 설명해드린 바 있습니다.

7) 종교적 차원의 깨달음이나 삶의 지혜를 전할 수 있습니다.

8) 상상력을 마음껏 펼쳐볼 수 있습니다.

9) 내가 체험한 것 중 누구에게 꼭 들려주고 싶은 것을 곧이곧대로, 혹은 양념을 쳐서 들려줄 수 있습니다. "임금님 귀는 당나귀 귀!"라고 외친 동화 속의 이발사는 그렇게 외치지 않았다면 미쳐버렸을 것입니다.

10) 시는 사람의 진실과 인간의 순수한 마음과 사물의 아름다움을 추구할 수 있습니다.

이 밖에도 시인들은 각자 나름대로 시를 쓰는 이유가 있을 테지요. 이렇게 많은 효과를 볼 수 있는데 왜 시를 습작하지 않고 있는지 모르겠습니다. 여러분의 사후에 한두 편의 시라도 남는다면 여러분의 목숨은 수명의 한계를 넘어서는 것이 아닐까요? 스물아홉 살의 윤동주가 일본 후쿠오카 형무소에서 1945년 2월 16일 오전 3시 36분에 외마디 비명을 지르고 죽었지만 그의 시는 일본 중학교 교과서에도 실려 있습니다. 후세의 독자가 그의 시를 읽으며 감동한다면 그는 우리의 마음속에서 거듭 부활하는 것이 아니겠습니까? 70년 동안 그의 시는 읽혀왔고 100년 뒤에도 마찬가지일 것입니다.

시는 돈이 안 된다고요? 천만에, 짧은 몇 마디 말로 많은 뜻을 전할 수 있으므로 아주 경제적인 행위입니다. 중국 당나라 때의 이백과 두보가 시를 써 돈을 벌고 명예를 누렸던가요? 일제 강점기 때 한용운은 《님의 침묵》을 자비 출판했고 김소월은 가난의 멍에를 벗어버릴 수 없어 자살했습니다. 60년대의 박용래와 김종삼이 시를 써 부귀와 영화를 누렸을까요? 90년대의 김영승과 함민복이 시를 써 인세 수입을 두둑이 올린 바 있나요?

경제적인 논리로 따지자면 시집 1권 값으로 라면 몇 개를 살 수 있을 것입니다. 그런데 시인은 오매불망, 좋은 시를 쓰겠다고 밤낮으로 가슴을 앓지요. 우리가 살고 있는 자본주의 사회에서는 모든 가치가 화폐가치 혹은 교환가치로만 평가되지만 거의 유일하게 시는 오로지 정신적인 가치를 지향합니다. 물론 베스트셀러 시집을 내는 시인도 있지만 극히 드문 경우이고, 그런 시인을 모든 시인들이 다 부러워하는 것도 아닙니다.

대부분의 사람이 안락한 삶, 즐기는 삶, 소비하는 삶을 추구하며 살아갑니다. 여기에 필요한 것이 돈입니다. 돈, 돈, 돈 외치며 살아가다 부자는 벌어놓은 그 돈 제대로 써보지 못하고 죽고 빈자는 빚진 돈 다 갚지 못하고 죽습니다. 우리의 몸이야 돈의 속박에서 벗어날 수 없지만 정신은 자유로워야 하지 않겠습니까. 절대적인 순수혹은 진·선·미를 추구하고, 시공을 초월하여 영원을 동경하고, 인간의 모순됨을 파헤치고, 사회의 부조리를 비판하고, 나 자신을 줄기차게 반성케 하는 시라는 것! 윤동주가 일본 동경 릿쿄立敎대학 영문과 학생 시절이었던 1942년 6월에 쓴 한 편의 시를 읽으며 저는 제 자신이 시인이라는 사실에 비통해하고 또 기꺼워합니다. 여러분! 시를 열심히 읽고, 꾸준히 써봅시다. 편편의 시는 하나씩의 세계이니 여러분은 창조주의 위업에 동참하는 것입니다.

창밖에 밤비가 속살거려
육첩방六疊房은 남의 나라,

시인이란 슬픈 천명天命인 줄 알면서도
한 줄 시를 적어볼까,

땀내와 사랑내 포근히 품긴

보내주신 학비봉투를 받아

대학 노트를 끼고

늙은 교수의 강의 들으러 간다.

생각해보면 어린 때 동무들

하나, 둘, 죄다 잃어버리고

나는 무얼 바라

나는 다만, 홀로 침전하는 것일까?

인생은 살기 어렵다는데

시가 이렇게 쉽게 씌어지는 것은

부끄러운 일이다.

육첩방은 남의 나라,

창밖에 밤비가 속살거리는데,

등불을 밝혀 어둠을 조금 내몰고,

시대처럼 올 아침을 기다리는 최후의 나,

나는 나에게 적은 손을 내밀어

눈물과 위안으로 잡는 최초의 악수.

―〈쉽게 씌어진 시〉(1942. 6. 3) 전문

여러분이 고급독자에 만족하지 않고 시인이 되겠다면 몇 가지 해야 할 일이 있습니다. 우선 자꾸 써보아야 합니다. '구슬이 서 말이라도 꿰어야 보배'라는 속담이 있듯이 이런저런 생각이 시로 만들어지지 않으면 아무 소용이 없습니다. 저는 시를 쓸 때 처음에는 이면지에 대충 시상을 적어놓습니다. 성글게 써놓은 것을 조용한 시간에 컴퓨터를 켜놓고 타이핑하면서 1차 퇴고를 하지요. 저장을 해놓고 나서 한참 시간을 보낸 뒤에 2차 퇴고를 합니다. 문예지로부터 청탁을 받으면 그렇게 저축을 해놓은 작품 가운데 몇 개를 골라 3차 퇴고를 합니다.

시를 자주 써보기도 해야 하지만 마음에 드는 작품이 있으면 필사하는 습관이 중요합니다. 시집을 한 권 읽으면 마음에 드는 작품이 대여섯 편은 있게 마련입니다. 그 시를 직접 베껴보는 것이 많은 도움이 됩니다. 시를 눈으로 보는 것과 필사해보는 것은 느낌도 다르지만 시인의 기법과 정신을 파악하는 데 필사는 최선의 방법입니다. 저는 대학 시절에 마음에 드는 시를 시도 때도 없이 정서했는데 시를 쓰는 데 정말 많은 도움이 되었습니다. 지금에야 컴퓨터 없는 사람이 없을 터이니 타이핑하여 A4지로 뽑아서 파일을 만들면 그 파일이 훌륭한 스승이 될 것입니다.

왜 시를 쓰려고 하는지 그 이유를 분명히 하는 것이 좋습니다. 저는 주체적인 한 명의 인간이 되기 위하여, 내 존재를 확인하기 위하여, 내 목소리를 내며 살기 위하여, 능동적으로 살아가기 위하여, 깊이 사고하며 살아가기 위하여, 훌륭한 예술품을 제작하기 위하여, 만인의 심금을 울릴 작품을 쓰기 위하여, 인생의 희로애락에 대한 내 느낌을 표현하기 위하여……. 뭐 이런 이유들로 시를 쓰고 있습니다. 막연히 시인이 되기를 동경할 것이 아니라 창작의 이유를 보다 확실히 정하면 습작에 더욱 매진하게 됩니다.

독서량이 많아야 합니다. 경험의 폭을 넓혀준다는 점에서는 영화나 텔레비전 프로와 다를 바 없지만 책은 특히 우리에게 진지하게 생각하게 하는 '사고력'과 엉뚱한 생각을 가능케 하는 '상상력'을 불어넣어 줍니다. 그러므로 평소에 시집과 소설집은 물론이거니와 세계적인 고전을 많이 읽어야 합니다. 고교생 백일장 수상자를 대상으로 하는 특기생 면접이나 대학원 석·박사 면접을 하면서 책 읽은 것을 물어보면 한심하기 짝이 없습니다. 세계 소설문학의 최고봉이라는 톨스토이와 도스토예프스키의 주요 작품, 우리 소설문학의 대들보라고 할 수 있는 김동리와 황순원의 주요 작품을 읽은 지원자를 만나기가 너무나 어렵습니다.

책을 많이 읽는 데는 요령이 있습니다. 서점에 한 달에 한 번은 꼭 가야 합니다. 신문에 신간 안내가 나는 날, 유심히 보아두어야 합니다. 용돈이 생기면 책부터 우선적으로 삽니다. 책을 나의 재산목록으로 삼고 사 모으는 재미를 느껴봅시다. 독서 노트 같은 것을 만들어 간단한 독후감을 적어놓는 것도 좋습니다.

여러분은 공부하고 남는 시간을 어떻게 보냅니까? 텔레비전 시청, 컴퓨터 게임, 스포츠 경기 관람, 컴퓨터로 영화 다운로드해 보기, 음악 감상, 등산, 영화 관람, 장시간의 전화, 친구와의 만남, 맛있는 것 먹기? 우리를 놀게 하는 주변의 유혹은 끊임이 없습니다. 책을 읽고 글을 쓰려면 이 모든 유혹을 뿌리치고 자신만의 시간을 확보해야 합니다. 나 자신을 되돌아보고, 조용히 생각하는 시간을 갖는 습관이 대단히 중요합니다. 종교인에게 홀로 기도하는 시간이 없으면 안 되듯이 시를 쓰려는 당신도 홀로 생각하는 시간을 가져야 합니다. 명상의 시간이 없으면 시를 쓰고자 하는 자발적인 의사, 즉 창작 의욕이 느껴지지 않습니다. 고립된 장소에서 혼자만의 시간에 익숙해지지 않으면 시 쓰기 등 창조적인 예술 행위의 결과물을 얻을 수 없습니다. 물론 집단창작이란 것이 있지만 습작의 기간, 수련의 기간에는 고립을 자처하여 그것을 즐겨야만 합니다.

어떤 대상이나 사물에서 받은 느낌과 떠오른 생각을 시로 구체화하기 위해서는 집중적인 관찰이 필요합니다. 내 주변의 사물을 잘 보고, 주변 사람들의 이야기를 귀담아 듣고, 어디에 가서도 주변을 유심히 살펴보아야 합니다. 시를 잘 쓰기 위해선 잘 보고 잘 듣고 느끼는 마음이 중요합니다. 또한 나를 가장 매료시킨 사물이 무엇인지, 내가 매료된 까닭이 무엇인지, 내 지금의 심리상태가 어떤지, 눈앞의 사물로 말미암아 생각나는 것은 무엇인지, 그런 심리상태에서 내가 얻은 것이 무엇인지 곰곰이 생각해볼 필요가 있습니다. 텔레비전이든 신문이든 저기에 좋은 글감이 있을 것이라고 믿고선 관찰의 안테나를 늘 세우고 있어야 합니다.

체험에 살을 붙이는 것이 상상력입니다. 시인은 어떤 사물이나 현상을 이미 알고 있는 상식이나 고정관념의 잣대로 재단하지 말고 난생처음 보는 듯한 태도를 가져야 합니다. 아이의 마음으로 세상을 봐야 하는 것입니다. 슈클로프스키나 로만 야콥슨 같은 러시아 형식주의자들은 "시의 기능은 사물의 낯설게 하기이다"라고 규정했는데, 이는 예술이 실생활의 정확한 재현이 아니라 생활의 모습을 일그러뜨려서 낯설게 만들어야 우리의 관심을 불러일으킬 수 있다는 뜻입니다. 운율도 실상은 무미건조한 생활언어의 억양을 일그러뜨려서 우리의 습관화된 청각을 자극하는 수단입니다. 소설이나 영화나 텔레비전 드라마는 자신의 체험을 바탕으로 하여 풍성한 상상력으로 만들어낸 이야기이고, 시 역시 체험과 상상력의 비교적 짧은 혼화물입니다. 체험에 기반을 두지 않은 상상력은 망상이나 공상과 다를 바 없다는 것을 알아야 합니다.

시를 잘 쓰기 위해서는 남들이 쓴 좋은 시를 많이 읽어보는 것이 급선무인데 여러분은 지금까지 몇 권의 시집을 읽었습니까? 시인이 되겠다고 생각하고 있다면 최소한 50권, 조금 많게는 100권은 읽어야 하지 않을까요? 시집을 시리즈로 내고 있는 좋은 출판사의 시집을 많이 읽는 것이 중요한데, 무심히 읽어서는 아무 소용이 없습니다. 눈빛이 종이를 꿰뚫을 정도로 골똘히 읽어야지요. 읽고 쓰는 과정을 충실히 한다면 여러분은 시인이 될 수 있습니다. 여러분이 또 다른 세상을 꿈꾸고, 색다른 표현을 해보는 습관을 기르는 동안에 어느덧 시인이 되어 있을 것입니다. 그런 믿음을 갖고서 습작하십시오. 그럼 그 언젠가 틀림없이 시인이 되어 있을 겁니다.

제 2 부 시인에게 보내는 열두 통의 편지

새벽에 쓴 시,
새벽에 읽다

서정주 선생님께

 2000년 12월 26일, 삼성의료원 영안실에서 선생님은 환히 웃고 계셨습니다. 집안일 때문에 부고를 접하고 바로 찾아가지 못하다가 그날 늦은 오후에야 택시를 잡아탔습니다. 커다란 영정 속, 참 잘 어울리는 흰 두루마기를 입고서 스승은 미련하기 짝이 없는 제자를 보고 다 용서한다는 듯이 웃고만 계셨습니다. 저는 조문객들 속에 앉아 있는 것이 너무나 부끄러워 빈속에 술만 거푸 들이부었습니다. 학교 선배님들이 오면 더 뵐 면목이 없을 것 같아 일찌감치 자리에서 일어났습니다.
 '선생님, 용서해주십시오. 제가 선생님의 크신 사랑은 헤아리지 못하고 몇 번의 정치적 과오를 두고 줄곧 원망해 왔습니다. 글로도 쓴 적이 있습니다. 선생님을 비난할 자격이 적어도 저한테는 있지 않은데 말입니다.'
 그랬습니다. 저는 대학 재학시절 4년 중 네 학기나 선생님으로부터 시를 배왔습니다. 저는 선생님이 한창 사경을 헤매고 계실 때 문예지 《정신과 표현》 2001. 1/2월호에 스승을 비판하는 글 「미당 서정주 선생님께」를 보냈습니다. 미당 비판이 점증되고 있는 요즈음, 거기에 대해 제가 나서서 무어라 의견을 내놓고 싶지는 않습니다. 다만 책이 우송되어 오고 이틀 뒤에 돌아가신 선생님께 사죄하고 싶어 이 글을 씁니다. 송구스러운 마음만 가슴에 뼈에 사무칠 따름입니다.

제자들에 의해 '말당未堂 영감'이라는 애칭으로 불리기도 했던 선생님은 서라벌예술대학 문예창작학과가 고고의 울음을 터뜨린 1954년부터 이 학과와 인연을 맺었습니다. 스승의 대학 강단 경력은 동아대학교 전임강사에서 시작되어 광주 조선대학교 부교수를 거쳐 서라벌 예술대학 교수로 이어진 것인데, 동국대학교 국문학과 교수로 자리를 옮긴 이후에도 계속 중앙대학교에 나와 강의를 했습니다. 스승은 1979년 8월에 동국대학교에서 정년을 맞이하셨고, 1985년 경기대학교 대학원 초빙교수로 취임하실 때까지 중앙대학교 문예창작학과에서 시 강의를 했습니다.

30년 동안 중앙대학교에 때로는 교수로 몸담고 계셨고, 때로는 강사로 출강하셨으니 그 동안 배출한 시인의 수를 손가락으로는 헤아릴 수 없을 것입니다. 다른 학교 강의 시간과 겹쳐, 혹간 해외여행을 떠나시느라 강의가 중단된 해가 있기는 했지만 동국대학교와 더불어 중앙대학교와의 인연도 스승의 생애를 관통한다고 해야 할 것입니다.

작고하신 시각이 한밤이 아니었던가요? 저는 이상하게도 돌아가신 그 다음 날, 선생님의 시 〈사경四更〉이 언젠가 당신이 죽게 될 그 순간을 생각하며 쓴 시가 아닌가 하고 시집을 찾아보았습니다. 마침 시각도 밤 1시가 넘어 있었습니다.

이 고요에

묻은

나의 손때를

누군가

소리 없이

씻어 헤치고

그 씻긴 자리

새로

벙그는

새벽

지샐 녘

난초 한 송이

—『徐廷柱文學全集』 1 (일지사, 1971)에서

    옛 사람과 동시대인, 꽃과 새, 산과 나무, 바다와 바람……. 선생님은 참 많은 것들을 노래했지만 〈사경四更〉은 나와 난초와의 교감이라는 독특한 세계를 보여준 작품입니다. 선생님은 그 한밤에 잠을 못 이루다 문득 생각했던 것이겠지요. 새벽 지샐 녘에 피어난 저 난초 한 송이는 나의 손때를 기억하고 있으리라고. 나의 손때를 "씻어 헤운" 그 누구는 도대체 어떤 존재일까요? 사람은 아닐 터이니 운명의 힘, 인연의 고리, 아니면 생명체의 생명력?

    아무튼 고요한 새벽에 새로 피어날 수 있으니 생명은 참 얼마나 위대한 존재입니까. 하지만 생명은 유한하니 설사 죽어 윤회하게 될지라도 일단은 명부에 들 수밖에 없을 것입니다. 선생님은 어느 밤, 이런저런 생각을 하느라 잠을 잊고 계셨을 것임에 틀림없습니다. 시 감상에서 한 걸음 빗겨나, 알려져 있지 않은 스승에 대한 일화를 몇 가지 들추고 싶습니다.

송기원 선배님이 증언한 바, 스승이 즐겨 하신 말씀이 있습니다. "내가 서라벌 문창과에서 받은 강사료는 집에 갖고 간 적이 없어." 강의실 바깥에서 스승의 말씀을 듣고자 하는 제자들의 유혹을 못 이기는 척, 수도 없이 넘어가신 선생님은 제자 사랑을 술을 사는 것으로 보여주시곤 했습니다. 80년대 전반기에 대학을 다닌 저는 불행히도 그런 술자리에 초대된 적이 한 번도 없습니다. 그 시절에도 제자 몇이서 교문을 향해 걸어가시는 스승을 붙잡고 "선생님, 오늘은 날씨도 이렇게 구중중한데 요 밑에서 술이나 한잔하고 들어가시는 것이……" 하며 이끌었다면 절대로 거절하지 않으셨을 것입니다. 그러나 수업 시간 중에도 데모 함성이 들려오고 학우가 연거푸 구속되는 살벌한 분위기 속에서 학생 운동에 대해 늘 반대의 의사를 분명히 표하는 스승에게 그 시대의 제자는 정말 다가가기가 어려웠습니다.

서라벌 시절, 스승은 박이도·이근배·송수권·신중신·이건청·윤금초·권오운·마종하·김형영·임영조·김종철·송기원·이시영 등 제자 거의 대부분과 술을 마신 기억을 갖게 되는데, 살림을 맡은 부인 방옥숙 여사로서는 이 점 무척 못마땅하셨을 것입니다. 하지만 부부의 도타운 금슬은 누구나 아는 사실이고, 스승은 상처하시고 정확히 75일 만에 방 여사의 뒤를 따라 영원히 머물 집을 향해 떠나셨습니다. 김형영·임영조 시인 등 몇몇 제자는 스승의 술집 순례 이유를 제자 사랑 때문만은 아니라고 주장하고 있습니다. 설은 모두 세 가지입니다.

첫째 설은 스승은 술집에서 강의하기를 좋아했다는 것이다. 교실에서의 강의는 "모름지기 시는 손끝으로 쓰는 것이 아니라 가슴으로 쓰는 것, 더 좋은 시는 손끝과 가슴으로 쓰는 것"이라는 똑같은 내용이었지만 술집에서는 농담을 섞어가면서, 옛 추억 회고도 하시면서 다채로운 내용으로 명강의를 하셨다는 것.

둘째 설은 길음시장 어느 술집의 주모를 좋아했기 때문이라며 스승을 호색한으로 모는 것인데, 이것은 주모에게 서정주 시인의 시 가운데 아는 것을 외어보라고 부추기던 제자들의 장난기가 만들어낸 설일 것입니다.

셋째 설은 간밤에 마음에 드는 시를 1편 탈고했기 때문이라는 것입니다. 이모든 것, 설일 뿐입니다. 아무튼 스승은 임영조 등에게 자작시를 자주 보여주며 조언을 구하곤 했습니다. 어린 제자의 안목을 높이 평가하여 귀를 기울였고, 시어를 몇 개 바꾸기도 한 것은 스승의 도량이 그만큼 넓었기에 가능한 일일 것입니다. 교수 평가를 학생들이 행하는 오늘날의 대학 풍토에서는 상상하기 어려운, 태곳적 신화가 너무 아름답습니다.

그렇지만 선생님이 모든 제자에게 공평히 사랑을 베풀었던 것은 아닙니다. 2, 3학번 위 선배가 한 분 있습니다. 스승께 줄기차게 작품을 보여드렸지만 스승은 도무지 인정을 하지 않으셨습니다. 곧잘 이렇게 말씀하시면서 기만 꺾을 따름입니다. "자네는 시를 쓰려 하지 말고 다른 길을 찾아보게. 아 참, 교직과목 듣고 있지? 아이들 열심히 가르치며 사는 것도 보람된 일이네."

스승으로서야 아무리 지켜봐도 싹수가 안 보이니 시에 목을 매지 말고 자기한테 맞는 길을 찾으라고 조언을 하신 것이겠지만 그 선배의 입장으로서는 그 말씀을 들을 때마다 얼마나 참담했을까요. 4학년 2학기가 저물도록, 아아 종강하는 날까지도 선배는 스승의 인정을 받지 못했습니다. 사은회 날, 그 선배는 며칠 밤을 새며 고친 시를 술을 몇 잔 마신 김에 호기롭게 내밀었다고 합니다. 아마도 마지막 기회라 생각하고는 자신의 모든 역량을 쏟아 부어 '목숨을 걸고' 쓴 시였겠지요. 선배의 시를 받아 한참을 묵묵히 읽으신 스승은 불그레한 얼굴로 미소를 지으셨습니다. 침묵이 흘렀고, 그 자리의 모든 사람이 스승의 입을 주시했습니다. 스승은 고개를 끄덕이며 일갈하셨습니다.

"역시 자네는 안 되겠어. 시인이 될 꿈은 오늘로 깨끗이 버리는 게 좋겠네."

교문을 떠나는 제자에게 마지막 한 마디, 속에 없는 덕담을 해줄 수도 있었을 터인데, 스승에게 '아닌 것'은 끝내 아니었습니다. 선배는 그날 대취하여 집에 들어가지도 못하고 여관방 신세를 졌다고 합니다.

완전히 다른 경우도 있습니다. 홍우계 선배는 대학 3년 동안 쓴 모든 시가 학우들에게 난도질당하고 미당 선생에게 매도되는 수모를 겪다 참담한 심정으로 군대에 갔다고 합니다. 논산훈련소의 악명 높은 조교였던 선배는 신병의 사물함에 정음문고 44권 《徐廷柱詩選》이 있는 것을 보고는 압수합니다. 대학시절에 시를 가르쳤던 스승의 시를 뒤늦게, 책이 닳도록 읽은 홍우계 선배는 비로소 시가 무엇인지 알게 되었습니다. 울화앙앙한 마음으로 보낸 대학시절을 뼈저리게 반성하게 되더라는 것입니다.

마침내 스승이 단 한마디로 선배를 인정하는 날이 옵니다. 제대하고 나타난 제자가 시를 칠판에 판서했을 때 스승 왈, "굼벵이가 군대 갔다 오더니 매미가 되었네그려." 홍우계 선배를 《현대문학》으로 등단시킨 스승은 지방에 내려가 교사 생활을 하는 제자에게 때때로 전화를 걸어 안부를 물을 정도로 자상한 면이 있었습니다. 전화를 교장 선생님께 먼저 걸어 제자의 위상을 한껏 올려준 저의는, 잡무를 많이 맡겨 시 쓸 시간을 빼앗지 말라는 배려를 교장 선생님이 알아서 하기 위함이 아니었을까요.

홍 선배가 근로장학금을 탔다는 희소식을 들은 시골 어머니는 '근로'의 뜻은 잘 모르겠으나 '장학금'이라는 말에 그만 감격했습니다. "고마우신 교수님께 내가 무슨 선물을 해야 할 텐디 뭐가 좋을랑가." 고민 끝에 만든 것이 토속주였습니다. 우직한 아들은 개강 첫날, 커다란 플라스틱 통에 가득 담긴 술을 륙색에 지고 강의실로 들어와 학우들의 열렬한 박수를 받습니다. 미당 선생은 희색이 만연하여 이렇게 말했습니다.

"오늘 수업은 없네. 우리 모두 홍홍기홍우계 시인의 본명 군 어머니가 손수 담그신 저 술에 취해보세."

스승과 제자가 학교 잔디밭에 둥글게 앉아 권커니 잣커니 술잔을 돌리는 동안 서쪽 하늘에는 노을이 번지는 것이었습니다. 술이 있는데 가무가 빠질 수 없습니다. 스승은 그날, 이미 날 저문 캠퍼스 한 구석에서 제자들이 합창하는 〈푸르른 날〉을 듣고 눈물을 글썽이며 기뻐하셨다 합니다. 그날 스승이 부른 노래의 제목을 기억하는 제자는 없습니다. 모두 너무나 취했기 때문에.

스승은 시가 무엇인지 아는 제자에게는 전폭적으로 사랑을 쏟았습니다. 시를 잘 못 쓰는 다른 학우가 보면 이것은 아닌게아니라 '편애'였습니다. 귀가 커 '이소耳笑'라는 호를 받은 임영조 선배나, 마르지 않고 흐르는 계곡 같은 시인이 되라고 '우계又溪'라는 호를 받은 홍홍기 선배는 특별히 많은 사랑을 받은 경우에 속합니다. 또한 재주 비상한 송기원 선배를 선생님이 얼마나 각별히 사랑하셨던가는 당신의 산문집 《未堂隨想錄》민음사, 1976에 잘 나와 있습니다.

오전 아홉 시부터 시작되는 중앙대학교 문예창작과 4학년 교실로 들어가려는 길에 송기원 군을 만나 그의 웃음도 아닌 웃음 앞에 나는 주춤거리고 있었다. 여기 4년생 송기원 군은 금년째 8년을 이 학교에 다니고 있다. (중략)

너는 '피'라는 것을 너무 과도히 믿고 있는지 모르지만, 그것은 결국은 물이다. 피는 물과 색소의 반죽으로 색소만은 물보단 더 멀리 갈 자격이 있어, 태양 광선

이 닿는 데까지는 물론 갈 수가 있지만, 영원을 갈 수 있는 빗물질의 영혼의 능력에는 따르지 못한다. 피보단 영혼을 믿고 지금 당장 무엇이 잘 안 되는데 지나치게 흥분하거나 당황하거나 절망하지 말고, 네 능력 살려 가는 데 주력해라. 학교에서 할 수 없어 자퇴 권고했으면 우선 나오지도 말고, 어디 깊은 절간 같은 데나 들어가서 처박혀 글이나 쓰도록 하렴. 뒤에 봐서 선생님들은 어련히 너를 풀어주려고 하겠느냐. 봐라. 지금 우리가 원하는 게 굵게 다 이루어질 길은 없는 것도 알아야 한다.

네가 첫째 네 능력보다 훨씬 더 싼값으로 없어지지 않도록은 어떻게라도 해야지……. 나는 그에게 이런 뜻의 말들을 퍼붓고 있었다. 그도 '예' 승낙하기에, 어느 절간에 갈 생각이면 내가 소개해줄 테니 언제든지 와서 말하라고 하고, 그 곁을 떴다.

젊은 날의 방황과 월남전 참전으로 8년째 대학에 적을 두고 있는 송기원 선배의 열혈熱血을 다스리기 위해 선생님은 '영혼의 능력'을 믿고 글을 써야 한다고 이처럼 간곡히 충고한 것입니다. 이런 사랑의 메시지를 스승이 제자에게 주는 경우는 흔하지 않을 것입니다. 저 역시 선생님의 사랑과 은혜로 문단에 나왔습니다.

저는 1981년부터 3년 동안 선생님으로부터 시 강의를 들었습니다. 창작실기 과목이었으므로 강의는 아예 없는 셈이었고, 학생 습작품의 판서에 이어 수강생들의 합평이 있은 뒤에 스승이 몇 마디 강평을 해주는 식의 수업 방식이었습니다. 강의실 뒷자리 구석에서 담배를 태우시며 앉아 계시는 동안 스승의 얼굴에는 미소가 가득합니다.

'저 철없는 녀석, 뭘 모르면서 저렇게 흥분하여 친구의 시를 혹평하고 있군.'

'저놈은 시를 쓸 줄도 모르지만 영 남의 시를 볼 줄도 모른단 말야.' 아마 이렇게 생각하시며 미소를 짓고 계셨을 것입니다.

저는 홍우계 선배의 초기 습작기가 그러했듯 써서 내는 족족 스승과 학우들로부터 끔찍한 평을 들었습니다. 운 좋게 대학 2학년 가을에 《시문학》 주최 전국대학생 문예작품 공모에 시를 투고하여 당선됨과 동시에 초회 추천이 되었지만 선생님의 눈에 저는 시종일관 젖비린내 풍기는 문학 견습생에 지나지 않았을 것입니다.

"이런 시는 쓰지 말게", "이것도 시라고 할 수 있는가" 등 가혹한 말씀을 줄기차게 들으면서도 줄기차게 칠판에다 시를 썼습니다. 현실참여의식이 조금이라도 들어가 있으면 선생님은 가차없이 비판을 하셨고, 저는 광주에서 죽은 동시대의 학우들과, 스승이 극구 칭송한 전두환 장군을 생각하며 스승의 마음에 들지 않을 시를 반항하듯이 판서했습니다. 수업 시간에 칭찬을 들은 기억이 전혀 없고, "이 시는 이 부분을 대폭 손보면 될 듯도 하네"라는 정도의 평만 들어도 감지덕지했습니다.

4학년 2학기도 막 저물고 있을 무렵이었습니다. 복학생 선배들도 다수 듣고 있는 수업 시간이었는데 선생님께서 저만 지목하여 그간 써온 시를 전부 정리해서 갖고 오라고 말씀하셨습니다. 60편을 정서하여 드렸더니 이 노트 찾으러 댁으로 한 번 찾아오라고 하셨지요. 선생님은 저의 글재주보다는 성실성을 아꼈던 것입니다. 댁으로 오라는 것이 상징적인 의미가 있음을 저는 그때야 알지 못했습니다. 이른바 내제자內弟子로 삼겠다는 뜻이었습니다.

놀라운 일이었습니다. 선생님은 실험적인 시라 마음에 들지 않을 작품이 틀림없다고 생각한 작품에만 A급이라는 ◎표시를 하셔서 나는 돌아오는 버스 속에서 고개를 계속 갸우뚱거렸습니다. ○표는 B급, △표는 C급, 표시가 없는 것은 D급이었습니다. 선생님의 작풍과는 완전히 다른, 수업시간에 보여드리지도 않은 작품을 마음에 들어하신 것에서 나는 스승의 대가적인 풍모를 다시금 확인했습니다. B급 시는 스승을 의식하고 쓴 전통지향적인 시였고 C급 시는 신춘문예를 겨냥해서 쓴 모범답안 같은 시였습니다.

A급은 중앙일보에, B급은 한국일보에, C급은 조선일보에 투고했는데, 내심 제일 기대했던 곳이 신춘문예 역대 당선작을 의식하고 쓴 조선일보였습니다. 결과는 중앙일보 당선, 한국일보 최종심 오름, 조선일보 낙선이었습니다. 선생님의 눈은 귀신같이(?) 정확했습니다. 신춘문예 당선작도 당시로는 파격적이라고 할 만한 말더듬이 어법의 시 〈화가 뭉크와 함께〉여서 선생님의 안목에 저는 거듭 감탄했습니다.

선생님께서는 일제 강점기 말기에 몇 편의 친일 작품을 써 생애에 큰 오점을 남겼습니다. 저는 1985년 여름호 《실천문학》을 통해 선생님의 그 작품들을 보고 실망을 넘어 절망해 버렸습니다. 시대 분위기가 경직되어 있지 않았더라면 선생님의 과오를 크게 문제삼지 않았을 수도 있겠지만 '광주'에 대한 부채의식에서 80년대 내내 헤어나지 못하고 있던 저로서는 선생님 댁으로 발걸음을 옮길 수가 없었던 것인데, 어찌 보면 비정의 세월이었습니다. 제대 후에 전화며 편지로 안부를 몇 번 여쭙기는 했으니 그것이 연말 연하장으로 대체되었고, 어느 해부터인가 그것마저 중단했습니다.

선생님의 과오가 어떠했던지 간에 미욱한 제자에게 베푼 그 크신 사랑을 배신할 자격이 제게는 없습니다. 선생님은 좋은 가르침과 크나큰 사랑을 베풀었거늘 저는 심정적으로 늘 스승의 정치적 과오를 단죄하는 사람의 무리에 서 있었습니다. 선생님께서 선배의 시를 끝끝내 '아니다'라고 판정하신 것처럼 저도 아닌 것은 아니라고 생각합니다. 하지만 제가 무어 그리 떳떳한 것이 있단 말입니까. 꾸중을 밥 먹듯이 들으면서도 시를 끈질기게 써내다 스승의 부름을 받자 '미당 수제자'라고 학우들이 질투 어린 별명을 붙여주었는데, 문병 한 번 가지 않고 스승을 보내고 보니 이 별명이 너무나 부끄럽습니다.

수업시간에 줄곧 하신 말씀이 잊히지 않습니다. 고전을 읽게, 성경을 읽게, 불경을 읽게, 삼국유사를 읽게, 당시唐詩를 읽게……. 읽는 동안 길이 열린다고 하셨는데 저는 지금 글품 파는 일에 급급하고 있습니다. 하지만 어느 날 힘주어 하신 말씀을 늘 가슴에 새기고서 시를 쓰고 있음에 명부의 스승이여, 부디 저를 제자로 여겨주시기를.

    시정신이란 건 감성으로건 지성으로건 반드시 가슴의 감동이란 걸 거쳐야만 하네. 가슴앓이 병자가 쇼크를 피하듯이, 시인이라면 마땅히 겪어야 할 가슴의 저 많은 연옥의 문들을 닫아걸고, 사고思考의 간편簡便 속으로 편승하지 말게. 고도한 정서의 형성은 언제나 감정과 욕망에 대한 지성의 좋은 절제를 통해서만 가능한 것일세.

정말 언젠가 선생님의 마음에 쏙 드실 시 한 편 들고 묘소 앞에 가서 큰소리로 읽어 드리고 싶습니다. 선생님의 그 독특한 웃음소리와 미소가 떠오릅니다. 읍소하는 마음으로 이 글을 쓰고 있는 것 아시는지 모르시는지…….

우리 시의 미래는 밝은가 어두운가

오세영 선생님께 올립니다.

선생님, 그간 별고 없으셨습니까? 임영조 시인의 발인 날, 장지에서 선생님과 몇 마디 대화를 나눈 지도 어느새 한 달이 흘렀습니다. 과천성당에서 임영조 시인의 약력 보고를 하면서 충남 주산중학교에서 신동엽 시인한테 사사하여 시인의 길로 들어섰다고 참례하신 분들에게 말씀드렸는데, 두 분 다 암으로 돌아가셨습니다. 요절한 시인도 물론 많았지만 시인의 생애가 40년신동엽, 1930~1969 혹은 60년임영조, 1943~2003이라면 참으로 짧다는 생각이 듭니다. 선생님도 평소에 건강에 신경을 쓰시길 바랍니다. 저도 40대 중반으로 접어들고 있으니 과음과 과로는 하지 말아야겠습니다.

한 10년 전이었지요. '문학의 위기'라는 말이 그 당시 문단의 화제였습니다. 정통문학권의 시집과 소설집이 너무 팔리지 않고 상업주의를 표방한 저급한 시집과 문학적 가치가 현저히 떨어지는 장편소설이 낙양의 지가를 올리는 시절이 계속되었습니다. 그러자 우리 문학에 큰 위기가 왔음을 인식하고서 몇몇 문학평론가가 이 용어를 쓰기 시작했고 문예지들도 앞을 다투어 '문학의 위기'에 대해 특집을 마련했습니다. 21세기 초입인 지금은 어떤가요? 위기론은 쑥 들어갔지만 위기 상황은 계속되고 있는 것 같습니다.

  매스컴의 위력이 참으로 대단한 것이, 텔레비전의 책 소개 프로그램인 '느낌표'에 나온 책들이 도서 시장의 거의 절반을 차지하고 있다고 합니다. 나머지 출판사들은 울상을 짓고서 발을 동동 구르고 있는 형국이라고 하지요. 제가 아는 어느 출판사에서 낸 한 중견 소설가의 책이 느낌표 프로그램에서 좋은 책으로 선정되었고, 이로써 죽어 있던 그 책이 기적적으로 부활한 셈이 되었습니다. 책은 물론 날개 돋친 듯 팔려나갔지요. 그렇게 되자 다른 책 제작을 올스톱, 그 책 찍어내기에 정신이 없다고 합니다. 이 무슨 기이한 현상인지.

  저는 이번에 창간되는 《서정과 현실》이라는 시·시조 전문 무크지에 신작을 발표하는 몇 분 시인의 시를 읽고서 우리 문학은, 특히 시는 여전히 위기라는 생각이 들어 선생님께 엉뚱한 사설을 한참 늘어놓았습니다. 저는 선생님의 시를 비롯해 강현덕·유종인·조은길 시인의 신작을 재독, 삼독하는 과정에서 한국 시단의 일원으로서 위기의식을 더욱 강하게 느끼게 되었고, 그것을 중점적으로 말씀드려볼까 합니다. 그렇다고 해서 이분들의 시편에 무슨 문제가 있었다거나 하는 차원의 이야기는 절대 아닙니다. 시 독자가 점점 줄어드는 현실이 너무나 안타깝고, 그런 관점에서 네 시인의 진지한 작업이 독자들에게 전해졌으면 하는 바람을 강하게 느낍니다.

  강현덕 시인은 1994년 중앙일보 시조백일장 연말 장원을 한 바로 다음해에 조선일보 신춘문예에 시조가 당선, 화려하게 등단하신 분입니다. 시조시단은 다소 침체되어 있다는 느낌이 드는데, 강 시인은 신예에서 중견으로 발돋움하면서 활발한 활동을 전개하고 있습니다. 시 세계에 이분 나름의 개성이 있고, 시조로 단련하신 분답게 군더더기 없이 정갈하게 쓰시는 분임을 이번 기회에 알게 되었습니다.

정오가 되어갑니다 물이 흔들립니다
꽃자루 맨 끝마다 붉고 흰 수련이 피어
식물원 작은 수궁水宮은 화궁花宮이 되었습니다
물길을 걸어온 잎자루도 젖은 몸을 털고
넉넉한 잎사귀를 멍석처럼 펼쳤습니다
속 깊은 이 꽃에게는 참 좋은 배경입니다

한 닷새 정도씩은 이 궁宮에 머물겠지요
그러다 새 꽃잎 열리면 깊은 속이 더 깊어져
툭, 하는 소리도 없이 다시 물속으로 내려간답니다
다음 이를 위하여 제자리를 내주고
아름다운 뒤처리까지 제가 다 하고 가는
이 꽃의 환한 뒷모습이 오늘따라 참 부럽습니다

―〈식물원 편지 1〉 전문

식물원의 작은 연못에서 본 수련의 생태에 시인은 탄복하고 있습니다. 제1연은 수련의 모습이고 제2연은 수련의 속성입니다. 수련은 새 꽃잎이 열리면 깊은 속이 더 깊어져 물속으로 내려갈 줄 알고, 다음에 피는 꽃을 위하여 자리를 내줄 줄 압니다. "지금 어드메쯤 아침을 몰고 오는 분이 계시옵니다"로 시작되는 조병화 시인의 시 〈의자〉가 생각납니다. 다음에 오는 이를 위하여 자기 자리를 내줄 줄 아는 자의 도량을 시인은 식물원 연못가에 와서 깨달았나 봅니다. 게다가 시인은 꽃의 환한 뒷모습이 오늘따라 참 부럽다고 합니다. 한 닷새 머물다 잠수해버리는 수련한테서 세상살이의 법칙 하나를 배운 강현덕 시인이 〈식물원 편지 2〉에서는 추억 속 아이 하나를 떠올립니다. 옆집 구열이는 버짐 핀 하얀 얼굴에 팔과 다리도 온통 버짐이 피어 있었는데 그게 그리 부끄러운지 나만 보면 숨는 아이였습니다. 자꾸만 뒤돌아서려는 구열이, 쪽지를 불쑥 건네고 달아난 푸른 셔츠의 구열이를 오늘 식물원에 와서 물푸레나무를 보니까 생각난다는 내용입니다. 글쎄요, 추억담 하나를 펼쳐놓았을 뿐, 별다른 울림이 없는 시라고 생각됩니다. 시적 소재에 상상력을 가미하여 적절히 변용시키는 방법론이 없는 시인지라 적이 실망했습니다. 설명하는 시보다는 세밀히 묘사하는 시가 낫다고 저는 생각합니다. 또한 직설적으로 토로하는 시보다는 은유하고 상징화하는 데서 시의 힘이 나오는 것으로 아는데 이 시는 흐름이 그저 밋밋하여 제가 그렇게 느낀 모양입니다.

〈시인〉이란 작품은 비유의 대상을 마련했지만 재치를 보여주는 데 그친 시가 아닌지 모르겠습니다. 시인이 별인 줄 알았던 '웃기는' 시절이 있었다는 첫 행도 그렇고, "톡, 쏘고 가는 벌"이라는 시적 전이, 그래서 "세상이 제 것인가 멋대로 쑤셔대고", "내 가슴 네 가슴 없이 저리 부풀게 하다니" 하는 감탄에 이르는 과정에 좀더 깊은 사유가 있어야 하지 않았을까요. 시인이란 "평생을 벌만 서다 갈 별 볼일 없는 사람"이라는 마지막 행의 단정에 공감은 갑니다만 시인의 역할이나 존재 의의, 그와 아울러 우리 사회가 시인을 대접하는 양상 등이 그려지지 않아 아쉽습니다.

늪은 늘 너무 일찍 잠에서 깨어났다

새벽의 고요가 오히려 소란스러웠던 것

　　애써서 겨우 눌러왔던 내 그리움도 소음이었던 것

　　그것이 아니라면 어떤 소리 들었던 것

　　내 안에 우글대는 억만 년 된 공룡들이

　　물옥잠 하얀 그늘 찾아 하루 내내 걷는 발소리

　　언제든 다시 돌아와, 바람이 말을 전한다

　　그래 어서 돌아와, 왕버들이 출렁댄다

　　어느새 하늘이 열리고 먼 길 하나 달리는 것, 보인다.

―〈牛浦〉 전문

　　〈牛浦〉는 우포늪의 새벽과 아침을 그린 시입니다. 이 시에는 독자의 한 사람인 저와 소통되지 않는 점이 각 연마다 있습니다. 새벽의 고요가 왜 오히려 소란스러웠는지, 애써서 겨우 눌러왔던 내 그리움이 왜 소음이었는지 저는 모르겠습니다. 제2연에 가서는 "내 안에 우글대는 억만 년 된 공룡"들이 "물옥잠 하얀 그늘 찾아 하루 내내 걷는 발소리"를 낸다고 했습니다. 우포늪의 새소리나 바람소리를 이렇게 묘사한 것이라고 할지라도 너무 막연하고, 또 과장된 표현이 아닐까요? 이윽고 바람이 "언제든 다시 돌아와" 하고 말을 건네고, 왕버들이 "그래 어서 돌아와" 하며 출렁댑니다. "어느새 하늘이 열리고 먼 길 하나 달리는 것, 보인다"는 시의 마지막 행이 인상적입니다. 그런데 이 행이 앞의 행, 연과 잘 어울리지는 않는 듯합니다. 왜 이런 인식에 다다르게 되었는지, 앞에서 제대로 묘사하지 않았기 때문입니다. 자연 친화적인 시라고 보기도 어렵고, 생태환경시의 일종으로 보기도 어려운 시가 바로 〈牛浦〉입니다. 소재의 참신함, 주제의 미더움, 표현의 낯설음, 이미지의 형상화 중 무엇이라도 독자에게 안겨주어야 시가 될 터인데……. 각각의 연이 진행되다가 말고 되다가 말고, 제3연 역시 모호함만 안겨주고 끝납니다. 먼 길 하나 달리는 것, 보인다? 먼 길은 무엇을 뜻하며, 어디서 어디로 달리며, 달린다는 것은 또 무엇을 뜻하는지 잘 모르겠습니다. 반면 〈비 온다야〉는 쉽게 이해가 됩니다. 사투리가 시 속에 아주 맛깔스럽게 버무려져 있습니다.

비 온다야 어둡다야
소리도 안 낸다야
황매화 노란 덤불이
왈칵, 쏟아졌다야
산수유 놀란 가지도
같이 휘청, 거린다야
저 봐라 길이 납작하다야

아무렇게나 엎드렸다야
나처럼 누 보고 싶어
편지 쓰는 거 아이가?
허리엔 저 눈물샘 같은
물웅덩이도 달았다야

우짜노, 꽃잎 널찌네
니도 아직 못 봤는데……
그 위로 젖은 까치
종,종,종, 뛰온다야

니 온다 말할라는 거 아이가?
창문 열어볼란다.

—〈비 온다야〉 전문

'누'는 '누구'가 변한 말이겠지만 경상도에서는 '누야—' 하면 누나를 부르는 말입니다. 아무튼 비가 오는데 시 속의 너는 누군가를 몹시도 그리워하고 있습니다. 누가 누구를, 왜 기다리고 있는지는 시에 명확히 드러나 있지 않습니다. 끝 연은 이 두 가지 정보를 다시 한 번 부연 설명하는 것입니다. 비가 오고, 꽃이 지고, 젖은 까치가 메신저인 양 종,종,종, 뛰어옵니다. 그래서 화자는 창문을 열어 확인하고 싶어합니다. 시라는 것이 반드시 무슨 심각한 내용을 담고 있어야 할 필요는 없지만 이미지 묘사나 이야기의 전개에 있어 시인이 새롭게 발견한 것이 없나 살펴보게 되는데, 맛깔스런 사투리를 구사했다는 것 외에는 별달리 와 닿는 것이 없는 시입니다.

지금까지의 제 소감 토로 중에는 강현덕 시인의 최근작에 대해 좋은 말을 해준 것이 없는 듯합니다. 신작시 해설에서는 통상 덕담을 해주는 것이 관례입니다만 저는 타박을 하고 말았습니다. 시를 쓰신 분께는 미안하게 생각합니다만 좀 더 나은 시를 위한 고언이라 이해해주면 고맙겠습니다.

유종인은 1996년 《문예중앙》에 시로 등단한 이후 올해 동아일보 신춘문예에 시조로 다시 등단한 특이한 이력을 갖고 있는 시인입니다. 시조를 쓰다가 한계를 느껴 시를 쓴 경우는 있지만 시를 쓰다 시조를 겸하는 경우는 흔치 않은 일이지요. 정일근 시인도 신춘문예를 통해 시인으로 등단한 이후 다시 신춘문예에 시조가 당선된 특이한 이력을 갖고 있는 것으로 압니다. 유 시인은 요즈음 시조 쓰기에 흥이 오르셨는지, 5편의 작품이 전부 시조입니다.

수천 년을 비추면서 그대는 내려왔다지
　　청맹과니, 먼 빛으로 딴전 피듯 살아왔다지
　　그리운 얼굴빛으로 성난 역사歷史를 비췄다지

　　한 목숨 다하도록 참선參禪의 길 하나 찾듯
　　문둥이 남사당패도 분첩단장粉貼丹粧을 공들인 뒤
　　어두운 시간의 장터 끝으로 먼지처럼 사라졌다지

　　비 끝에 바람이 불고 능수버들 휘날리는 날
　　그대 찾던 님의 무덤은 들판처럼 평평해지고
　　찬 이슬 맞은 얼굴엔 민달팽이가 흘러갔다

　　천년도 잠깐 비춘 듯 아득해진 눈빛으로
　　소리도 눈으로 보고 빛조차 귀로 들으면
　　청동빛 님의 목소리가 푸른 녹으로 슬어 있다

　　　　　　　　　　　　　　　─〈다뉴세문경多紐細文鏡을 보다〉전문

　　평시조 4수가 모여 한 편의 시가 되었습니다. 시인은 청동기 시대의 구리거울 다뉴세문경을 시의 소재로 취했습니다. 일단 구리거울의 의인화가 무척 신선하게 여겨집니다. 단순한 의인화가 아니라 그리운 얼굴빛과 청동빛 목소리를 지닌 이로 성화聖化되어 있습니다. 인간의 목숨은 1백년 안쪽이지만 기나긴 시간, 구리거울은 살아 있었습니다. "천년도 잠깐 비춘 듯 아득해진 눈빛"을 지닌 구리거울의 목소리가 "푸른 녹으로 슬어 있다"는 표현은 대단히 감각적입니다. '님'이 수천 년의 세월 "성난 역사"를 비춰오는 동안 푸르게 녹이 슬었다는 것이지요. 아쉬운 것은 내용이나 형식이 모두 지나치게 고색창연하다는 것입니다. 물론 내용과 형식의 조화를 위해 그렇게 한 것이겠지만 지금은 조지훈이 〈古風衣裳〉을 발표한 1939년이 아니라 2003년입니다. 아무리 다뉴세문경을 갖고 시를 쓰더라도 현대인의 정신세계를 자극시킬 형식을 가져야 하는 것이 아니겠습니까. 글쎄요, 오늘날의 독자 가운데 문둥이 남사당패의 분첩단장을 이해할 수 있는 독자의 수가 많지는 않을 것입니다. 저로서는 시조가 너무 예스러우면 답답함을 느끼게 됩니다.

〈풍장風葬〉은 훨씬 현대적입니다. 3편의 시를 모아 쓴 일종의 연작시인데 제1편에는 대관령 황태덕장의 풍경이 묘사되어 있습니다. 퀭한 눈알의 황태들이 눈을 맞고 있지요. 눈이 얼마나 내렸는지 교통이 두절되고 소나무 가지가 눈의 무게를 못 이겨 찢어질 정도인데도 뱃속을 드러낸 채 바닷바람을 맞고 있는 황태들. 제2편에는 어촌 사람들, 즉 하교길의 조막손과 손등에 저승꽃이 피어 있는 노파가 등장합니다. 풍장의 대상이 황태에서 노파로 전이되는 것이지요. 얼었다 녹았다 하는 황태처럼 우리 인간의 삶도 그런 순환논리로 보고자 한 시인의 인식이 돋보입니다. 문제는 제3편입니다.

> 시장통 하수구로 생선 피가 흘러간 자국.
> 하얗게 불은 밥풀에 눈독 들이는 시궁쥐,
> 쥐 눈에 들린 하늘이 노을빛으로 번져간다.
>
> 이빨을 앙다물며 숨결이 잦아들 때쯤
> 배꽃이 피기 전에 어머니는 손을 놓았지.
> 쥐뿔이 솟은 뒤에도 닳려 가는 목숨의 살煞!

자, 제3편의 무대는 시장통입니다. 아마도 화자의 어머니는 시장의 장사치로 생선을 팔던 분이었던가 봅니다. 어머니가 배꽃이 피기 전 숨을 거둔 것까지는 알겠는데 마지막 행은 뜻 파악이 잘 안 됩니다. 여기서 '쥐뿔'의 뜻이 무엇일까요? 우리말에 '쥐뿔나다', '쥐뿔같다', '쥐뿔도 모르다', '쥐뿔도 없다' 같은 것들이 있는데 그중 하나와 관련이 있을까요? '닳려 가다'와 '목숨의 살煞'도 저로서는 이해가 잘 안 됩니다. 황태의 풍장을 결국 어머니의 삶과 죽음으로 연결시키고자 한 것 같습니다만 너무 모호하게 처리되었다는 느낌을 받았습니다.

문을 열고 눈빛 가득 한 하늘을 담는 날은
억만 년 세월마저 바람 한 줄로 스쳐지고
눈 시린 겨울빛으로 새떼들이 날아간다

그대 올 듯 올 듯이 길들이 비어질 때
빈 방에 한 장 햇살을 녹차 향기로 달래놓고
들창엔 인기척을 내듯 젖은 눈이 스치는 듯

악몽 같은 길을 풀어 허공으로 드리운 나무들
이제야 섭섭한 정情들 낙엽으로 떨구고 나면
새로이 옷이 그립구나, 하얀 뜻이 입고 싶구나

새삼 날빛이 어두워 기억 쪽에 그늘이 지고
문설주에 이마를 대고 울 듯이 글썽여 보면
먼길을 그대 오는가 맨발에 닿는 차운 입술

> 서로를 물고 뜯는 야합野合의 목소리도
> 묵은 때 씻겨 덮는 저 눈발의 회오悔悟 속에
> 천년의 수의囚衣를 걸친 사랑들을 그려본다
>
> —〈대설부大雪賦〉 전문

〈대설부〉는 제목도 그렇지만 시어의 선택, 시의 전개 방식, 세부적인 표현 등이 다 구태의연합니다. 어디선가 읽은 듯한 표현이 속출합니다. 형식의 측면에서 지나치게 정공법을 고수한 탓이 아닐까요? 시의 마지막 3행은 바로 그 앞까지의 흐름과 맞지가 않습니다. "서로를 물고 뜯는 야합의 목소리"가 왜 갑자기 나오는 것인지, 시의 자연스런 흐름을 방해하고 있습니다. 눈발을 '회오'라고 표현한 것도 무리라는 생각이 들고, "천년의 수의囚衣를 걸친 사랑들을 그려본다"는 참 뜬금없이 튀어나온 행이라고 여겨집니다. 시조라는 형식을 지키려다 보니 문맥이 잘 안 통하는 행을 작위적으로 집어넣은 것이 아닌지 모르겠습니다. 풍경 묘사를 관념적으로 처리하는 과정에서 무리수를 뒀다는 것이 저의 솔직한 소감입니다.

> 낡은 베니어판을 무심결에 들춰내면
> 자벌레는 도망가고 몸을 마는 쥐며느리들,
> 어둠에 뿌리를 박으려 애를 쓰는 녹슨 못들
>
> 못 끝에 서린 녹물이 새삼스레 붉어지면
> 녹슨 못도 꽃인가봐, 봉오리만 잔뜩 부풀린
> 면벽面壁의 세월을 뚫고 아픈 눈을 뜨려는 듯

밑으로 겹겹을 뚫고 무슨 말을 하고팠을까

모두들 하늘 높이 머릴 드는 꽃밭에서

짓붉은 허욕의 머리를 내려치는 우레에 산다

흔들리고 허둥대는 한나절의 꽃을 죽여

매맞는 슬픔마저 근성根性처럼 서려두고

박히면, 죽을 때까지 피 흘리는 숨은 꽃들!

―〈숨은 꽃〉 전문

　못의 존재 의의 찾기 내지 의미 부여는 이제는 낡디낡은 것인데 유종인 시인은 〈숨은 꽃〉을 통해 다시금 하고 있습니다. 이 시에는 새로운 요소가 있어 다행스럽습니다. 나무에 박혀서 녹이 슨 못을 숨은 꽃으로 본 인식의 전환 덕분입니다. 제1연에서 "어둠에 뿌리를 박으려 애를 쓰는 녹슨 못들"을 드러내고자 자벌레와 쥐며느리를 등장시킨 것이 참신하게 여겨집니다. 마지막 연의 돌출도 무척 참신하다는 느낌을 줍니다.

　유종인의 시조에는 '시간'의 의미를 탐색하는 것이 많습니다. 오랜 세월을 기다리거나 버티는 것들에 대한 애착이 강한 시인입니다. 못은 면벽의 세월을 뚫고 아픈 눈을 뜨려 하지만 짓붉은 허욕의 머리를 내려치는 우레에 살고, 매맞는 슬픔마저 근성처럼 서려둘 줄 압니다. 그리하여 한번 박히면 죽을 때까지 피를 흘리는 숨은 꽃의 운명을 감내해야 하는 존재인 것이지요. 이 시가 하나의 은유나 상징이 되면 더 좋았을 텐데, '숨은 꽃'이 못의 의미 전달에 그치고만 점이 못내 아쉽습니다.

　　버려진

물음표를 주워들고

묻네

길에서 품었던 모든 호기심의 연애여,

땅 속을

하늘에 걸려고

갈고리가 된

흙의 천사여!

—〈지렁이〉 전문

　〈지렁이〉는 생략이 심해 시가 전반적으로 허술해지고 말았습니다. 소설도 짜임새가 있으면 완성도가 높아지는 경우가 있듯이 시도 꽉 짜인 구성이 시의 맛을 살리는 수가 많습니다. 그런데 이 시는 독자에게 뭘 들려주고자 쓴 시인지 알 수가 없군요. 제대로 이해를 하지 못한 저한테 문제가 있는 것이겠지요.
　1998년 중앙일보 신춘문예 시조 당선으로 등단한 조은길의 시 5편을 읽었습니다. 그중 짧은 〈외길〉이란 시가 퍽 흥미롭습니다.

드넓은 모래펄에

몸뚱이가 집이고 옷이고 언어인

바지락조개들이 살고 있다

그들은 배가 부른 한가한 시간이면

망태를 메고 호미를 든 사람들이

몰려오는 악몽에 시달린다

—〈외길〉 전문

안면도니 제부도니 하는 개펄 좋은 섬에 가면 바지락조개들이 많지요. 그 놈들이 살이 오를 철이 되면 사람들이 몰려와서 잡아갑니다. 사람들은 개펄에서 조개 캐는 즐거움을 누리겠지만 조개는 그 재미 때문에 목숨을 잃습니다. 조개에게는 몸뚱이가 집이고 옷이고 언어라는 부분과, 망태를 메고 호미를 든 사람들 때문에 악몽에 시달린다는 표현이 특히 재미있습니다. 제목은 바지락 조개의 운명을 나타낸 말일까요? 하지만 시가 너무 단순·소박한 것이 아닙니까? 시 한 편을 완성하기까지 별다른 고뇌가 없다면 시 쓰기가 카피라이터의 광고 문안 만들기와 다를 바 없지요.

　　온몸에 젖꼭지가 있어 시도 때도 없이 주둥이를 들이미는 어미 노릇이 몹시 힘 겨웠던 산은 그 무엇도 담을 수 없이 가벼워지고 싶은 꿈이 있다 한 마리 연한 나비를 욕망하는 것은 지극히 사치스럽지만 포기할 수 없는 꿈 산의 마음을 제일 먼저 알아차린 계곡은 서둘러 물줄기를 산 밖으로 밀어내주고 바람은 구석구석 태양을 끌고 다니며 축축한 푸른 것들을 말려 죽인다 이윽고 뼈만 앙상히 남아 절망하지 않는 산 온 산에 눈이 내리면 붕대를 감는 듯 소복소복 눈이 쌓이면 산은 캄캄한 고치 속에서 봄을 기다리는 나비의 흉내를 내며 인내한다

—〈산〉 전문

조 시인은 운명론자인지, 그 다음 시 〈산〉에서도 산과 나비의 운명적인 관계를 들려주고 있습니다. 그 무엇도 담을 수 없이 가벼워지고 싶은 꿈을 갖고 있는 산은 한 마리 연한 나비를 동경합니다. 봄, 여름, 가을을 보내고 겨울을 맞이한 산이 "캄캄한 고치 속에서 봄을 기다리는 나비의 흉내를 내며 인내한

다"는 것은 역설적인 표현입니다. 적어도 이 시에서는 나비가 스승이고 산이 제자인 듯하니까요.

총 9개 연으로 된 〈너도바람꽃〉은 집중력을 잃고 비틀거리는 시가 아닐까요? "바람이 되고 싶어/ 날마다 바람을 연습하는/ 너 도 바 람 꽃"이라는 연으로 시작한 시는 꽃과 바람, 태양과 꽃잎의 관계를 살피다가 엉뚱한 곳으로 치닫습니다. 화자가 너 혹은 너도바람꽃을 어쩌지 못하고 돌아온 날 수녀가 된 친구와 뷔페식당에서 저녁을 먹는데, 그 식당이 장례식장 같다고 합니다. 7, 8, 9연도 시를 쓴 이는 분명히 내포와 외연에 신경을 썼겠지만 독자로서는 혼란스러울 뿐, 공감이 영 되지 않습니다. 아니, 별 느낌이 없습니다. 무르익은 시가 아니라 설익은 시이며, 푹 익힌 시가 아니라 살짝 데친 시입니다. 신선도도 떨어지고 무슨 맛을 주려 쓴 시인지 알 수 없어 고개를 갸우뚱거리게 됩니다.

  까치가 날아가는데 개가 짖는다
  까치는 쇠사슬에 묶여 있다
  영산홍이 피었는데 개가 짖는다
  영산홍은 쇠사슬에 목이 묶여 있다

  고양이가 지나가는데 개가 짖는다
  고양이는 쇠사슬에 목이 묶여 있다

  파도가 밀려오는데 개가 짖는다
  파도는 쇠사슬에 목이 묶여 있다

  아이가 우는데 개가 짖는다

아이는 쇠사슬에 목이 묶여 있다

교회 종이 울리는데 개가 짖는다
교회 종은 쇠사슬에 목이 묶여 있다

―〈개 짖는 마을〉 전문

〈개 짖는 마을〉은 글쎄요, 말장난의 차원이 아닙니까? "쇠사슬에 목이 묶여 있다"는 말을 되풀이하면서 시적 인식의 확산을 꾀하고 있지만 내적 필연성이나 시적 진정성을 무시한 채 전개되고 있습니다. 마지막 시를 봅니다.

안개는 고양이걸음으로 불쑥 나타나서 순식간에 둑을 뭉개주었다 늘 둑 너머가 그리웠던 호수는 그때마다 벗은 발로 들판을 가로질러 어디론가 사라지곤 했다

이렇게 시작되는 시입니다. 안개도 호수도 다 의인화되어 있습니다. 안개가 둑을 뭉갤 리도 없고, 호수가 어디론가 사라지곤 할 리도 없으므로 퍽 참신한 상상력이라 여겨집니다. 시의 중심은 그 다음 문장부터 흔들리기 시작합니다.

얼굴 붉은 태양에게 목덜미를 질질 끌려 되돌아올 때까지 아무도 눈치채지 못하는 호수의 가출 아무것도 모르는 물새들은 팅팅 불은 호수의 젖가슴에 주둥이를 박고 날개가 자란다

사실 이 부분에 별다른 내용이 담겨 있거나 특별한 암시를 해놓은 것 같지는 않습니다. 정말 쉽게 표현할 수 있는 것을 아주 에둘러서 말한 것은 아닐까

요? 바로 이어지는 "지난밤 안개에 여자가 빠져죽었다"에 이르러서 저는 기형도의 〈안개〉를 떠올리게 됩니다. 하지만 표절의 혐의는 전혀 없습니다. 분위기가 얼추 비슷한 것이지요. 시는 이렇게 이어집니다.

> 벗은 신발 속에 긴 유서처럼 온몸에 안개의 지문이 그어져 있던 여자 날이 흐리자 호구가 둑 쪽으로 바짝 다가앉는다 물새들이 투덜투덜 호수를 따라 자리를 옮긴다 저 새들에게 호수는 벗어나고 싶은 감옥인지도 모른다 날개는 수만 리 하늘 길을 회전해야 하는 지긋지긋한 형량 같은 것 안개 속에서 안개에게 길을 묻는다 어떻게 저 둑을 넘을까

안개는 길을 찾는 데 방해가 될 뿐인데 안개에게 길을 묻고 있으니 참 아이러니컬한 상황입니다. 도대체 이 시에서 안개란 무엇일까요? 그냥 자연현상으로서의 안개일까요, 다른 의미가 담겨 있는 안개일까요? 온몸에 안개의 지문이 그어져 있던 여자의 등장도 그렇고, 안개 속에서 안개에게 길을 묻는다는 것도 그렇고, 이상한 표현들이 마치 뿌연 안개 같습니다. 이 시에서 선명히 이해되는 부분은 많지 않습니다. 관념적인 시가 아님에도 구체적인 실상이 그려져 있지 않아 시인과 소통이 잘 되지 않습니다. 애매함ambiguity이 현대시의 한 속성이긴 하지만 이유 없는 애매함은 시를 영 답답한 대상으로 만듭니다. 특히 이 시는 시인의 의도가 잘 파악되지 않습니다. 무엇을 그리고자, 혹은 전달하고자 이 시를 썼는지 모르겠습니다. 호숫가의 안개가 여자의 자살을 유도했다는 이야기를 하고자 이 시를 쓴 것은 아닐 테지요. 좋은 평을 못 해드려 미안합니다.

자, 이제 오세영 선생님의 시를 읽은 제 소감을 말할 차례가 되었습니다. 하지만 저는 소감 피력을 하지 않기로 합니다. 첫째 이유는 세 분의 시와 선생님

의 시가 큰 차이가 나기 때문입니다. 만약 미지의 독자가 제가 정말 솔직히 밝힌 소감을 읽는다면 이렇게 생각할 것입니다. '이승하 씨 영 몹쓸 사람이네. 신인급인 세 시인은 형편없이 깔아뭉개고 오세영 같은 대가는 한껏 추켜세우는구나. 이런 글이야말로 정실비평의 표본이지.' 이것은 얼토당토않은 오해인데, 저는 그런 오해를 사고 싶지 않습니다.

또 하나 이유는 오세영 선생님의 〈고비사막 5〉〈아, 타클라마칸 2〉〈아, 타클라마칸 3〉〈아, 타클라마칸 4〉〈아, 타클라마칸 5〉에 대해서 본격적인 평을 쓰자면 앞서 다른 지면에 발표하신 연작시와 더불어 언급해야 될 것이고, 그러자면 지면이 이것만으로도 다 메워집니다. 선생님의 시에 대한 평이 길어져 다른 세 시인에 대해서는 대충대충 짧게 언급할 수밖에 없는 상황이 발생합니다. 이런저런 이유로 선생님의 신작시에 대한 평을 저는 하지 않겠습니다.

오늘날 대학생들에게는 몇 가지 불문율이 있습니다. 문예지는 절대로 사지 않는다는 것과 시집은 웬만큼 유명해서는 사지 않는다는 것입니다. 문단에서는 외면하는 베스트셀러 시집을 제가 가르치는 문예창작학과 학생들 중 적어도 1학년은 상당수가 심취해 본 경험들을 갖고 있습니다. 시가 독자와 소통이 되지 않고 재미도 없다면, 깊이도 없고 신선함도 없다면, 어렵기만 하고 모호한 구석이 많다면 왜 읽겠습니까? 시는 절대로 읽지 않고 시집은 절대로 사지 않습니다. 교재로 정해 사라고 해도 도서관에서 빌려 복사를 합니다. 시집 한 권의 소중함을 요즘 젊은이들이 모른다고 비난만 해야 할까요? 제 생각은 그렇지 않습니다. 시인이 제일 먼저 반성을 해야 합니다. 과거의 시 창작 기법을 복제하거나 안이한 상상력을 펼친다면 시인이 나서서 시를 죽이는 꼴입니다. 알 듯 모를 듯한 말을 늘어놓거나 자기 갱신 없이 동어반복만 하고 있다면 독자는 더더욱 시를 외면할 것입니다. 그리고 비평을 하는 사람이 시종일관 칭찬의 말만 늘어놓는 것도 꼴불견인데, 저는 세 분 시인이 기분은 영 안 좋으시겠지만 하고 싶은 말을 했습니다. 자신의 시업을 재정비하는 계기가 되기를 바랄 뿐입니다.

오세영 선생님!

저는 1999년 4월에 선생님과 대담을 한 적이 있습니다. 그때 선생님께서 "예언컨대 시는 사라져갈 것입니다" 하고 선언하신 그 말씀이 잊히지 않습니다. 그 말씀에 덧붙여 "일반 독자들은 시에 관심을 안 갖고 시인은 자기도취에 머물고, 나는 그렇게 되지 않게끔 노력하는 사람인데 나 같은 사람이야말로 돈 키호테이고, 젊은 시인들로 봐서는 웃기는 사람이겠지요"라고 유보 조항을 말씀하셨습니다. 그렇지요, 시인이 시의 종말을 앞당기는 사람이 되면 곤란하지요.

시단에 나와서 본격적인 활동을 시작한 세 분 시인의 시를 읽고 저는 솔직히 실망을 했습니다. 읽으면 읽을수록 이런 시가 정말 공들여서 쓴 것인가, 시인의 고뇌가 편편에 배어 있는가, 회의가 듭니다. 수천 년 역사를 지닌 시가 하루아침에 사라지기야 하겠습니까. 시의 종말을 늦추기 위해 소돔성의 의인이 될 시인이 이 땅에 좀 더 많이 나오기를 바랍니다. 세 분 시인의 시집이 기다려집니다.

선생님, 장마철이 시작되었는데 내내 건강하시길 기원합니다.

2003년 6월 29일
이승하 올림

신춘문예
당선작 중에서
좋은 시 찾기

김영남 형께 올립니다.

2005년 새해를 맞아 가내 다복과 형의 건강을 기원합니다.

오늘이 1월 6일, 전국 일간지에 신춘문예 당선작들이 발표되어 영광의 얼굴들이 신문을 장식하고 있습니다. 젊은 여성 문학도가 2개 신문의 문학평론과 1개 신문의 영화평론가작에 뽑혀 3관왕을 했다는 기사와, 3개 신문의 문학평론 당선작이 공히 소설가 '천운영론'이라는 기사가 눈에 띕니다. 인터넷 몇몇 사이트에 들어가 보니 조선일보와 동아일보의 시 당선작이 표절 시비에 휩싸여 있군요. 표절의 혐의를 불러일으킨 원래의 시를 봤는데, 제 판단으로는 두 신문의 당선작을 표절작으로 볼 수 없다는 결론에 이르렀습니다. 이런 식으로 따지면 표절이 아닌 작품이 도대체 어디 있단 말인가 하는 생각이 들었습니다. 아무튼 저는 이른바 '중앙지'로 불리는 7개 신문의 당선작(여름에 공모하는 중앙일보는 제외)과 '지방지'로 불리는 16개 신문의 17편 수상작(전북중앙신문은 2편의 가작을 냄)을 다 읽어보았습니다. 모두 합쳐 24편이군요. 연초에 이렇게 많은 시를 읽게 되었으니 대한민국은 누가 뭐라 해도 문학의 나라, 시의 천국입니다. 23개 신문사에 투고된 시의 편수는 수만이 아니라 수십 만일 것입니다. 11월 1일이 '시의 날'인데, 수많은 시인들이 한 자리에 모여 시의 날을 기념하는 나라는 세계에서 대한민국 한 나라뿐일 것입니다. 주요 일간지에 매일 시가 실리는 나라 또한 대한민국뿐일 거라고 생각합니다. 그런데 24편의 시를 읽은 제 기분이 영 흐뭇하거나 유쾌하지 않은 것은 무엇 때문일까요?

1994년이 아니었던가 싶습니다. 시 전문 월간지 《현대시》에서는 시인과 문학평론가들에게 설문지를 돌려 통계치를 낸 결과를 갖고 신춘문예의 폐단을 집중적으로 성토하는 특집을 마련했습니다. 어언 11년 전인데, 그 특집을 보면 신춘문예가 바람직한 문인 등용문이라는 생각을 갖고 있던 이가 거의 없었음을 알 수 있습니다. 숱한 문제점을 지니고 있는 제도임을 절대 다수의 사람들이 지적했고, 대한민국에밖에 없는 이 제도를 이제는 폐지해야 한다는 극단적인 주장까지도 나왔습니다. 그런데 김형이나 저나 모두 신춘문예로 문단에 나와 시인이 되었습니다. 우리가 '나쁜 제도'를 통해 등단한 것일까요?

저는 최근 몇 달 동안 문혜원, 이재복 두 문학평론가와 함께 2002~2004년 3개년 동안 등단한 시인 리스트를 만들어 그들 중 20인의 유망주를 가려내는 작업을 했습니다. 제가 2002년 신춘문예 당선자를 살폈고, 문혜원 씨가 2003년 당선자를, 이재복 씨가 2004년 당선자를 살폈습니다. 저와 문혜원 씨는 2명씩을 뽑아 20명에 포함시켰는데 이재복 씨는 중앙지·지방지 할 것 없이 신춘문예 당선자를 살펴보았지만 유망주가 없다고 고개를 절레절레 흔드는 것이었습니다. 선정 기준에 '전위적이고 실험성이 강한 시를 쓰는 신인'이라는 단서가 붙기는 했지만 그해의 당선작이 대체적으로 수준 미달이라는 것이 이재복 씨의 판단이었습니다. 저는 바로 엊그제 그분을 만났는데 올해 신춘문예 당선작들도 형편없다면서 혀를 차는 것이었습니다. 24편 시를 다 읽어보지는 않았겠지만 중앙지 중심으로 살펴본 바, 눈에 띄는 작품이 없었던가 봅니다. 시의 경우 신문사마다 5천 몇 편 6천 몇 편이 투고된다는데(지방지는 이 정도는 안 될 테지요), 그 가운데 딱 1편 뽑힌 것이 역량 있는 한 명 문학평론가의 눈에는 영 신통치 않은 작품으로 비쳤으니, 도대체 어떻게 된 영문일까요?

　1월 1일자 신문에 실리기 때문에 지나치게 어둡거나 난해한 작품, 너무 길거나 짧은 작품이 뽑힐 수 없습니다. 심사위원의 취향도 문제가 될 것이고 열흘 정도의 짧은 심사 기간도 문제가 될 수 있습니다. 그때《현대시》는 심사위원의 고착화와 일부 심사위원의 여러 신문 동시 심사 및 그분들의 높은 연배를 지적했었습니다. 높은 상금이나 화려한 스포트라이트를 의식한 탓인지 응모자의 중복 투고와 표절에 따른 시비도 자주 일어났지요. 하지만 저는 일제 강점기 때인 1914년, 매일신보에서 모집하여 시작된 신춘문예라는 제도를 없애야 한다는 주장에는 결사반대합니다. 언론사가 문학에 이만큼이라도 투자를 하는 것이 다행스런 일이고, 문학 지망생에게 이 상만큼 탐나는 상이 없는 것도 사실입니다.《월간문학》을 통해 1986년에 등단했던 형이 10년 세월 동안을 더 습작하여 1997년 세계일보 신춘문예를 통해 재등단한 것은 신춘문예가 그만큼 매력적인 등단 지면이었기 때문이겠지요. 형처럼 문예지를 통해 등단한 분이 다시금 신춘문예의 문을 두드리는 일은 사실 비일비재합니다. 2004년 계간지《시작》으로 등단한 이영옥 씨가 2005년 동아일보 신춘문예를 통해, 2004년 계간지《시와 사상》으로 등단한 박지웅 씨가 2005년 문화일보 신춘문예를 통해 다시금 등단하는 경우를 봐도 알 수 있습니다. 지방지 신춘문예 당선자가 온전한 당선이라고 생각하지 않고 중앙지를 두드려 다시 당선되는 경우도 적지 않습니다. 아무튼 수많은 기성문인이 지금도 신춘문예 사고 社告를 보면 가슴이 두근거린다고 이야기하는 것으로 봐서 이 제도가 화려한 등용문이자 문단의 축제임에 틀림없습니다.

저는 제가 막 읽은 24편의 시 가운데 좋다고 여겨지는 몇 편의 시를 골라 평을 해볼까 합니다. 마음에 안 드는 작품을 골라 공격을 하려 들면 이 글이 한도 끝도 없이 길어질 테니까요. 그 전에 형의 등단작 중 하나이자 두 번째 시집 《모슬포 사랑》에 실려 있는 한 편의 시를 먼저 감상해볼까요.

신춘문예에 당선돼 시인이 되면 나는 그때
호미, 삽을 대학 8차 학기 끝날 무렵 다시 든 부모님께 제일 먼저
고추처럼 매운 시 한 수를 바치리라 다짐했었다.
일류 회사 중역 꿈꾸며 교문을 빠져나가는 대학 동창들
그리운 모습들 모두 곁을 떠났을 때도 나는
삐걱이는 강의실 책상에 버려진 볼펜처럼 홀로 남아
원고지 구멍을 메우고 빈혈의 사연을 고향에 부치면서
남도의 제일 가는 서정시인으로 떠오르리라 다짐했었다.
지난 가을 전지剪枝한 덩굴장미가 새로 자취방까지 기웃거리고
언제쯤 졸업사진 찍어낼 수 있겠느냐는 부모님 기별이
철 지난 나뭇잎처럼 날아들 땐
느렛골 파밭에서 언 땅을 파고 계신 어머님의 구부정한 허리가 보였고,
대밭에서 후박나무 밑동을 쓰러뜨리는 아버님의 다리 삐걱거리는 소리도 들렸다.
종일토록 휴지통 가득 버려진 니코틴 그을린 시간들.
그해 겨울 마지막 잎새처럼 남은 생활비마저 하루 두 끼로 줄어들었을 땐
나는 세상의, 문학의 버린 자식으로 흑석동에 싸늘하게 살아남아
시인이 될 수 없는 시인들 신분을 부정하기 시작했었다.

글이 될 수 없는 글의 심사위원들까지 부정했었다.
매번 패배의 변辯과 야멸찬 다짐으로 가득 찬 대학노트,
목울대까지 차오르는 쓰라림을 삼키면서도 나는
고추처럼 매운 시 한 수를 바치리라 다짐했었다.

―〈신춘문예는 알고 있다〉 전문

신춘문예로 말미암은 맺힌 한을 신춘문예로 푸셨군요. 형의 오기와 집념이 놀랍습니다. 세상 사람들은 형이 퇴근 이후 시내 모처의 시 창작반 사숙에 등록해 다년간 다니면서 이를 악물고 시를 썼던 일은 잘 모르고 있을 거예요. 저 역시 패배의 변과 야멸찬 다짐으로 가득 찬 대학노트가 있었답니다. 자, 그럼 올해의 당선작 가운데 "고추처럼 매운 시"가 있을까요? 저는 중앙지 중에서는 경향신문과 문화일보 당선작을 좋게 보았고, 지방지 중에서는 국제일보와 전북일보, 영남일보 당선작이 그중 좋게 느껴졌습니다. 이 세 신문사의 당선작은 중앙지 당선작에 '못지않은' 것이 아니라 중앙지 당선작들보다 '낫다'고 여겨집니다. 아무튼 경향신문 당선자 윤석정은 제가 시 창작 실기 지도를 직접 한 제자여서 언급을 회피하고 싶습니다. 문화일보 당선작부터 보도록 하겠습니다.

향이 반쯤 꺾이면 즐거운 제사가 시작된다
기리던 마음 모처럼 북쪽을 향해 서고
열린 시간 위에 우리들 一家는 선다

음력 구월 모일, 어느 땅 밑을 드나들던 바람
조금 열어둔 문으로 아버지 들어서신다

산 것과 죽은 것이 뒤섞이면 이리 고운 향이 날까

그 향에 술잔을 돌리며 나는 또

맑은 것만큼 시린 것이 있겠는가 생각한다

어머니, 메 곁에 저분 매만지다 밀린 듯 일어나

탕을 갈아 오신다 촛불이 휜다 툭, 툭 튀기 시작한다

나는 아이들을 불러모은다 삼색나물처럼 붙어 다니는

아이들 말석에 세운다. 유리창에 코 박고 들어가자

있다 가자 들리는 선친의 순한 이웃들

한쪽 무릎 세우고 편히 앉아 계시나 멀리 山도 편하다

향이 반쯤 꺾이면 우리들 즐거운 제사가 시작된다

엎드려 눈감으면 몸에 꼭 맞는 이 낮고 포근한,

곁

—박지웅, 〈즐거운 제사〉 전문

제사를 축제로 인식하는 것은 우리 조상의 슬기 가운데 하나입니다. 제례라고 하여 엄숙하거나 지루하기만 하다면 요즘 아이들은 거부감을 갖는 데서 그치지 않고 얼굴도 본 적 없는 조상을 원망할지 모릅니다. 시를 읽어보니 어느 일가의 제사 지내는 광경이 손에 잡힐 듯 와 닿습니다. 아버지 제삿날 가족이 모여 있는데, 향 냄새를 맡고 아버지의 혼백이 조금 열어둔 문으로 들어옵니다. 이 시의 특징은 유머 감각에 있지 않을까요? "유리창에 코 박고 들어가자/ 있다 가자 들리는 선친의 순한 이웃들"이란 대목을 보십시오. 몰려다니며 제삿밥을 얻어먹은 귀신들이 유리창에 코 박고 들여다보니 제사상이 차려져 있는 것입니다. "있다 가자"는 말이 참 유머러스합니다. '(맛있는 게) 있구나, 가자'로 이해해도 좋고 '(여기에 한동안) 있다가 가자'로 이해해도 무방할 것입니다. 마지막 연은 어떻습니까. 제사가 즐거운 이유가 제대로 설명되어 있습니다. 아버지는 고인이 되었지만 시적 화자에게는 어머니와 아내, 그리고 자식 새끼들이 있습니다. "몸에 꼭 맞는 이 낮고 포근한/ 곁"은 의복이 아니겠지요. 식구 혹은 가옥, 달리 말해 가족의 품이나 보금자리일 것입니다. 즐거운 제사를 통해 화자의 가족은 공동체의식을 다시금 갖게 되고 '곁'의 의미를 새삼스레 깨닫게 됩니다. 그런데 시가 지나치게 안정적이라고 할까요, 신인다운 패기와 모험심 같은 것이 별로 느껴지지 않습니다. 앞으로는 기성복을 벗어버리고 구멍 낸 청바지 같은 것도 입어보는 것이 어떨까, 충고하고 싶네요. 그렇다고 선배시인들에 대한 무조건적인 반항심을 보여달라는 것은 아닙니다. 모범·규격·전형·전범 등으로부터 일탈하려는 노력이 없는 시인이 스스로 무덤을 파고 드러눕는 일이 얼마나 많습니까.

자, 다음으로 국제신문 당선작을 봅시다. '혁필화革筆畵를 보며'라는 제목입니다. 혁필화란 납작한 가죽에 여러 빛깔의 물감을 묻혀, 글자를 쓰면서 그 뜻에 어울리는 그림을 함께 그린 그림을 가리키는 말이지요. 인사동 거리에서 저도 언젠가 알록달록한 혁필화를 쓰는 사내를 본 적이 있습니다. 글자를 그림 모양으로 묘하게 쓰거나 그리는 혁화쟁이는 글자, 혹은 글자 옆에다가 용이나 말 등 동물을 비롯해 온갖 그림을 기기묘묘하게 그려 넣지요. 혁화쟁이 할아버지의 글자를 보며 시인은 자기 아버지의 젊은 날을 떠올립니다.

> 맞춤주문한 전각篆刻을 품고 도장집을 나서는 길,
> 인사동 돌확 옆 낡은 좌판 위로 어스름한 새벽을 펼쳐놓은
> 노인을 향해, 다채로운 구두코가 나이테처럼 둘러서서

푸른 중절모를 쓴 혁화쟁이의 거친 손이 그려내는 혁필화를 본다
어느새 기념족자 신청 순서에 놓인 아버지 이름 석 자,
닳고 닳아 유통기한을 넘긴 듯한 넓죽한 가죽 붓에
곤궁한 물감을 묻혀 그려내는 획을 낮은 포복으로 따라가다 보면,
순식간에, 생면부지의 한 사내가 길어올린 필생의 알리바이를
어떻게 알아챘는지, 쉼 없는 영사기처럼 거침없이 풀어내는
혁화쟁이의 은밀한 내간체가 설화처럼 피어나고, 환하게
어룽거리는 혁필화 한 장으로 남은 아버지, 두 손 가득 펄럭이는데
네모난 비단천 속, 피뢰침 같은 철심이 박힌 지문의 파원波圓 위로
바스락, 굴참나무 거친 수피가 뗏목처럼 흐르다 멎고
저만큼 달아난 행서체 굴곡 따라 범람하는 푸른 바다,
서늘한 그늘 겹겹 장마 속에 깃들어 계신 아버지 용오름을 하며
빈한의 그림자를 도려내던 모진 칼바람을 듣는다

―이민아, 〈혁필화革筆畵를 보며〉 앞 16행

 이 시에서는 확실한 이야기가 전개됩니다. 도장집을 나서다 혁필화를 그리는 노인을 보게 되고, 그 노인에게 그림을 신청하려고 쓴 이름이 아버지의 함자였습니다. 화자에게 아버지는 '생면부지의 한 사내'였습니다. 그런데 중절모를 쓴 혁화쟁이는 나도 잘 모르는 아버지에 대해 무엇을 안다는 듯이 "쉼 없는 영사기처럼 거침없이" 행서체로 풀어냅니다. 그 풀어냄의 과정이 인용한 부분의 끝 5행인데 표현의 화려함이 혁필화를 방불케 합니다. 신문지면을 장식하고 있는 올해의 당선작들 가운데 표현의 세련미에 있어 이 작품 곁에 놓일 시는 없습니다. 그 앞 부분, "닳고 닳아 유통기한을 넘긴 듯한 넓죽한 가죽 붓에/ 곤궁한 물감을 묻혀 그려내는 획을 낮은 포복으로 따라가다 보면,/ 순식간

에, 생면부지의 한 사내가 길어올린 필생의 알리바이" 같은 대목도 찬탄을 금치 못하게 하는 멋진 표현입니다. 화려하면서도 강하고, 강하면서도 날카롭습니다. 심사위원의 칭찬을 훈장처럼 달고 나온 시들 태반이 미숙하고 어색하여 고소가 머금어질 정도인데 이 시는 전혀 그렇지 않습니다. 신인의 경지를 이미 훌쩍 넘어서 있습니다. 한 가지 아쉬운 점은 5~16행이 한 개 문장으로 되어 있다는 것입니다. 문장이 길어지면 호흡이 굵은 이점이 있지만 시의 내용이 거칠어지거나 성글어지기 쉽지요. 문장 분할을 했더라면 더욱 멋진 중반 부분을 만들 수 있었을 것입니다.

> 정자체로 양각한 옥돌전각을 아버지의 혁화와 번갈아보며,
> 온전히 다 타버린 참숯처럼 더 이상 사그라들 것도 없던
> 옥탑방 가득 고인 내 아버지 시린 청년을 읽는다
> 장난감 블럭을 쌓아 안으로만 숨어들던 내 나이 미운 일곱 살
> 문득 주머니 속 깊이 넣어둔 전각 틀이 비좁다, 여기
> 가난의 골목 끝에 펼쳐진 혁필 한 장은 비로소 마주 앉은
> 탁란托卵의 깊은 둥지, 수척한 아버지 긴꼬리태양새 되어
> 끝없는 비단길 위로 날아가는 에움길인지도 몰랐다

시는 이와 같이 끝납니다. 화자의 나이 일곱 살에 아버지가 돌아가신 것일까요, "내 나이 미운 일곱 살"이라고 되어 있군요. "빈한의 그림자를 도려내던 모진 칼바람을 듣는다", "아버지의 혁화" 및 "가난한 골목 끝에 펼쳐진 혁필 한 장"은 화자의 아버지 또한 혁화쟁이였거나 가난한 화가였으리라 짐작케 합니다. 그런데 시의 종반부가 난해의 늪으로 빠져버립니다. "여기"부터 시작되어 "몰랐다"로 끝나는 문장도 어색하기 이를 데 없습니다. '탁란托卵'이란 새끼

를 기를 재주가 없는 새가 다른 새의 둥지에 알을 몰래 갖다놓고서 기르는 희한한 습성을 가리키는 말이지요. 아버지가 자기를 기르지 않고 다른 집에 맡겼다는 인상을 주는 부분인데, 정확한 뜻은 감지되지 않습니다. 그리고 '긴꼬리태양새'는 새의 한 종인지 뭔지 역시 잘 모르겠습니다. '긴 꼬리 태양새'라고 하지 않고 붙여 쓴 것은 고유명사여서 그런 것일까요? "몰랐다"로 끝나는 문장 자체가 앞 문장과 연결이 안 되므로 시의 종반부는 혼란만 가중시킬 뿐 멋진 마무리라고 볼 수 없습니다. 그렇지만 이 시가 갖고 있는 개성미는 올해 신춘문예의 가장 큰 수확이라고 해도 틀린 말이 아닐 것입니다.

이어서 전북일보 당선작을 봅시다. 산문시 풍으로 되어 있는데, 올해 당선작 중 유일하게 멀고먼 나라에서 행해지는 전쟁에 대한 이야기를 하고 있습니다. 전체 4개 연으로 되어 있으니 앞 2연을 먼저 볼까요.

올해도, 고향엔 칡꽃이 흐드러졌다는 소식을 들었습니다.

계집아이 몇이 고무줄놀이를 하고 놉니다. 고무줄이 팅팅 울릴 때마다. 호박이며, 박이며, 수세미 꽃이 핍니다. 어느새 검정 고무줄에도 꽃이 피어, 달맞이꽃으로 피어, 계집아이 몇은 노래를 부르며 툭툭 튀어 오릅니다. 미사일 날리듯 양지바른 골목길 벽돌 속에 아비와 오래비를 묻고 옵니다. 뚝뚝 떨어지는 눈물은 예루살렘으로 흐르는 계곡마다 넘쳐나는데 칡넝쿨 얽힌 이국의 틈으로 어김없이 달은 떠오릅니다. 어김없이 총알은 밀알처럼 떨어집니다.

—경종호, 〈꽃 이름, 팔레스타인〉 전반부

칡꽃, 고무줄놀이, 호박, 박, 수세미 꽃, 달맞이꽃 등이 나와서 저는 이 시가 우리네 농촌 풍경을 묘사하는 시인 줄 알았습니다. 그러나 "미사일 날리듯 양지바른 골목길 벽돌 속에 아비와 오래비를 묻고 옵니다"부터는 시의 공간이 순식간에 이동합니다. 바로 예루살렘으로 순간 이동을 하는 것입니다. "뚝뚝 떨어지는 눈물은 예루살렘으로 흐르는 계곡마다 넘쳐나는데"에 다다르면 이스라엘과 팔레스타인의 분쟁이 이 시의 소재임을 알 수 있습니다. 난민촌 습격, 학살, 폭탄 테러, 민간인 사상자, 보복 공격……. 뭐 이런 뉴스가 하루가 멀다 하고 전해지는 "예루살렘으로 흐르는 계곡"에서는 "총알이 밀알처럼 떨어집니다". 보복이 보복을 낳은 끊임없는 악순환의 장소인 이스라엘 국경 지대에 있는 팔레스타인 난민촌에 가봅시다.

> 폭격기가 지나간 바위 밑 두 눈만 깜박이다, 꿈벅거리다, 풀이 되고 나무가 되어 버린 못생긴 계집아이는 어느새 어미가 되고 전사가 되어 아이를 안고 모래 틈을 가로지르며 달려가고 있습니다. 그러자 그 여자의 군화에도 꽃이 피었습니다.
>
> 바위를 덮고, 돌산 넘쳐나는 꽃이 피었습니다. 동방 외간 사내가 보내는 꽃, 생리를 하고, 배란이 지나 생산을 하는 동안에도 그 꽃이 신화神話보다 더 질긴 꽃이었음을, 옆구리에 낀 아이가 그 꽃을 닮았다는 것을 몰랐어도 그녀는 좋았습니다.
>
> ―〈꽃 이름, 팔레스타인〉 중반부

한국의 소녀처럼 고무줄놀이를 하던 "못생긴 계집아이"는 "어느새 어미가 되고 전사가 되어 아이를 안고 모래 틈을 가로지르며 달려가고 있습니다". 그녀는 장성하여 어미가 되었기에 아이를 안고 있습니다만 그와 함께 전사戰士가 되었기에 모래 틈을 가로지르며 달려가고 있는 것입니다. 제3연의 마지막 문장 "그러자 그 여자의 군화에도 꽃이 피었습니다."는 의미심장합니다. 역설적인 표현이지요. 군화와 꽃은 어울릴 수 없지만 어울릴 수 없는 두 개를 한데 묶어 어울리게 하는 기법을 선보이고 있습니다. 그리고 그 기법은 바로 다음 연으로 이어집니다. 꽃은 바위를 덮고 돌산을 화려하게 수놓습니다. "동방 외간 사내"는 여인의 연인이 아니겠습니까. "동방 외간 사내가 보내는 꽃"의 의미는 무엇일까요? 그 꽃은 "신화보다 더 질긴 꽃"입니다. 꽃은 거룩함과 영광, 혹은 아름다움과 평화의 상징입니다. 무덤 앞에 꽃을 헌화하고 상을 받는 사람에게 꽃을 선물하는 것은 이러한 꽃의 상징성 때문입니다.

시의 제목에 나와 있듯이 그 꽃의 이름은 팔레스타인입니다. 팔레스타인Palestine이란 '이스라엘의 땅'이란 뜻으로 하느님이 약속하신 땅이자 가장 거룩한 곳으로, 예로부터 유대 민족 독립의 중심지였습니다. 그런데 그런 곳이 총성이 그치지 않는 피의 땅이 되고 말았습니다. 못생긴 계집아이였던 그녀는 생리를 하고, 배란이 지나 생산을 하는 동안에도 꽃의 이름이 팔레스타인임을, 그 꽃이 신화보다 더 질긴 꽃임을, 옆구리에 낀 아이가 그 꽃을 닮았다는 것을 몰랐습니다. 그래도 그녀는 좋았던 것이지요. 전사이니까, 전사가 되어 아이를 안고 모래 틈을 가로지르며 달려가고 있으니까. 막강한 이스라엘에 대항하여 팔레스타인 민족이 응전할 수 있는 방법은 고작 폭약을 적재한 트럭을 몰고 건물 벽을 향해 달려가거나 주렁주렁 폭약이 매달린 외투를 입고 '폭탄 테러'를 하는 것입니다. 그런 방법으로 자폭하여 죽는 여전사 가운데 여대생들이 꽤 있는 것으로 아는데 아기 엄마도 있는 모양입니다. 실로 눈물겨운 내용입니다. 그리고 이 시는 시 전체가 역설이고 상징입니다. 필립 휠라이트가 말한 '시적 역설'이 바로 〈꽃 이름, 팔레스타인〉입니다.

전남일보 당선작 〈돌에 물을 준다〉(이선자)는 내면세계에 대한 묘사가 '의식의 흐름' 기법으로 쓴 소설을 방불케 할 정도로 끈질기다는 장점을 지니고 있습니다. 3개 연으로 배치한 구성도 견고하고 낱낱의 표현도 이루 말할 수 없이 치밀합니다.

> 나를 건드리고 지나는 것들을 향해 손을 내밀 수도 없었고
> 뒤돌아볼 수도 없었다 나는 무거웠고 바람은 또 쉽게 지나갔다
> 움직일 수 없는 내게 바람은 어둠과 빛을 끌어다 주었다
> 때로 등을 태워 검어지기도 했고 목이 말라 창백해지기도 했다
> 아무하고도 말을 할 수 없을 때, 긴 꼬챙이같이 가슴을 뚫고 오는
> 빗줄기로 먹고살았다 아픔도,
> 더더구나 외로움 같은 건 나를 지나는
> 사람들 이야기로만 쓰여졌다 나는 몸을 문질렀다 캄캄한
> 어둠 속에서 숨소리도 없이 몸을 문질렀다
> 내 몸에 무늬가 생겼다
> 으깨진 시간의 무늬 사이로 숨이 나왔다
>
> ―〈돌에 물을 준다〉 제2연

　돌에 물을 주는 행위는 한마디로 말해 '부질없는 짓'일 것입니다. 그러나 이런 부질없는 행위를 통해 시인이 얼마나 처절하게 자기와의 싸움을 전개하고 있는가를 알게 됩니다. 황당무계한 행위이지만 시이기 때문에 독자를 설득하는 힘을 지니는 것입니다. 특히 제3연에 접어들어 너의 긴 길이 내 몸 속으로 들어오고 돌 속의 길이 나에게 물을 주는 전환은 눈이 부실 정도입니다. 다소간의 센티멘털리즘과 구체성 부족이 아쉽기는 하지만 이 시인은 확실한 자기 세계를 갖고 있어 앞날이 기대됩니다.

　영남일보 당선작은 〈라훌라―길모퉁이에서〉(최해경)입니다. '라훌라'Rahulla는 장애로 의역된다고 각주를 붙여놓았군요.

누군가를 부르며

부르트며 바람이 거리를 휘감는다

어둔 밤 얼룩처럼 드문드문 가로등이 번지고

막차를 기다리는 내 등뒤에서

멀어져라 뒤돌아보지 마라

바람은 쉰 목소리로 다그치듯 나를 자꾸 떠민다

그는 저만치서 나를 향해 말없이 서 있을 것이다

자울대다 눈을 거푸 치켜뜨는 길모퉁이 가게 불빛 사이로

밤은 더욱 자우룩해지고

여전히 그의 눈빛은 차게 떨리겠지

스무 살 적, 객지에 나를 처음 떨구고

곧 목놓아 울 듯 그렁그렁하던 그 눈빛이

내 가슴에 단단히 말뚝을 박고는

녹작지근한 해질녘이면 어지러이 발길질을 해대곤 했었다

―〈라훌라―길모퉁이에서〉 전반부

    제7행에 이르러 '그'가 등장합니다. 그는 저만치서 나를 향해 말없이 서 있을 것이고, 그의 눈빛은 여전히 차게 떨릴 것입니다. 그의 눈빛은 "스무 살 적, 객지에 나를 처음 떨구고, 곧 목놓아 울 듯 그렁그렁한 그 눈빛"이었습니다. 그 눈빛은 "내 가슴에 단단히 말뚝을 박고는/ 녹작지근한 해질녘이면 어지러이 발길질을 해대곤 했었다"고 하네요. 이처럼 시의 전반부는 눈빛에 대한 이야기로 메워져 있는데 후반부에 가서는 얼룩에 대한 이야기가 전개됩니다.

어미 소의 말간 눈망울에 들이치던 석양빛처럼

　　빛의 눈물 자국 다 떠메고

　　차마 못다 한 말 되새김질하듯

　　그리움도 순하게 견뎌야 한다는 것

　　오랜 후에야 그 눈의 얼룩은 나에게 말해주었다

　　한여름 소나기가 얼룩져 시린 겨울 강 핥는 여울이 되고

　　사랑은 얼룩져 돌이킬 수 없는 그러나

　　돌이킬밖에 없는 괴물같이 눈부신 추억을 매달듯

　　얼룩이 마냥 뼈아픈 얼룩만은 아니지

　　이제서야 나는 나를 다독여준다

　　언제나 뒤돌아보면

　　나의 짓무른 가슴의 얼룩, 아버지가

　　끝내 저기 서 있다

　　세상없어도.

―〈라훌라―길모퉁이에서〉 후반부

　　어미 소의 말간 눈망울에 들이치던 석양빛 같은 얼룩은 그의 눈에서 본 얼룩이기도 했는데, 오랜 후에야 나에게 말해주었습니다. 다시 말해, "돌이킬밖에 없는 괴물같이 눈부신 추억을 매달듯" 얼룩이 마냥 뼈아픈 얼룩만이 아닙니다. 우리 삶이 그렇지 않습니까. 기쁨과 슬픔은 엇갈리면서 들이닥치지 않던가요. 그런데 언제나 뒤돌아보면 "나의 짓무른 가슴의 얼룩"인 아버지가 끝내(!) 거기 서 있습니다. 아, '그'는 바로 아버지였던 것이로군요. 눈빛도 아버지의 눈빛이었고, 얼룩도 아버지로 말미암은 얼룩이었습니다. 28행 긴 시의 비밀이 25행째에 와서 밝혀지는 추리소설적 구성이 재미있습니다. 장애를 저

는 육체적 장애나 정신적 장애로 이해하고 싶지 않습니다. 우리는 모두 장애인이 아닙니까. 시가 지나치게 자의적인 내용이라 보편성을 띠기 어렵다는 약점을 지니고 있지만 언어의 운용이 남다른 이 시인의 앞날을 오래 지켜보고 싶습니다.

김형!

2005년 신춘문예 당선자들 가운데 자기 목소리를 지니고서 꾸준히 시단에서 활동할 시인이 몇 명이나 될까요? 예년의 당선자들 생각을 하면 그 수가 그리 많지는 않을 것입니다. 당선을 꿈꾸며 습작하던 시절보다 더욱 살벌한 세계가 이들을 기다리고 있을 테지요. 이분들 모두 초발심을 잃지 말고 더욱더 치열하게 자신의 시밭을 갈아나간다면 살아남기 혹은 문명文名 얻기는 그리 중요한 문제가 아닐 수도 있습니다. 문제는 자기와의 싸움이 얼마나 처절한가에 달려 있는 것이니까요. 그런 점에서 저는 2005년을 막강한 신인 몇을 배출한 해로 기억하고 싶습니다. 형이나 저나 긴장감을 한순간이라도 잃어버리면 패기 있는 후배 시인들에게 부끄러운 선배가 되고 말 것입니다. 한 해 지은 농사로 평생 먹을 수는 없는 것처럼 우리도 부지런한 농부처럼 날마다 시밭을 일구어야 합니다. 그래서 저는 오늘도 시를 위해 순교할 마음으로 펜을 꺼내 드는 것입니다.

몸…
생명…
성욕

송기원 선배님께

최근 들어 선배님의 시 몇 편을 문예지를 통해 읽고 있습니다. 참으로 반갑고 기꺼운 일입니다. 시를 완전히 버린 줄 알고 있었는데 다시 시를 쓰기 시작하셨군요. 많은 사람들이 선배님을 소설가로, 또 80년대를 몸으로 때운(?) 투사로 기억하고 있지만 선배님은 제가 한때 열렬히 우러러보았던 시인입니다. 선배님은 1974년 동아일보 신춘문예에 시 〈회복기의 노래〉가, 중앙일보 신춘문예에 소설 〈경외성서〉가 당선되어 같은 해에 시와 소설 양과를 패스하는 쾌거를 이루었지요. 그때 저는 중학생이었기에 그 시를 읽지 못했습니다. 대학교 시절에 도서관에서 신춘문예 당선 시 수십 편을 필사하면서 선배님의 시를 읽고 저는 솔직히 전율했습니다. "훌륭한 시를 내주신 송기원 씨에게 감사한다"는 심사평은 솔직히 제게 큰 충격을 주었지요.

선배님은 1983년에 시집《그대 언 살이 터져 시가 빛날 때》를, 1990년에《마음속 붉은 꽃잎》을 내셨습니다. 저는 《월행》이나 《다시 월문리에서》 같은 소설집도 감명 깊게 읽었지만 2권 시집이 준 감동의 온기를 영혼 한 구석에 간직한 채 살아오고 있습니다. 두 번째 시집 이후 선배님의 시작 활동이 중단된 것이 아닌가 싶어 내심 서운하게 생각하고 있었지만 왜 요즘 시는 안 쓰시냐는 질문을 애서 하지 않았습니다. 나름대로 피치 못할 사정이 있어 안 쓰고 계셨을 테고, 때가 되면 다시 쓰시리라 생각하고 있었기에 마음에 짐이 될 수도 있을 그 질문을 하지 않았던 것입니다. 마침내 올해 들어 여기저기서 선배님의 시를 보게 되니 너무 반갑고 좋습니다.

이를테면 내가 죽고
아직 앳된 네가
소복을 입었다 치자.

소복의 푸른 넋마저
요염妖艶에 물드는
봄밤.

—〈목련〉 전문

봄밤의 목련은 아닌게아니라 요염하지요. 선배님은 목련을 소복 입은 여인으로 생각하셨나 봅니다. 내가 죽은 이후의 첫 번째 봄에도 반드시 피어날 목련—그 소복이 나를 위해 입은 소복일 리 없겠지만 상상이야 시인의 자유가 아니겠습니까. 목련의 푸른 넋마저 요염에 물드는 봄밤입니다. 동식물이며 세상의 온갖 미물들도 꿈틀꿈틀, 불끈불끈, 욱신욱신 생명력을 구가하는 봄밤일 것입니다. 그 중에서도 목련은 소복을 입은 요염한 여인처럼 봄밤의 사내를

잠 못 이루게 할지도 모르지요.

선배님!
저는 숲길을 거닐게 되면 반드시 느끼는 것이 있습니다. 일종의 시신인 고사목이 살아 있는 나무와 함께 땅에 박혀 있는 것을 보며 저는, 생명체가 늘 주검 곁에, 삶이 늘 죽음 곁에 있는 것을 깨닫습니다. 살아도 산 것이라 할 수 없으며, 죽어도 죽은 것이라 할 수 없는 경지. 생사존망生死存亡, 생사동고死生同苦. 탁한 공기든 신선한 공기든 나보다 앞서 살았던 인류의 조상, 혹은 선조, 혹은 선인들이 들이마셨던 공기의 일부일 것이고, 그 많은 이들의 죽음이 있었기에 제가 지금 지구 한 귀퉁이에서 이렇게 살아갈 수 있는 것이겠지요. 흙으로 돌아간 뭇 생명이 있었기에 땅은 기름질 수 있고, 그 땅은 곡식을 키우고, 우리는 밥을 먹고 채소를 먹습니다. 그러다 언젠가는 땅으로 돌아가겠지요. 수많은 선조가 흙이 되어 있는 그 땅으로. 저는 계간평의 형식을 빌려 글을 쓰는 이 자리에서 최근에 읽은 문예지의 시들 가운데 몸, 생명, 성욕에 대한 명상의 결과물인 시 몇 편에 대한 생각을 정리해볼까 합니다.

아욱을 치대어 빨다가 문득 내가 묻는다
몸속에 이토록 챙챙한 거품의 씨앗을 가진
시푸른 아욱의 육즙 때문에

─엄마, 오르가슴 느껴본 적 있어?
─오, 가슴이 뭐야?
아욱을 빨다가 내 가슴이 활짝 벌어진다
언제부터 아욱을 씨 뿌려 길러먹기 시작했는지 알 수 없지만

>―으응, 그거! 그, 오, 가슴!
>
>자글자글한 늙은 여자 아욱꽃빛 스민 연분홍으로 웃으시고
>
>―〈아욱국〉제1, 2연

저는 김선우 시인의 〈아욱국〉을 이렇게 이해했습니다. 아욱을 치대어 빨다가 시인 자신이 그 언젠가, 자기 어머니한테 오르가슴을 느껴본 적이 있는지를 물어본 일을 기억해낸 것이 아닐까요? "자글자글한 늙은 여자"인 어머니는 "으응, 그거! 그, 오, 가슴!" 하며 제대로 대답을 못하다가 아욱꽃빛 스민 연분홍으로 웃으십니다. 시푸른 아욱의 육즙은 생명력의 상징입니다. 생명체는 생명력이 가장 왕성할 때 씨를 퍼뜨리는 법이지요. "뻘밭까지를 들쳐업고/ 저벅저벅 걸어가는 시푸른 관능의 힘,/ 사랑이 아니라면 오늘이 어떻게 목숨의 벽을 넘겠나"는 제3연의 몇 행에서도 저는 황홀한 오르가슴, 아니 건강한 에로티시즘을 느끼게 됩니다. 생명력은 성욕과 불가분의 관계에 있는 것이 아니겠습니까.

>치댈수록 깊어지는 이글거리는 풀잎의 뼈
>
>오르가슴의 힘으로 한 상 가득한 풀밭을 차리고
>
>슬픔이 커서 등이 넓어진 내 연인과
>
>어린것들 불러모아 살진 살점 떠먹이는
>
>아욱국 끓는 저녁이네, 오 가슴 환한.
>
>―〈아욱국〉 마지막 연

그 옛날 어머니가 그러했듯이 이 밤에는 화자가 "오르가슴의 힘으로 한 상 가득한 풀밭"을 차립니다. 슬픔이 큰 이유는 잘 모르겠지만 "슬픔이 커서 등이 넓

어진 내 연인과/ 어린것들"을 불러모아 살진 살점도 떠먹입니다. 시푸른 관능의 힘이란 먹는 데서 나오는 것일 테고, 오르가슴의 힘도 먹는 데서 나오지 않겠습니까. 이 세상의 어미가 반드시 해야 될 일은 자식이 잘 자라도록 밥을 먹이는 일일 테고, 이 세상의 부부가 반드시 해야 될 일은 "오르가슴의 힘으로 한 상 그득한 풀밭을 차리는" 일일 터. 아욱을 "이남박에 퍽퍽 치대어 빨아" 국을 끓여주는 여자가 있다면…… 바람 한번 소문나게 피우고 싶습니다, 선배님!

고추밭에 온 여자는 아름답다
붉은 고추를 하나 툭! 따서
   입에 문 여자는 더 아름답다
아아 매워! 하다가 호호 웃는 저 여자를
   나는 그만 쓰러트리고 싶어진다
말리지 말라
   여기는 내 고추밭이다
말리지 말라
   지금은 한여름 땡볕이다

그래 말리지 말라
이 여자 또 웃는다

—〈한여름 낮의 꿈〉 전문

박의상 시인의 이 시를 읽고 저는 킥킥 웃었습니다. 고추는 물론 남성의 성기를 가리키는 것이지요. 왜 여기는 내 고추밭이라고 한 것일까요? 내 고추가 있는 밭? 여자가 내 고추밭에 와서 붉은 고추를 하나 툭! 따서 입에 물고 있으니, 아아 매워! 하다가 호호 웃고 있으니, 어느 남자인들 그 여자를 쓰러트리고 싶지 않겠습니까. 제2연의 "그래 말리지 말라"는 말은 화자가 여자를 쓰러트렸음을 말해주는 것입니다. 쓰러트렸더니 이 여자, 또 웃는군요. 합환의 기쁨 때문임을 누가 모르겠습니까. 하하, 그러나 이것은 한여름 낮의 꿈입니다. 꿈이었으니…… 깨어 생각하니 허무한 것일까요? 그것까지는 잘 모르겠습니다. 아무튼 예순셋 노시인의 꿈 이야기를 듣고 저는, 인간은 죽는 날까지 이성에게 관심을 갖고 이성으로부터 관심을 끌고자 한다는 누군가의 말이 생각났습니다.

아주 여러 해 전에 배우자를 여읜 것으로 알고 있는 신달자 시인이 아이고, 용기도 정말 좋네요, 〈愛撫石〉이란 농염한 시를 썼습니다.

> 그 남자가 잠들기 전
>
> 쓰으윽 만지고 씁쓸한 웃음 우물거리며
>
> 잠자리에 들던 수석 한 점
>
> 愛撫濕笑
>
> 여자 엉덩이를 꼭 빼닮은
>
> 탱탱하고 미끈미끈한 그 돌
>
> 요즘 나날이 내 차지다
>
> 잠들기 전 내가 쓰으윽
>
> 엉덩이 아래까지 쓸고 내려가면
>
> 그 밑으로 뭔가 꽉 잡힐 것 같은
>
> 씁쓸한 착각에
>
> 빈집에서도 홀로 얼굴 붉히네.

―〈愛撫石〉 전반부

저는 '빈집'을 '그 남자'가 없는 집으로 이해합니다. 화자는 여자 엉덩이를 꼭 빼닮은 수석 한 점을 예전에는 왠지 모를 아쉬움에 쓰으윽 만지고 잠자리에 들었는데 요즘에는 완전히 내 차지가 되었다고 합니다. 잠들기 전에 쓰으윽 엉덩이 아래까지 쓸고 내려가다가 "그 밑으로 뭔가 꽉 잡힐 것 같은/ 씁쓸한 착각"에 사로잡히곤 하는데, 뭔가는 아마도 남성기일 테지요. 그러니까 이 시는 우리나라의 관습으로는 차마 낯부끄러워 말하기 어려운, 여성의 남성에 대한 성적 관심을 적나라하게 고백한 체험담입니다. 수석이 여자 엉덩이를 꼭 빼닮아서 뭔가가 꽉 잡히지 않아 아쉬운데, 화자는 그 어떤 행위를 불현듯이 하게 됩니다.

  어느 산이나 강물 속에서
  어느 손에 끌려 억겁의 인연이 되어
  내 집에서 花童인가 童妓인가
  하루종일
  수건 하나 걸치지 못하고 벗은 엉덩이를 까고 앉은
  저 우주의 심장 한쪽
  일조량이 적은 날 가슴이
  동성애도 불사하고 덥석 엉덩이를 안으니
  아프로디테 칼로퓌게스가 3인조는 어떠냐고 끼어든다
  아뿔싸! 돌이 찌르르 일어선다

  —〈愛撫石〉 후반부

제게는 이 시가 이루 말할 수 없이 농염한 의미로 와 닿습니다. 수석이 하나의 생명체로 전환되는 과정도 그렇고, 동성애도 불사하고 덥석 엉덩이를 안는다는 표현도 그렇고, 아름다운 엉덩이를 지닌 미와 사랑의 여신 아프로디테 칼로퓌게스가 3인조는 어떠냐고 겨드는 상상도 그렇고, 돌이 찌르르 일어선다는 마지막 행도 그렇고……. 흡사 인도 사원에서 찍어온 사진을 보고 있는 듯한 느낌이 듭니다. 즉, 이 시는 인간의 가장 원초적인 욕망인 성욕의 신비함에 대한 고찰이면서 삼라만상의 존재 의의를 그것과 연관시켜보려고 쓴 것이 아닐까요. 사실 전국 어디에 가도 있는 남근석과 여근석도 그렇고, 명당자리도 그렇고, 음양의 조화는 만물의 근원이지요. 〈愛撫石〉이 저급한 외설이나 저속한 육담으로 빠지지 않고 건강한 에로티시즘으로 승화될 수 있었던 것은 "우주의 심장 한쪽"이라는 시행 덕분이 아닌가 합니다. 돌과 인간의 만남이란 기실 무기물과 유기체의 만남이요 무생물과 생명체의 만남이지요. 확대 해석하면 영원과 순간의 만남이고 저승과 이승의 만남이기도 하고요.

> 새로 연애질이나 한 번 시작해 볼까 대패질이 잘 될까 결이 잘 나갈까 시가 잘 나올까 그게 잘 들을까 약발이 잘 설까 지금 '빈 뜨락에 꽃잎은 제 혼자 지고 빈 방엔 거문고 한 채 혼자서 걸려 있네' 그대 동하시거들랑 길 떠나 보시게나 이번엔 마름질 한 번 제대로 해 보세나 입성 한 벌 진솔로 지어 보세나
>
> —〈연애질〉 전문

정진규 시인의 〈연애질〉은 에로티시즘의 승화라기보다는 일단은 남녀상열지사의 황홀경을 노래한 시로 보고자 합니다. "대패질이 잘 될까 결이 잘 나갈까"만 보면 물론 남녀간의 성행위까지도 연상이 됩니다만 시인은 "시가 잘 나올까"를 덧붙였습니다. 즉 연애질은 때늦은 바람피우기임에 틀림없습니다만 남녀상열지사에 머물지 않습니다. 이 시를 저는 노년에도 여전한 시에 대한 광적인 사랑 고백으로 이해합니다. "그게 잘 들을까 약발이 잘 설까"에 이르러

저는 소리 내어 웃었습니다. '그것'은 물론 남근일 것이고, 약발은 발기부전에 도움이 된다는 해구신이나 비아그라나 뭐 그런 것이 아니겠습니까. 하지만 시는 그런 쪽으로만 방향을 잡지 않습니다. '연애질'을 길 떠남의 의미, 마름질의 의미, 진솔로 지은 입성의 의미로 확장시킴으로써 이 시가 궁극적으로는 남녀상열지사의 황홀경을 노래한 시가 아니라, 시와 연애질을 하려는 시인의 자기와의 약속임을 저는 알 수 있습니다. 시를 둘러싸고 있는 에로틱한 분위기는 어찌 보면 주제를 은근슬쩍 말하기 위해 갖다놓은 소도구 같은 것이겠지요. 선배님! 시가 내연의 처가 되고 부적절한 관계가 되는 경지에 저도 한번 다다르고 싶습니다.

《문학나무》 2005년 가을호에 실린 시 중에는 나금숙 시인의 작품이 눈길을 끕니다.

> 나는 햇볕에 타고 소금밭이 돋고 가시나무에 긁힌 육체만을 사랑했다 이 몸은 굳게 봉인되어 있다 아무에게나 열지 않는다 모래바람을 견디는 몽골고원의 천막처럼 이 육체는 견고하다 삭아 모서리가 흘러내리는 고서처럼 묘하게 향기롭다 11월 황혼녘의 서포리 들판으로 나가 허공에 돌출된 문자들을 부드럽게 핥아 나갔다 숨막히다 너의 몸, 떨며 빛나 오르는, 몸 속 마음의 솜털들 잉걸불들 그 금빛 덤불에 따뜻한 알을 낳아 숨기고 섭섭하게 사라진다 또 한번 내 사랑

―〈저녁별 · 1〉 전문

이 시에는 부제가 붙어 있는데, '탁란托卵'입니다. 알을 낳기만 할 뿐 기를 줄 모르는 새들이 있다지요. 그놈들은 다른 새의 둥지에 알을 낳는다고 합니다. 자기 새끼인 줄 알고 모이를 물어다 키운 다른 새는 남 좋은 일을 시킨 바보인지도 모르겠습니다. 아무튼 새끼는 의붓어미의 정성어린 보살핌으로 자라나

서는 고마움도 모른 채 훨훨 둥지를 떠난다고 하지요. 시인은 나의 몸과 너의 몸을 이렇게 구분합니다. 탁란의 대상인 너는 물론 저녁별이겠지요.

　　나의 몸 : 굳게 봉인되어 있음, 아무에게나 열지 않음, 견고함, 묘하게 향기로움.
　　너의 몸 : 나를 숨막히게 함, 떨며 빛나 오름.

　시인이 어느 저녁에 들판에 나가 별을 바라보고 있습니다. 그 별의 둥지에 탁란을 하고 싶어하는 것은 내 몸이 굳게 봉인되어 있기 때문이지요. 아득한 곳에서 빛을 뿜고 있는 별은 내 마음의 안식처이면서 은신처입니다. 별을 통해서 생명의 유전流轉을 확인하고 싶어합니다. 그런데 시인은 종반부에 가서 몸 속 마음에 대해서 이야기합니다. "몸 속 마음의 솜털들 잉걸불들 그 금빛 덤불에 따뜻한 알을 낳아 숨기고 섭섭하게 사라진다"고요. 이 부분이 꽤 애매하게 처리되었다는 느낌이 드는데……. 시인에게 전화를 해 물어보기도 그렇고……. 그냥 제 생각을 말씀드립니다.
　인간은 누구나 유한자이지만 별이 무한을 상징할 수는 없습니다. 별도 또한 언젠가는 빛을 잃고 블랙홀이 되는 것이 운명이지요. 지금 시각은 저녁이지만 날이 밝으면 별은 눈앞에서 사라지고 우주와의 교감도 일단 멈추게 되지 않습니까. 몸이 있어 할 수 있는 사랑, 마음이 있어 할 수 있는 사랑 또한 영원 무궁할 수 없다는 생각, 이 시를 읽으면서 저는 해봅니다. 《문학나무》에 발표하신 선배님의 〈꽃향기〉가 이렇게 끝나네요.

　　사방천지 꽃향기 가득한 봄날, 그대와 나도 이승저승을 떠나 꽃향기를 먹으며 배부릅시다.

"배부릅시다"가 문법적으로 맞는지 모르겠는데, 아무튼 이승과 저승을 구분하지 않고 "이승저승"으로 표현한 것에 눈길이 오래 머물게 됩니다. 한자어에는 반대말로 이뤄진 것이 많지만 우리말에는 그런 것이 많지 않은데……. 찬반, 음양, 생사, 고락, 흑백, 영육, 원근…….

선배님!

2006년, 사방천지 꽃향기 가득한 봄날이 오면 선배님 모시고 어디 가까운 근교로 소풍을 나가 꽃향기에 취하고 싶습니다. 술은 복분자술이 좋을까요 백세주가 좋을까요?

문예지
신인상 제도
이대로 좋은가?

등단을 꿈꾸는 그대에게

메일 잘 받았습니다. 저의 가르침을 그렇게 받고도 '아직까지' 등단하지 못하고 있어 송구스럽다고 쓰셨지요. 제가 제대로 가르치지 못했는데 왜 저한테 송구스럽다고 하는지, 제가 오히려 부끄러움을 느끼게 됩니다. 등단이라는 것……. 이 땅에서는 책을 자비로 출간하거나 동인지에 작품을 싣는 과정을 통해 문단에 나간 사람은 등단한 것으로 인정해주지 않는 묘한 관습이 있어서 어떻게든 신인등용문을 통해 등단을 하려고 하지요. 신춘문예 공모에 아직도 많은 작품이 투고되고 있다는 것은 기적적인 일입니다.

엊그제 만난 출판편집인의 말이 귀에 쟁쟁합니다. 시집을 사서 읽는 독자층은 이제 사라졌다고 봐야 한다, 문화재단의 창작지원금이 없으면 문예지와 시집 출판시장은 완전히 고사할 것이다, 문학도 이제는 역사서처럼 기획상품으로 만들지 않는 한 절대로 팔리지 않을 것이다……. 그런데 웬걸, 2006년도 상반기에만 문예지를 통해 등단한 시인이 35명에 이르고 있네요. '35'라는 숫자는 제가 직접 찾아본 문예지의 등단자 수일 따름이지 제가 찾아보지 못한 문예지를 통해 등단한 시인까지 합치면 50명은 족히 될 것입니다. 하반기에는 상반기보다 훨씬 많은 당선작이 문예지에 실리므로 문예지를 통해 등단하는 시인의 수는 1년에 최소 100명이 넘을 것입니다. 시집은 도무지 팔리지 않는다고 하는데 시인 지망생이 이렇게 많으니, 이 기현상을 어떻게 설명해야 할지 모르겠습니다.

  1차적으로, 젊은이들이 책을 읽지 않습니다. 종이에 인쇄된 활자를 보기 싫어하여 신문을 안 보고 사는 20대, 30대, 40대가 그렇게 많다고 합니다. 인터넷 언론을 통해 중요 기사 혹은 관심 있는 기사만 대충 보는 거지요. 시 60여 편이 실려 있는 시집을 첫 페이지부터 한 편씩 음미하면서 읽는다는 것은 끔찍한 고문이라고 합니다. 요즘 대학생 중 90%는 일본의 만화가 중에서 특별히 좋아하는 만화가가 있습니다. 90%는 너무 많다구요? 그럼 제가 적을 두고 있는 중앙대 문예창작학과라고 한정하겠습니다. 어쨌든 35명 중에서 제 눈에 들어온 몇 분의 시를 살펴보면서 문예지를 통한 등단의 의의를 논해보고자 합니다. 150여 편을 한꺼번에 읽어보니 최근 등단작들의 특징이 보이는군요.

    오래 집 비운 사이, 그 노인

    베란다에 놓인 난분 안으로 들어가 버렸다

    제주도 검은 돌로 지은 벼랑의 집에서

    햇볕 한 줄기에 굽은 몸 따뜻이 기대고

    바닷바람을 맞고 있다

                                        —정경남, 〈제주 한란〉《열린시학》 도입부

문화회관역 3번 출구, 오르내리는 사람들에게서

삐뚤삐뚤 뼈 부딪치는 소리가 났다

아직 그들은 오프라인 상태에 있었다

시계를 본다

모래가 씹힌다

―김휴, 〈결빙 예감〉《〈현대시〉》 제2연

간디학교 1학년 김연희는 오늘 모내기 수업을 한다 하얀 종아리 걷어붙이고 맨발로 못줄 앞에 선다 서툰 솜씨로 모를 심으며 한 발 한 발 뒤로 물러난다 발의 감각만으로 논바닥을 살피며 혹시 있을지도 모를 돌도 피하고 조그만 구덩이도 피한다 부드러운 자리를 골라 모를 심는다 (하략)

―유영곤, 〈간디학교 모내기 수업〉《〈불교문예〉》 전반부

3편 시에 어떤 공통점이 있지요? 시적 화자인 '나'는 숨어 있습니다. 그 대신 그 노인, 사람들, 간디학교 1학년 김연희를 등장시켜 '타인'을 형상화합니다. 즉, 자신의 내면세계를 독특한 자기만의 어법과 문법으로 탐색하는 '미래파'(문예사조상의 미래파가 아니라 권혁웅이 말하는 미래파)의 시 세계와는 완전히 다릅니다. 서정적 자아와의 동일화는 최근 등단 시인들의 관심 밖인 듯합니다. 자기 주변 사람들에 대한 일종의 관찰기록부가 대세를 이루고 있습니다. 내면세계에 대한 탐색이 아니기 때문에 시들이 자연히 일상성을 추구하고 있습니다. 상상력 발휘 대신에 체험 영역을 중시합니다. 관념 표출 대신에 현실세계에 천착합니다. 형이상학 대신에 일상성을, 사변 대신에 보편성을 추구하고 있습니다. 《시선》의 당선작 〈황 과장〉(정준영)은 "황 과장은/ 모든 이

에게 친절하다"로 시작되며, 《창작21》의 당선작 〈1999 봄, 그 환한 열림〉(박영희)은 "답십리5동 언덕배기 지하방/ 어린 내 누이 건빵 같은 잠을 잔다"로 시작됩니다. 1인칭 화자가 등장하더라도 자신의 일상적 체험을 솔직하게 이야기하는 식으로 전개되는 시를 쓰고 있습니다.

> 간단한 자기소개서와 이력을 제출하라 한다
> A4용지 한 장의 분량으로 써라 하니
> 웃음이 나온다
> 마흔 해의 이력을
> A4용지 한 장에 어떻게 다 말할 수 있다는 말인가
>
> ─허영숙, 〈바코드〉(《시안》) 도입부

나이 마흔이 넘은 시적 화자가 자기소개서와 이력서를 쓰기에 앞서 난감해하고 있습니다. 20세기를 풍미했던 상징주의와 모더니즘 혹은 포스트모더니즘은 인간의 상상력을 태양계를 넘어, 은하계를 넘어, 저 우주의 끝간 데까지 가보게 했는데, 근년의 등단 시인들은 자기 자신의 체험과 이웃에 대한 관찰 기록을 시시콜콜 들려주고 있습니다. 이 사실은 어찌 보면 다소 우려할 만한 것이 아닌지 모르겠습니다. 독자에게 쉽게 다가갈 수 있는 아담하고 소담한 시편을 쓰다 보니 자유분방한 상상력을 발휘하기가 쉽지 않습니다. 신인에게 요구되는 신선미를 지닌 시인은 눈에 띄지 않습니다. 명색이 신인인데 그만그만한 시를 쓰는, 개성이 없는 시인이 양산되고 있습니다. 침체된 우리 시단의 분위기를 깨뜨리면서 용트림을 할 시인이 필요한 시점임에도 소소한 일상체험의 시화詩化로 등단들을 하고 있으니……. 등단 시인들이 모두 나이를 밝혀놓지 않아 평균연령을 알 수는 없습니다만 20대는 거의 없는 듯합니다. 40대

가 제일 많고, 30대와 50대가 나머지를 절반씩 차지하고 있는 듯합니다. 20대 젊은이들이 시를 쓰지 않기 때문인지, 투고를 해도 나이 드신 분들의 연륜의 힘에 밀려 대다수 낙방을 해서인지는 알 수 없습니다.

  조금 다른 이야기를 해보고자 합니다. 저는 작년 가을에 계간 《문학과 경계》와 《시로 여는 세상》으로부터 신인상 심사를 의뢰받고 잡지사로 가서 다른 심사위원과 함께 심사를 했었습니다. 정말 몇 시간 동안 논의를 했지만 신인상을 줄 만한 작품이 없어 '당선작 없음'이라고 밝히고 최종심에 오른 작품에 대한 심사평을 두 군데 모두 길게 썼었습니다. 당선작을 못 뽑은 이유를 밝히는 글이었으니 길어질 수밖에 없었지요. 심사 과정에서 투고된 수백 편의 시를 읽는 것만 해도 기운이 빠지는 일이었습니다. 마음을 사로잡는 시가 없었지만 그래도 한번 건져보고자 읽고 읽고 또 읽어야 했고, 끝내는 당선작을 못 뽑고 잡지사를 나왔으니 기진맥진할 노릇이었지요. 그런데 제가 손에 든 문예지 중에 '당선작 없음'이라고 사고가 나간 곳은 한 군데도 없었습니다. 심사평은 대개의 경우 격찬에 가까운 것들이었고요. 정말 작품이 너무 좋아서 그렇게 상찬을 아끼지 않는 것인지 의구심이 드는 문예지가 여러 개 있었습니다. 아무튼 35명 등단자 중 제가 주목하지 않을 수 없었던 4명의 시인에 대해 몇 마디씩 하고자 합니다.

  나는 조작당하고 있다

  벨소리가 반복적으로
  울릴 때마다
  두 귀를 쫑긋거리며
  딩동거리는 소리에

번호표를 들고 창구 앞에 서자
'여기는 KB 우대고객 창구입니다'
'다른 창구를 이용해주세요'

그날 이후로 나는
거리의 자동차 경적음에도
침을 흘린다

파블로프!
치사하다
먹는 것을 갖고 장난을 치다니
당신의 실험이 증명된 이후
사람도 두들기면
개와 같이 된다는
세뇌기술이 범람하는 것을
아는가!

국민은행 구월동 지점
그곳에서 나는 개가 된다

—김영선, 〈수인번호〉《《시와시학》》 전문

이름을 보고 여성인 줄 알았더니 60년생 남자이고 공인노무사로군요. 이 시도 앞서 예로 든 몇 편의 시처럼 일상체험의 시적 형상화입니다. 우리는 은행에 가서 일을 볼 때 벨소리가 울리면 두 귀를 쫑긋거리고 붉은 번호를 쳐다봅니다. 순번이 되어 창구에 갔을 때 KB 우대고객만 받는다는 소리를 들으면 얼마나 화가 날까요. 김영선은 개를 데리고 조건반사실험을 한 파블로프가 못내 원망스럽습니다. 먹는 것을 갖고 장난을 치다니! 현대문명이 추구하는 철학은 시간 절약과 편리 도모이지만 그것만이 다는 아닙니다. 또 하나가 더 있으니 신분의 차별입니다. 어디를 가나 우대고객이 있습니다. VIP도 있지요. 은행 일을 볼 때, 비행기를 탈 때, 운동경기를 관람할 때, 운동을 할 때, 호텔에 투숙할 때……. 시인의 생각으로는, 이것이야말로 멀쩡한 인간을 죄수로 만들고 분별력 있는 인간을 세뇌시키는 것입니다. 그래서 "나는 조작당하고 있다"고, 국민은행 구월동 지점에서 개가 된다고 비명을 지르는 것입니다. 김영선은 노무법인 '경영안전'의 대표요 월간 《경영안전》의 대표라고 하니, 앞으로 일상성이라기보다는 현장성이라고 하는 것이 낫겠습니다. 이 충만한 작품을 써 우리 문학의 공백 지점을 메우는 것이 '살 길'일 듯합니다. 허영숙의 등단작을 좀 더 봅시다.

책상 한 구석에 물끄러미 나를 보고 있는
먹다 만 새우깡 겉봉에 찍힌 바코드를 본다
저 굵고 가느다란 세로줄에 기록된 것은
새우의 함량이라든가 출고 일자 혹은
숫자로 드러나는 가격에 불과할 뿐
비닐봉지 안에 갇힌
공기의 질량이나 내게 오기까지의 경로를
기록할 수 없다
어느 겨울 날
찬물에 돌미나리 씻으며 울고 싶었던 이유가

시린 손 때문만은 아니었다는 것을 한 줄의 좁은 칸에

다 적을 수 없는 것처럼 지나간 나를

이 작은 칸 안에 모두 말할 수는 없다

길 위에 버려진 신발이 몇 켤레였는지

밟아온 길을 일으켜 세워 바코드를 만든다

고음으로 내질렀던 푸른 날의 한때를

세로로 긋다가 올려다본 하늘

정오의 햇살이 내 몸의 바코드를 환하게 찍고 간다

―〈바코드〉부분

　　자기소개서와 이력서 쓰기에 앞서 난감해 하다가 새우깡 겉봉에 있는 바코드를 보고는 상상의 날개를 폅니다. 바코드의 칸은 A4 한 장보다 훨씬 작지요. 이 칸 안에다 제품의 모든 정보를 다 담을 수 없듯이 A4 한 장에 나의 지난날을 다 담을 수는 없는 노릇입니다. 시의 마지막 5행은 역설적인 표현이 아닌가 합니다. 내 지난 생의 바코드라고 한다면 내가 밟아온 길과 정오의 햇살 같은 것이지 제도나 조직이 될 수 없다고 시인은 항변하고 있습니다. 예심을 본 전동균 시인이 말했듯이 언어의 압축과 긴장을 유의한다면 더 좋은 시를 쓸 수 있을 것입니다.

　　광활한 어둠을 찢으며 쉭쉭 날아드는 우파니샤드,
　　그 수없는 창날에 한밤 내내 찔린 거문도 앞바다가 온통 피에 젖었다

　　이 낭자한 화엄의 바다 위에서 은갈치 떼들은
　　그 긴 몸을 뒤틀며 펄떡거리며 몸부림치고 있다

피로 물들어버린 이 세상이 더 이상 환해지기 전에, 나는 지금
쇠바늘 하나로 저 갈치 떼들에게 열반을 강제하고 있는 중이다

게송(偈頌)도 없이,
선장과 나는 벌써 속으로 돈을 세고 있다

—안덕상, 〈화엄바다 은갈치·2〉《시와시학》신춘문예) 전문

갈치를 낚는 광경을 보신 적이 있습니까? 텔레비전 뉴스 프로에서 봤던 기억이 난다구요? 그럼 금방 이 시를 이해하셨겠네요. 거문도 앞바다로 몰려온 갈치 떼를 시인은 "광활한 어둠을 찢으며 쉭쉭 날아드는 우파니샤드"라고 표현했습니다. 우파니샤드란 오래된 힌두 경전인 베다를 운문과 산문으로 설명한 철학적 문헌들인데 갈치 떼를 우파니샤드라고 했으니 얼마나 신선하게 느껴지던지요. 바다는 또 "이 낭자한 화엄의 바다"입니다. 화엄경에는 불교의 경전 중에서도 정진의 힘든 과정을 가르치는 내용이 담겨 있고, 생명은 모두 불성을 지니고 있음을 말해주고 있습니다. 긴 몸을 뒤틀며 펄떡거리며 몸부림을 치면서 갈치는 죽어가고, 우리 인간은 그 갈치를 먹고 힘을 얻습니다. 갈치는 그물로 낚지 않고 쇠바늘 낚시로 한 마리 한 마리 낚는데, 나는 저 갈치 떼에게 열반을 강제하고 있는 중이라구요? 하하, 살생을 하고 있는 중이지요. 달리 생각해보면 화엄바다는 이 세상이고 은갈치는 우리 인간이지요. 아무리 펄떡거려도 바다를 어찌 벗어날 것이며, 죽는 순간을 어찌 피할 것입니까. 마지막 연이 의미심장합니다. 같은 생명체인데 누구는 죽어가고 있고, 누구는 그 시체 덕분에 돈을 벌고 있으니까요. KBS 라디오 제작기술팀에 재직하고 있는 분이 1987년에 《현대시학》의 초회 추천을 받고 나서 20년 만인 이제서야 정식등단이라는 꿈을 이뤘습니다. 이처럼 성성한 시로.

가지 끝에 새 한 마리 위험하게 걸려 있다

자신만의 길이 있다는 듯, 날아가야 할

방향을 가늠하며 텅 빈 하늘을 응시한다

함부로 길을 내지 않는 새가

오래 밀고 왔던 자국의 파문 속으로 투신할 때

가냘프게 떨리는 날갯짓은

하! 많은 인연들이 불러온 파장의 모음,

지구가 그 주위를 기우뚱하게 운행을 하고

비 오는 날, 허름한 집들이 흘러내릴 듯

비탈길 산동네가 엉거주춤 허리춤을 부여잡고 있다

나는, 어스름 밤 골목길에서 맞닥뜨린

낯선 사내의 적의를 애써 피해 귀가한다

간혹, 비상하는 새가 급반전할 때

자전의 한 축이 우지끈 무너지는 소리 들린다.

―하훈, 〈23.5〉《시를 사랑하는 사람들》 전문

《시를 사랑하는 사람들》은 국내 문예지 중에서 유일하게 단심 추천제도로 신인을 뽑는 지면입니다. 《문학과 창작》과 《미네르바》는 신인상과 추천이 뒤섞여 있는 묘한 방식을 취하고 있습니다. 오세영 시인의 추천으로 등단한 하훈은 외국어대 불어과와 동국대 불교대학원 석사과정을 졸업했고 현재 (주)웨이커업닷컴에서 영상음악을 기획·제작하고 있으니 별난 이력입니다. 요즘에는 이런 별난 이력을 지닌 분들이 시단에 많이 나오고 있습니다. 바람직한 현상이지요. 단, 시가 탄탄한 경우에만.

이 시의 제목은 지구의 기울기입니다. 지구는 남·북극의 축이 약 23.5도 기운 채로 하루에 한 번씩 자전하고 있습니다. 그렇기 때문에 지구 표면에는 낮과 밤의 변화가 일어나는 것입니다. 비가 많이 오면 23.5도 정도 기울어 있는 비탈길 산동네의 허름한 집들은 흘러내릴 듯 엉거주춤 허리춤을 부여잡게 됩니다. 위험에 대한 인지는 사람만이 하는 것이 아니지요. 시인이 보기에 새도 비가 많이 오자 가지 끝에 위험하게 걸려 있는 듯합니다. 제1연 전반부는 지상의 위험을 감지하고 있는 새에 초점이 맞춰져 있지만 후반부에 가서는 불안의 근거를 보다 확실하게 전달합니다. 시적 화자는 어스름 밤 골목길에서 맞닥뜨린 낯선 사내의 적의를 애써 피해 귀가할 수 있었지만 집중호우는 끝내 지축을 흔듭니다. 제1연의 마지막 행과 제2연의 산동네 집들이 와르르 무너지는 광경을 암시하고 있습니다.

이 시가 의도하는 것이 무엇일까요? 불가항력적인 천재지변? 자연의 무서운 힘? 기우뚱한 지구 위에서 일어나는 비극적인 일들? 알 듯 모를 듯한 주제보다 더욱 중요한 것은 이 시의 형식일 것입니다. 첫 행부터 끝 행까지 긴장감이 한순간도 늦춰지는 적이 없습니다. 긴박감이 넘치는 시는 문예지 한 권을 통독해도 한 편 만나기가 어려운데 하훈의 "재개발 사무실 옆에/ 휘어진 느티나무 서 있다"로 시작하는 〈독거〉와 "그대여, 지지 마시라"로 시작하는 〈무생화〉는 언어의 조율 능력이 뛰어난 시임에 틀림없습니다. 조율되지 않은 음이 기성시인의 작품에서 속출하는 요즈음 하훈 시인의 등장은 시를 쓰는 저를 긴장시킵니다.

이밖에도 눈에 띄는 몇 분의 시인이 있었습니다. 〈귀로 보는 슬픔〉을 쓴 유영곤, 〈잠수함〉을 쓴 김창재, 〈늙은 호수〉를 쓴 박미산, 〈가을에, 불륜을〉을 쓴 황경순, 〈시간을 두 발에 징을 박고〉를 쓴 조옥동, 〈돼지국밥을 먹다가〉를 쓴 이인주 등이 그들입니다. 첫술에 배부를 리 없습니다. 이들 모두 더욱 새로운 각오로, 배전의 노력을 기울인다면 우리 시단에서 유망주로 우뚝 설 수 있을 것입니다.

　문예지 신인상 출신은 신춘문예 출신과는 달리 모지가 있어 작품의 고정적인 발표지면이 확보된다는 장점이 있습니다. 신문사는 1년만 지나면 나 몰라라 하니까 웬만하면 문예지 신인상을 통해 등단하도록 하십시오. 그럼 좋은 소식 있기를 기다리면서 여기서 펜을 거두겠습니다.

원초적 욕망에서
실체로서의
죽음까지

구석본 선생님께

보내주신 시집 《쓸쓸함에 관해서》를 잘 받았습니다. 호우를 뚫고 몰운대 여행을 하는 길에 선생님의 시집은 좋은 길동무가 되어주었습니다. 강원도 정선 소금강의 아름다운 풍경과 선생님의 시 〈겨울나무의 말〉〈가을 산〉〈가을 산 연가〉〈산으로 가는 길〉은 참 잘 어울려, 시 한 수 읽고 경치 한참 보고 또 한 수 읽고 경치 한참 보고는 했습니다. 몰운대……. 절벽에서 아래를 내려다보니 아찔하더군요. 그 절벽 끄트머리에 커다란 소나무가 한 그루 벼락을 맞고 죽어 있었습니다. 수령이 몇 백 년은 족히 되었을 성싶은 고목이었는데 그만 벼락을 맞은 겁니다. 그 모습은 처절한, 혹은 참담한 아름다움이었습니다. 더욱 놀라운 것은 그 고사목을 대지삼아 몇 개의 풀이 가지에서 자라고 있다는 것이었습니다. 언뜻 보면 새잎이 돋아난 것도 같았습니다만 이미 나무는 오래 전에 죽은 것이어서 가지에다 새싹을 피울 수는 없었습니다. 죽은 나무가 살리고 있는 풀이라……. 생명의 외경을 느끼며 가볍게 전율했지요.

　가을호 《시와 반시》에 좋은 시가 많이 실려 있습니다. 한 호 문예지에 좋은 시가 많이 실려 있는 경우는 사실 흔치 않은데, 강현국·구석본 공동주간 두 분의 안목 덕분이 아닌가 합니다. 최동호 시인의 시부터 읽어볼까 합니다.

　　배흘림기둥같이 묵직한 가죽 자루
　　더 이상 금싸라기도
　　담을 곳이 없다.
　　그칠 줄 모르고 삼켰던 음식물
　　다 토해낸다면
　　커다란 거품 산이 될 것이다.

　　오물덩이 산을
　　베개로 하고 거품에 취해
　　가끔 산 아래로 미끄러지기도 하는
　　심심한
　　해골통 화분에다
　　하늘거리는 양귀비꽃이나 하나
　　이쁘게 기르고 싶다.

　　　　　　　　　　　　　　—〈해골통 화분〉 전반부

　해골통 화분이란 것이 무엇일까요? 화분이라고 하지만 화초를 심는 그릇을 뜻하는 것 같지는 않고, '해골통'이라는 것에 의미를 두고 싶군요. 원효의 '해골 바가지 속 물 마시기' 이야기가 연상되기도 하는데, 시의 후반부를 보니 그도 아닌 듯합니다.

> 청명하게 바람 부는 날은
> 만리 하늘을 날아오르다가 지전처럼
> 바람난 꽃가루
> 지상에 뿌리고
> 향기로운 흙가슴 열어
> 먹었던 음식물
>
> 하늘을 향한 제단처럼
> 쌓아놓고
> 허망하게 무너지는
> 물 흙냄새 풍기는
> 연꽃 하나 피우고 싶다.

―〈해골통 화분〉 후반부

    시의 첫 행 "배흘림기둥같이 묵직한 가죽 자루"는 "그칠 줄 모르고 삼켰던 음식물"에 연결됩니다. 가죽 자루는 인간의 위장이나 대장을 뜻하는 것이겠지요. 그러니까 해골통 화분의 보조관념은 인간의 위장이나 대장, 원관념은 식욕을 비롯한 인간의 무한한 욕망일 것입니다. 거의 언제나 식욕에 부대끼는 우리의 몸은 생애 내내 커다란 거품 산이 될 정도로 많은 음식물을 삼킵니다. 한편 이 세상은 "하늘을 향한 제단처럼/ 쌓아놓고/ 허망하게 무너지는/ 진흙탕"입니다. 몸은 비록 이 진흙탕 세상에서 살아가지만 시인의 정신은 해골통 화분에다 하늘거리는 양귀비꽃이나 하나 이쁘게 기르고 싶어합니다. 물 흙

냄새 풍기는 연꽃 하나도 피우고 싶어합니다. 욕망을 추구하는 몸과 달리 정신은 영원의 세계, 구경究竟의 세계, 청정의 세계, 진선미의 세계를 추구하고자 애쓰는 것이지요. 해골통 화분을 인간의 뇌로 볼 수도 있겠습니다. 인간의 뇌는 명령을 합니다. 몸이여, 너 빨리 욕망을 채워라. 이 명령만 내릴까요? 그렇지 않지요. 정신이여, 너 이상을 추구하라. 현자가 되라. 자, 이번에는 인간의 원초적 욕망 중 식욕이 아니라 성욕을 다룬 시를 살펴보겠습니다.

온 동네가 가난을 식구처럼 껴안고 살던 시절
언니와 나는 일수日收 심부름을 다녔다.
우리 집의 유일한 생계수단이었던 일수
월곡동을 지나 장위동을 거쳐 숭인동까지
카시오페아좌처럼 뚝뚝 떨어져 있는 다섯 집을 다 돌고 나면
일수 수첩 사이에서 돈의 두께가 부풀어 오르고
내 가슴에 도장밥 빛깔의 별들이 철없이 떠올랐다.
일수 수첩 속에는 각각 다른 여러 겹의 삶들이
붉은 도장의 얼굴을 하고 칙칙하게 접혀져 있었다.
어느 날 추위를 툭툭 차며 집에 도착했을 때
'벌써 갔다 왔니?' 하던 엄마의 이마에 송송
맺혀 있던 땀방울과 아버지의 헝클어진 머리칼과
파도처럼 널브러진 이불, 들킨 건 나였다.
아무것도 못 본 척 문을 닫고 나오던 내 뒤통수를
쌔리며 사춘기는 내게로 다급하게 휘어들었다.
삼십대 후반의 젊은 부모에게
꼭 묶어두어도 터져 나오던,

때론 밥 생각보다 더 절박했을,

한 끼의 섹스가 가난한 이불 위에

일수 도장으로 찍혀 있던, 겨울 그 단칸방.

언니와 나는 일수 심부름을 다녔다.

—⟨어느 섹스에 대한 기억⟩ 전문

    김나영의 이 시는 누구라도 말하기가 아주 민망한, 부모님의 섹스를 다루고 있습니다. 이 시를 액면 그대로 믿기로 한다면 나와 언니가 일수 심부름을 간 시간은 곧 부모님이 섹스를 하는 시간이었습니다. 그런데 사춘기의 나는, 즉 철이 들 만큼 든 나는 어느 날 섹스의 현장을 보고서도 못 본 척합니다. 지금에 와서 생각해보니 삼십대 후반의 젊은 부모에게 "한 끼의 섹스"는 "때론 밥 생각보다 더 절박했던" 것이었습니다. 그래서 화자의 부모는 두 딸에게 일수 받아오라고 심부름을 보낸 뒤에 단칸방에서 섹스의 시간을 가졌던 것입니다. 일수 심부름을 다니면서 화자는 부모가 자신을 이 세상에 태어날 수 있게 했던 그 섹스에 대해 생각하지 않을 수 없었겠지요. 어느 날 부모님의 섹스 직후의 현장 목격은 그 시절에야 대단히 곤혹스러운 일이었을 테지만 지금 시인은 부모님을 이해하는 입장에서 이 시를 썼습니다. 인간의 원초적 욕망에 대한 이해, 그것이 이 시의 주제일 것입니다.

    지나치게 직설적입니다만, 모든 수사를 거두고 표현하자면 인간은 태어난 이후부터 먹고 싸고, 장성한 이후에는 섹스하고 아이를 낳으며 살아가는 존재입니다. 인간만이 그런 것이 아니라 그 어떤 짐승도 새도 물고기도 종족을 번식시키고자 하는 것은 가장 원초적인 본성입니다. 그러다 어떻게 되지요? 죽는 것이지요. 생로병사야말로 유기체인 이상 피해 갈 수 없는 운명이니까요.

아버지 삼우제 끝나고

식구들, 산소에 앉아 밥을 먹는다

저쪽에서 불빛이 보인다

창호지 안쪽에 배어든

호롱불

아버지가 삐걱 문을 열고 나올 것 같다

─〈황혼〉 전문

선산 가는 길

가는 비 내린다

길 옆 하얀 찔레꽃

백자 잔에 빗물이 고여 있다

잔을 따서

물을 따라 마신다

─〈음복〉 전문

    박형준의 〈황혼〉과 고영의 〈음복飮福〉은 모두 제례를 갖고 쓴 시입니다. 인간은 원시시대 때부터 죽은 자에게 예를 바쳐왔습니다. 지역마다 민족마다 장례의 절차는 달랐지만 죽은 자의 영혼을 위로하고자 예를 바쳤다는 점은 같습니다. 박형준의 시에는 아버지에 대한 애틋한 정이 담겨 있습니다. 아버지 삼우제를 끝내고 산소에 앉아 밥을 먹는 유가족의 모습이 제1연에 그려져 있네요. 시인은 아주 어렸던 옛 시절, "창호지 안쪽에 배어든/ 호롱불"에 대해 생각을 해봅니다. 저의 뇌리에는 가난한 산골 마을의 풍경이 떠오릅니다. 그때는 아버지가 아주 건장할 때였겠지요. 이제는 땅에 묻혀 계신 아버지, 썩은 육신, 영원한 이별……. 뭐 이런 것들에 대한 상념으로 마음 가득 슬픔이 밀려오겠지만 시인은 그 모든 것을 감추고 "아버지가 삐걱 문을 열고 나올 것 같다"는 한마디를 하고는 시를 끝냅니다. 감정이 절제되어 있기에 오히려 묘한 여운이 남는 시입니다.

고영은 특별히 누구의 죽음을 지칭하지 않고, 선산 가는 길 옆에 피어 있는 찔레꽃을 그리고 있습니다. 찔레꽃 백자 잔에 빗물이 고여 있고, 잔을 따서 물을 따라 마시는 행위를 음복이라고 했습니다. 음복은 제사를 지내면서 썼던 음식을 나누어 먹는 것인데 고영은 빗물 마시기를 음복이라고 했군요. 저는 하얀 찔레꽃을 '백자 잔'이라고 표현한 것에 주목했습니다. 시인은 인공의 미보다는 자연 상태 그대로를 좋게 보는 사람이 아닌가 싶습니다. 이어서 신인 박지웅의 시〈빗속의 기록〉과〈낡은 집 유령거미〉를 봅니다.

드문드문 보이던 사람들이 우산을 접으며 버스에 오르고
302호 병실에선 다리가 짧아진 어머니가 기다린다
대소변을 받아줘야 하는 내 아기가 된 어머니
막말을 하며 문짝을 걷어차고 나가버린 저녁
그녀도 저렇게 막이 벗겨진 얼굴로 내 뒤에 서 계셨다

—〈빗속의 기록〉부분

…… 나를 정면으로 바라보며 우는 집이 있어요. 뒤로 관장약을 밀어 넣으며 자꾸 웃는 아버지, 당신은 "실이 잘 나오질 않는구나" 몸에 맞지 않는 살, 밑으로

몇 겹 늘어진 뒤를 걷어잡고 화장실로 가시는 내 오랜 선생, 이제 뒤로도 나를 가르치시고

—〈낡은 집 유령거미〉 부분

〈빗속의 기록〉을 보니 화자의 어머니가 무슨 수술을 받았는지 다리가 짧아졌다고 했군요. 그런 딱한 처지가 된 어머니한테 막말을 하며 문짝을 걷어차고 나가버린 적이 있었다면 후회와 회한이 밀려오는 것은 당연한 일. 가만히 다가가 어머니의 젖은 손을 매만지니 "막이 다 벗겨진 흉한 나무문짝"(어머니의 지금 모습)에 맺혀 있던 빗방울(눈물방울)이 주르르 흘러내립니다. 자식에 대한 어머니의 미안한 마음이 느껴지기는 합니다만 이런 유의 시를 무척 많이 읽어온 탓인지 그다지 신선하게 와 닿지는 않습니다. 〈낡은 집 유령거미〉에서 어머니는 액자 거울에 앉아 있으니 돌아가신 모양입니다. 거울에 앉아 이빨을 가리지도 않고 훨훨 웃고 계십니다. 그런데 아버지는 배변이 자유롭지 못해서 관장약을 항문에 밀어 넣으며 자꾸 실없이 웃습니다. 아버지는 이제 '뒤'로도 나를 가르치십니다.

이 두 편의 시는 저에게 '老'와 '病'에 대해 말해줍니다. 저 역시도 그 언젠가 늙어 병들어 죽게 되겠지요. 아니, 늙기도 전에 병들어 죽을지 알 수 없는 일입니다. 비명횡사 당할지도 알 수 없지요. 인명은 재천인 법, 제가 제 죽음을 어떻게 알고 관리할 수 있겠습니까. 욕망을 채우기 위해, 채우지 못해 전전긍긍하는 나날인 것을. 선생님의 말씀대로 "죽음은 삶을 구걸하는 마지막 몸짓"〈활어회〉일까요? 몰운대 꼭대기에서 본 고사목을 떠올리며 선생님의 시를 음미해봅니다.

높이 자라기 위해 구부러져야 했던 곁가지,

더 무성하기 위해

움츠러야 했던 잎새의 허기,

비로소 속을 채워 당당하게 일어서 있다

죽음은 관념이 아니다

우리 몸 속 골격이다

―〈고사목枯死木 앞에서〉 부분

    그렇지요. 죽음은 관념이 아닙니다. 우리 몸 속 골격이니 우리는 모두 죽을 운명을 갖고 태어나 지금 이 시간, '아직은' 살아 있습니다. 시를 읽으면서, 시를 쓰면서.

시인은
언어의 연금술사여야
한다네

2005년 《문학나무》 계간평에서 박후기 시인의 시에 대해 가혹하게(?) 비판을 한 적이 있다. 동창생의 친동생으로, 그에 대한 기대가 아주 컸었기에 다소 실망스런 작품을 보고는 작심하고서 공개적인 지면에서 상처가 될 수도 있는 말을 거침없이 해버렸다.

얼마 뒤에 한국시인협회 전주 세미나 자리에서 그를 보았고, 미안한 마음에 술을 사주며 너의 성장을 위한 보약으로 삼기를 바란다, 나를 너무 미워하지 말라고 달랬던 것도 기억난다. 평론이라는 글은 참 쓸 게 못 된다. 칭찬을 해주면 독자들이 주례비평이라며 손가락질을 해대고 비판을 가하면 당사자가 원한을 품는다.

아무튼 박후기 시인은 다음해에 《종이는 나무의 유전자를 갖고 있다》는 좋은 시집을 펴냈고, 2009년에는 《내 귀는 거짓말을 사랑한다》는 훌륭한 제2시집을 냈다. 세월이 조금 흘러 2011년 제2회 김만중문학상의 심사를 했는데 박후기 시인의 투고작에 금상을 주었다. 심사자들은 투고자의 이름을 모른 채 심사를 했는데, 나중에 결과를 알고 깜짝 놀랐다. 내가 알고 있는 박후기 시인의 시풍과 아주 많이 달랐기 때문이다. 그만큼 많은 노력을 한 결과 이 상을 받은 것이려니, 생각을 하였다. 박 시인은 수상 소식을 듣고서 지금까지 내게 전화를 한 적이 없지만 나는 조금도 서운하지 않다. 그의 앞날의 대성을 마음으로 축원하고 있을 뿐이다. 아래는 2005년 《문학나무》에 실린 계간평이다.

박후기에게

말을 놓겠네. 자네는 나와 함께 대학을 다닌, 한 해 후배인 박형희의 친동생이니 말일세. 형희는 폐결핵으로 죽었지. 자네 형의 여자친구가 피를 왈칵 토하는 형희를 택시에 태우고 병원 응급실로 가는 도중, 각혈한 피가 기도를 막아서 형희는 스물여덟 한창 나이에 이승을 하직하고 말았지. 화장터에 가본 것은 그때가 처음이었다. 나는 형희의 뼛가루를 흑석동 캠퍼스 여기저기에 뿌리면서, 시인의 꿈을 못 이루고 죽은 후배의 죽음이 애달파 내심 가슴을 쳤었지. 나는 한 해 선배였지만 대학생활을 같이한 우정의 빚을 갚고자 동기생 오광수와 한 해 후배 방현석과 함께 유작 시를 모아서 시집 출간을 준비했었다네. 1주기 때 시집을 들고 우리는 중국집 안동장에서 조촐할 수밖에 없는 출판기념회를 가졌지. 돌아가면서 형희의 시를 읽었고, 나중에는 다들 술에 취해서 운동권 가요 몇 곡을 합창으로 불렀던 것 같네. 유족 대표로는 큰형님이 오셨는데 자네는 그때 군대에 갈 나이쯤이 아니었을까 몰라. 그 시집 《다시 나기》를 나는 지금껏 갖고 있다네. 강단에 선 이래, 그 시집에 나오는 〈사형수〉라는 시를 아마도 학생들에게 열 번은 낭독해 주었을 걸세.

囚人 번호가

불려질 때마다

강아지풀

줄기 한 겹

벗겨지듯

죽음

한

고비

들여다보는

시한부 생명

―〈사형수〉 전문

　자네 형은 자신의 죽음을 예감하고 있지 않았을까. 하지만 결핵균이 퍼져가는 자신의 몸을 저주하지 않고 자기처럼 시한부 생을 살아가는 사형수를 생각해보았을 테지. 사형선고를 받고 형 집행 날이 다가오는 것을 피하고 싶은 사형수 신세나 자기 신세나 다를 바 없다고 생각했을 수도 있을 거야. 나는 학생들에게 시의 행이 금방 바뀌지만 시 자체는 참으로 느리게, 힘겹게 시가 진행된다고 이야기해주지. 이런 느림보 형식은 죽음이 예정되어 있는 자신의 목숨과 생의 남은 시간에 대해 강한 애착을 갖고 있는 화자의 심정을 나타내주는 데 효과를 발휘하고 있는 것이 아닐까. 나는 이런 말도 덧붙이곤 했다네. "우리는 시를 쓰면서 동시대인의 아픔과 슬픔을, 희망과 절망을, 고통과 환희를 떠올려보아야 하지 않겠습니까."

　형희를 생각하면 늘 애틋한 마음을 갖게 되네. 그는 등단을 하지 못하고 세상을 버렸기에 같은 유고 시집이라도 기형도의 《입 속의 검은 잎》 같은 유명세를 누릴 수 없었지. 못다 이룬 형의 꿈을 자네가 이루었으니 얼마나 반갑고 대견하던지. 자네는 2003년에《작가세계》로 등단한 이후 썩 괜찮은 시를 간간이 발표하면서 자기 세계를 확립해 가는 것이었어. 자네의 시작 활동을 격려해주고자 나는 2002~2004년에 등단한 시인 가운데 그중 앞날이 기대되는 시인 20명을 뽑는《2005 젊은 시》편집 기획에 임했을 때 자네를 흔쾌히 추천했다네. 그것에 그치지 않고《문학나무》여름호에 시를 2편 청탁해 싣기도 했지. 앞쪽의 시 〈목숨〉은 단순하기는 하나 그 나름의 내포가 있어 그런대로 읽어줄 만하네. 그런데 뒤에 실린 〈청춘 벽화〉는 미흡한 구석이 있어 몇 마디 충고를 해주고 싶네. 5편의 시가 모여서 이뤄진 이 시는 제목 그대로, 20대 청춘 시절을 더듬어 쓴 시인 듯하네.

1
일요일 오후
나는 동굴 같은 집구석에 처박혀
책을 읽었다
손톱으로 바람벽을 긁으며
권태를 주제로 벽화를 그리기도 하고
음식을 태우며 요리도 해보지만,
일요일 오후는
가장 길게 해가 지는 시간
내일을 위해 잠을 푹 자둬야 하지만
일요일 밤은
가장 빨리 달이 지는 시간

—〈청춘 벽화〉 부분

지나치게 설명조로 흘러버린 것이 아닌가? 게다가 무미건조한 산문 문장에, 구태의연한 표현 기법이라 실망을 금할 수 없네. 2번은 더더욱 실망스럽고, 3, 4번은 실망을 넘어 절망스럽네. 이건 도무지 시라고 할 수 없지 않은가.

3

엄마는 메아리처럼

한번 내뱉은 말을 자꾸만 반복했다

누군가를 만나는 날이면

나는 막차를 타고 밤늦게

집으로 돌아왔다

막차를 탈 정도로

할 말이 많았던 것은 아니었지만,

엄마는 밤늦도록 부업을 하며

집 나간 아들을 기다렸다

4

취직을 했다

내가 일했던 잡지사의 편집장은

내게 노래만 시켰다

노래방이라는

또 다른 동굴에 갇힌 나는

원고지 빈칸을 메우듯

빈 잔을 채워가며

있는 힘을 다해 노래를 불렀다

우우우,

노래방에 메아리가 울려 퍼질 때면

나는 불쌍한 내 그림자를 끌어안고

춤을 추기도 했다

—〈청춘 벽화〉 부분

　삼척동자에게 물어보자. 이런 것이 시일 수 있냐고. 이렇게 진부한 진술이 시일 수가 있냐고. 이건 시가 아니지. 최소한의 은유, 최소한의 상징, 최소한의 묘사, 최소한의 '울림'과 '떨림'이 있어야 하지 않은가. 이건 뭐 자신만이 독자인 일기도 아니고 붓 따라 가는 대로 쓴 수필도 아니고……. 아니, 좋은 문장의 수필보다 한참 못한 작품일세. 기형도의 〈겨울 판화〉와는 천양지차이며 새 발의 피도 안 되는 시일세. 내가 지금 너무 과격하게 말하고 있다고? 자네에 대한 애착이 없다면 내 이런 말을 하지 않을 걸세. 이제 갓 등단한 자네가, 아직 첫 시집도 출간하지 못한 자네가 이럴 수는 없네. 벌써부터 이런 시, 즉 긴장감이라고는 털끝만치도 없는 시를 쓴다면 시집을 내기도 전에 자네는 문단에서 도태될 것이네. 문단이라고 하여 적자생존의 법칙이 적용되지 않을 수 없으니까. 크게 실망했으니, 이번 기회에 대오각성하기를 바라네.

　《문학세계》라는 마이너 문예지로 등단한, 내게는 아주 생소한 김부영이란 시인이 쓴 시를 보았네. 자네의 시가 실린 《문학나무》에 같이 실려 있는 작품일세.

손길 떠난 것들이 모로 눕는다.

마당귀에 앵두나무 홀로

단추 알 같은 열매를 흩뿌리고 서 있고

자신의 임종을 가리키며 멎은 벽시계에 걸린
거미줄 위로 정지된 시간의 먼지가 쌓이고
풀들이 천천히 빈집을 먹고 있다.
버려진 신발 속에 바람이 소심히 담기는 한낮.
사람들이 버리고 떠난 그림자들이 걸어 나와
기억의 더미를 뒤적이는 위곡리 빈집.
돌기와 비늘이 간단없이 미끄러져 내리는 빈집.

―〈위곡리 빈집〉 전문

위곡리가 어디인지 나는 모르네. 아마도 고향을 등진 사람이 너무 많아 텅텅 비어버린 마을 중의 하나가 아닐까 싶네. 시인은 극도로 자기감정을 억제하고 위곡리 빈집을 관찰, 묘사하고 있네. 그런데 그 묘사가 영 예사롭지 않네. "자신의 임종을 가리키며 멎은 벽시계"라든가 "풀들이 천천히 빈집을 먹고 있다", 또 "버려진 신발 속에 바람이 소심히 담기는 한낮" 등 빈집을 묘사해 나가는 솜씨가 언어의 연금술사 같지 않은가. 그렇다네, 시인은 무에서 유를 만들어내는 언어의 연금술사여야 하네. 특히 "사람들이 버리고 떠난 그림자들이 걸어 나와/ 기억의 더미를 뒤적이는 위곡리 빈집" 같은 표현은 을씨년스런 풍경을 더욱 실감나게 묘사하고 있어 혀를 내두르게 되네. 마지막 행은 무슨 뜻인지 잘 모르겠는데, 위곡리가 어촌임을 말하고 있는 것이 아닐까? 같은 시인의 다른 시를 보겠네.

이쯤에 발을 묻고 기다리겠다.

먼지와 연기와 소음과

질주의 어지러움에 병들어도
　　쓰러지지 않는 독한 기다림의
　　모습을 보여주겠다.

　　가을 끝물도 메말라
　　그대에게 줄 소소한 말들은
　　다 잘라낸 몸통으로 서서
　　기다림의 자세를 보여주리니.

　　살다가 한 가닥
　　기억이 나거든 눈여겨보라.

―〈가로수〉 전문

　이 시 역시 소재나 주제를 갖고 평가하자면 평범함이 지나쳐 진부하기까지 하네. 그래서 시인은 가로수를 의인화하기로 마음먹은 것이겠지. 가로수가 얼마나 처절하게 자신의 목숨을 부지하기 위해 발버둥이치고 있는지를 말해주는 부분이 제 2, 3연일세. 여름에는 도시의 먼지와 매연과 소음, 그리고 차량이 쌩쌩 치달려 가로수를 괴롭히고 늦가을에는 겨울 채비로 팔을 마구 잘라내지. 다시 말해 늦가을에 가로수들은 왕창 가지치기를 당하지. 가로수는 인간에게 이렇게 말한다. "살다가 한 가닥/ 기억이 나거든 눈여겨보라"고. 가로수의 끈질긴 생명력을 보고 무엇을 좀 느끼시라고. 그런데 제3연은 문장이 영 어색하구만.

　가로수는 비록 병든 몸이 될지라도 쓰러지지는 않는다. 다 잘래내어 몸통만 남을지라도 기다림의 자세를 보여준다. 참고 기다리면 새순이 돋을 새봄이 오리니. 녹음 짙은 여름이 오리니. 시인은 혹 가로수한테서 가혹한 현실을 버텨내는, 그 어떤 반항하는 몸짓을 보았던 것이 아닐까.

《문학나무》 봄호에 실려 있는 조양래의 〈꿈〉을 한번 보자. 시라는 것이 형식에 있어 진일보한 새로움을 보여주지 못한다면 내용에 있어서라도 다소나마 '울림'이 있어야 하네. 심금을 울린다는 그 울림 말일세.

할머니 오래 사세요 오래오래
그렇게 부르던 내가 서쪽으로 기울어 갑니다
고망주야 강아지야, 머리 쓸던 할머니 곁에서
기운 가을 햇빛은 얼마나 가득했던가요
할머니 계신 곳도 가을이 있나요
거기서도 짧은 해에 그림자 길어지고
울적함이 깃드는 가을이 있는가요

—〈꿈〉 전반부

"할머니 계신 곳도 가을이 있나요"란 시행으로 보아 화자의 할머니는 지금 이 세상 사람이 아닐세. "고망주야 강아지야" 화자를 애칭으로 부르면서 머리를 쓰다듬던 할머니였고, 어떤 시점에서는 화자가 할머니에게 오래 사시라고 축원을 해주기도 했었지. 그런데 지금은 화자가 서쪽으로 기울어 가고 있다. 이 표현은 시인 자신의 병이 깊어지고 있음을 말한 것이라고 봐도 무방하리라. 가을이 되니 더욱 울적한 심사에 사로잡힌다. 환자들은 낙엽이 나뒹구는 가을을 몹시 타지 않는가.

그렇다면 절 불러주세요 기운 햇살에

할머니 그늘에 묻힐 테니

절 불러주세요

찬바람에 쫓긴 풀벌레들 쓸쓸한 울음소리에

세상 슬픔 더하고

짧은 해에 마음이 가라앉는 그곳에서

할머니, 할머니 발길 좇아 우리 집으로

석양의 들길을 가는 건 얼마나 기쁜 꿈인가요

―〈꿈〉 후반부

  시인은 돌아가신 할머니한테 나를 데려가 달라고 애원한다. 건강을 잃었기 때문인지 비감에 사로잡혔기 때문인지 시의 문맥으로는 잘 파악되지 않는데, 아무튼 시는 중반부에 접어들면서 죽음의 이미지, 저승의 이미지를 지니게 된다. 그런데 시인은 마지막 부분에 가서 전환을 시도한다. 할머니 생전의 발길을 좇아 "우리 집으로", 석양의 들길을 가는 건 얼마나 기쁜 '꿈'이겠냐고 말한다. 사자를 부활시킬 수 없기에 그것은 꿈에 지나지 않지만 어느 한 시절, 화자는 할머니의 발길을 좇아 우리 집으로, 석양의 들길을 걸어간 적이 있었던가 보다. 그래서 그 꿈은 '기쁜 꿈'인 것이다. 시인은 죽음을 애원하는 척하였지만 내심 생을 갈망하고 있던 것이 아닐까. 저승의 할머니에게 나를 불러달라고 애원하는 듯하지만 그것은 역설적인 표현이고, 실상은 삶에 대한 강한 애착을 표시한 시임을 알 수 있네.

  자네의 시는 언어의 절제, 혹은 함축적 언어의 사용이 급선무일세. 대구에서 나오는 종합 계간지 《생각과 느낌》에 실려 있는 이우걸 시인의 작품은 자네에게 귀감이 될 걸세.

식은 채로 병 안에 나는 갇혀 있다.

한 때 나를 지켜주었던 견고한 이 질서가

지금은 나를 죽이려

뚜껑을 닫고 있다.

—〈물〉 전문

이우걸은 60대로 접어든 시조시인일세. 그런데 이 작품은 시조 냄새가 별로 나지 않지? 마지막 두 행이 3·5·3·4의 음수를 지키고 있어 시조로 봐줄 수도 있겠지만 앞의 두 행을 봐. 시조가 아닌 것 같지. 그런데 어디 한 군데 군더더기 없이 흘러가고, 내용 또한 참으로 단순하고 명료하네. 병 속의 물은 견고한 질서를 지키고 있는 듯하지. 그런데 뚜껑을 닫아 그 질서를 오래 유지하려는 의지가 있어 나(물)를 죽이려 뚜껑을 닫고 있으니 이 얼마나 아이러니컬한 일인가. 닫힌 뚜껑 속의 물은 질서를 지키기는 하지만 죽은 물이라는 인식이 단 2개의 문장으로 구현되었고, 시가 되었네. 이 인식은 달리 말해, 물이란 것은 누군가의 목구멍 안으로 들어가거나 나무뿌리를 적시거나, 혹은 거리에서 증발을 하더라도 병 바깥으로 나와야만 물 구실을 할 수 있다는 인식이지. 이 시 자체가 '견고한 질서'를 지니고 있지 않은가. 앞으로 자네는 시를 쓸 때 중언부언하거나, 군더더기를 붙이지 말기를 바라네. 두말하면 잔소리라고 하지 않는가.

비로소 그대의 프러포즈를 받았네

그것은 봄비 내리는 들녘을 통째로

선물 받았다는 뜻

머리카락이 젖을 때부터 상상은 시작되고

빗발은 가슴을 밟아즈리네

몸 밖으로 먼지가 풀풀 날아가네

겨우내 바위산을 홀로 서성이던 외각수는

털갈이를 마친 턱을 우아하게 치켜들고

컴컴한 동굴 속에서는 금갈색 껍질을 깨며

어린 짐승의 햇숨결이 들려오기도 하네

손바닥이 간질거리고 주먹이 근질거리는 일이네

—〈예감〉 제1연

    조명 시인의 〈예감〉은 연애시일 거네. 그대의 프러포즈를 '비로소' 받았다고 했네. 내가 사랑하는 사람이 나한테 사랑한다고 고백하여 주기를 갈망하고 있는데, 이런 꿈 같은 일이……. 정말 사랑한다고 말하며 구혼하는 것이 아닌가. 바로 그때 느끼는 환희를 시인은 한 줄 한 줄 써 내려가네. "밟아즈리네"란 표현은 처음 보는 것인데 아마도 "즈려밟네"라는 뜻이 아닐까 싶네. 제2~5행은 화자의 마음이 '환호작약'의 상태임을 말해주고 있네. 외각수(일각수? 유니콘?)도 봄이 오면 짝짓기를 할 대상을 찾고, 컴컴한 동굴 속에서 새끼를 낳지 않는가. '나도 너와 짝짓기를 하고 싶다!'고 외치고 싶은 화자의 마음을 시인은 "손바닥이 근질거리고 주먹이 근질거리는 일"이라고 표현하였네. 고도의 세련미가 아닌가.

그대의 사랑을 받는다는 것은

장대비가 푸르름 물큰대는 품을 열어젖히는

활엽수림을 고스란히 선물 받는다는 뜻

눈꺼풀 열리고 태양의 더듬이 자라나

> 마지막 날갯짓을 접을 때까지
> 나는 한 생의 비를 하룻밤에 맞네
> 그것은 깊이 잠들었던 영혼의 정낭과 난소를 깨우는 일
> 아득히 둥근 우주의 태반에서는
> 물방울 터뜨리면서 고물대는 것들이 생겨나네
> 달아오른 심장의 판막을 두드리면서
> 돌고래 같은 아이가 파닥이며 날아오르는 소리

―〈예감〉 제2연

　이 시는 사실상, 에로티시즘이 농염한 시일세. "어론님 오신 날 밤이여든 구뷔구뷔 펴리라"고 노래했던 황진이 이후 어떤 시인이 이처럼 원초적인 성적 욕망을 표현한 적이 있었던가. 여성 화자가 남자를 몸 안으로 받아들여 회임하고 싶은 욕망을, 생명체를 잉태하여 출산하고 싶은 욕망을 이처럼 적나라하게 표현한 시를 나는 여지껏 보지 못하였네. "장대비" 혹은 "한 생의 비"를 나는 남성이 여성 화자의 몸 깊숙한 곳에 사정하는 정액으로 여기게 되는데, 그 이유는 "깊이 잠들었던 영혼의 정낭과 난소를 깨우는 일"이라는 표현 때문일세. 그 행위는 쾌락에서 시작하여 열락으로 끝나는 것이 아니지. 이 우주에 그 전에는 존재하지 않았던, 완벽하게 새로운 생명체를 탄생시키는 행위일세. "아득히 둥근 우주의 태반에서는/ 물방울 터뜨리면서 고물대는 것들이 생겨나네"라는 시행이 그것을 잘 말해주고 있지 않은가. 두 생명체의 결합은 또 다른 생명체의 탄생을 위한 역사役事인 것이네. 하늘을 나는 새도, 바다 속 돌고래도, 밀림의 맹수들도, 우리 인간도 마찬가지네. 양성생식을 하는 생물이라면 이성과의 뜨거운 결합을 꿈꾸는 본능을, 종족 번식의 욕망을, 생명 창조의 꿈을 버릴 수 없네. 하지만 여기서 우리가 생각해야 할 것은 불가에

서 말하는 회자정리會者定離라네. 두 몸이 한 몸이 되어 사랑하고 회임하고 출산하여 종족을 유지했지만, 두 몸은 때가 되면 헤어져야 하네. 앞서거니 뒤서거니 이승을 떠나야 하는 거지. 사랑이란 달리 말하면 집착의 상태가 아닌가. 집착을 하면 머지않아 결별해야 함이 모든 생명체가 지니고 있는 운명인 것. 시는 이렇게 끝나네.

그대와의 사랑이 깊어지는 일이란
그러나, 그렇네
비 오는 어느 겨울밤 더 깊숙한 소외를 그리워하며
빈 별자리를 찾아 서로 다시 떠나리라는.

'영원한 사랑'은 없다네. 사랑의 종말은 이별이 아니면 사별이지. 비 오는 어느 겨울밤 더 깊숙한 소외를 그리워하며 빈 별자리를 찾아 서로 다시 떠날 수밖에 없는 것이 생명체의 슬픈 운명인 것. "사랑을 하면 할수록 우리들 가슴은 빈 술잔"이라는 노랫말이 생각나네. 시인은 단순히 남녀상열지사 혹은 에로티시즘의 극치를 보여주고자 이 시를 쓴 것이 아닐세. 인간 생로병사의 비의를 탐색해본 것이지. '예감'이란 제목은 생명체의 탄생과 성장, 번식과 죽음의 과정에 대한 일종의 예감을 담은 것이 아닐까? 지금까지 행한 나의 해석이 잘못된 것일지도 모르겠네. 아무튼 〈예감〉은 잘 연마된 보석 같은 시임에 틀림없네. 나는 자네가 언젠가 언어의 연금술사가 되어 내 앞에 나타날 것임을 믿네. 노력하시게.

우리 시에도
밝은 날이
올 것인가

최동은 시인께

그간 안녕하셨습니까? 작년 충북 제천 원서문학관에서 뵌 이후 별고 없으셨는지 궁금합니다.

계간 《시안》에 발표하신 시 〈27번 버스〉를 잘 읽어보았습니다. 《시안》 출신 자들 특집난에 실린 작품이라 유심히 읽어보았습니다. 《시안》은 제가 한때 편집·기획위원으로 일했던 문예지였고, 그 문예지를 옹위하는 문인들의 모임인 '시안시회'의 회장도 역임했었기 때문이지요. 그런데 대단히 죄송하게도 저는 선생님의 시가 좋았기 때문에 지금 편지를 쓰고 있는 것이 아닙니다. 그 반대로 적이 실망스러웠기에 조언을 드리고 싶어 편지를 쓰고 있는 것입니다.

시작 노트를 보고 저는 시 내용의 대부분이 허구가 아니라 사실임을 알 수 있었습니다. 시작 노트는 "그때 내 몸이 부실하여 또 하나의 생명을 완전하게 실을 수 없었다."는 문장으로 시작합니다. '스물일곱의 나이', '해운대 산부인과', '붉은 줄이 쳐진 시내버스', '산부인과 간판' 같은 글자들이 보이는군요. 아마도 그때 선생님은 몸이 안 좋아 여러 달 배를 아프게 한 새 생명을 출산하는 기쁨을 누리지 못했던 모양입니다. 그것은 마음 깊이 크나큰 상처로 남아 있었을 테고, '상처의 기록'이라고 할 수도 있는 '시'에다가 그 상처를 새기기로 했나 봅니다.

    길 건너 새로 들어선 산부인과 간판 흰 바탕에 붉은 글씨 뭉쳐 있던 내 핏줄 타고 서서히 몸을 풀기 시작했어 풀어지는 흑백 필름 사이 오래 닫혀 있던 문 열리자 둑길 너머 해운대 산부인과로 가는 27번 버스가 스물일곱의 나를 태우고 가는 게 보였어 백짓장 같은 마음 싣고 얼마를 달렸을까 버스가 섰다 떠날 때마다 감출 수 없어 울컥거리던 메스꺼움 어둠을 베고 누운 깊은 수렁 속 마취액에 완전히 취하지 못한 이층 병실에서 두 번째 아이 지우는 소리 들었어

—〈27번 버스〉 전반부

    버스 번호 27번을 확실하게 기억하고 있는 것은 그때 선생님의 나이가 스물일곱이었기 때문이겠지요. "마취액에 완전히 취하지 못한 이층 병실에서 두 번째 아이 지우는 소리 들었어"란 시행은 제 가슴을 아리게 합니다. 자신의 건강이 허락하지 않은 탓에 결과적으로 '자식 살해'를 했으니, 그때 선생님의 비통함이 어떠했을까요. 하늘이 무너지는 절망감을 느꼈을 것입니다. 그런데 그런 비통함, 혹은 상처의 기록이 시가 되지 않으면 '말짱 도루묵'이 아닙니까. 선생님의 작품은 시종일관 설명이요 진술입니다. 그때 겪었던 일을 아주 친절하게 설명하고 있을 뿐, 시로 형상화하지 못하고 있습니다. 마저 읽어보도록 하겠습니다.

내 몸 속을 울리는 낮은 기계음 소리 작은 숨결 하나 남김없이 긁어내는 일이 이렇듯 쉽게 양수를 빠져나가고 깊이 잠들 수 없던 바람 꽃무늬 커튼 사이로 펄럭였어 창문 밖엔 울음소리 들리지 않게 무더기로 피어난 개나리꽃들 내 입을 틀어막았고 방 안 가득 노란 현기증 가득 찼어 바다 냄새 미끈거리는 해운대 산부인과 난 정거장도 없는 곳에 한 아이 내려놓고 나를 실어다 준 27번 버스 타고 왔던 길을 향해 되돌아오고 있었어

—〈27번 버스〉 후반부

끝까지 읽었지만 새로운 '발견'의 요소, '발명'의 요소가 보이지 않습니다. 고작 "바다 냄새 미끈거리는 해운대 산부인과" 정도밖에 없습니다. 정말 좋은 소재인데 좀 더 사유하고 고민하면서 세계의 비밀을 천착하는 노력이 부족한 것은 아닌지요? 좋은 소재는 좋은 시를 위한 요소임이 분명하지만, 범상하고 대중적인 접근 방법으로는 독특한 시세계를 이룰 수가 없지요. 아쉽고 안타깝습니다. 그때 있었던 일을 누구한테 설명해주듯이 썼기에 제 생각에는 과거지사 토로일 뿐 '시'가 되지 못했습니다. 시란 실제 겪었던 일을 그대로 말하는 것이 아니라 은유하고, 상징화하고, 이미지화하고……. 언어를 갖고 세공하는 것이기에 시인에 대한 별칭을 '언어의 연금술사'라고 하는 것이겠지요. 선생님의 시는 가혹하게 말해 시정신의 산물이 아니라 산문정신의 산물입니다. 그래서 제가 앞에서 '진술'과 '설명'이라는 말을 했던 것입니다. 자식을 잃은 뒤 참담한 마음으로 쓴 정지용의 〈유리창·1〉이 왜 '시'인지를 생각해보십시오. 시란 논설문이나 설명문 혹은 보고문이 되면 안 됩니다. 현실을 직시하되 현실을 뛰어넘는 상상력을 보여주어야 합니다. 두 번째 아이를 지운 그날의 뼈아픈 고통이 시가 되기 위해서는 '시'를 짓는 고통이 수반되어야 합니다. 너무나 평이하게, 또 밋밋하게 썼기에 그만 좋은 소재 하나를 놓쳐버렸다는 생각이 듭니다.

올해 등단한 심언주의 〈CCTV〉를 봅시다. 외양은 선생님의 시와 얼추 비슷한 산문시형입니다.

> 가로등이 깍듯이 거수경례한다고? 성처럼 둘러서서 호위해준다고? 불 켜진 밤에 한번 봐, 판교 톨게이트를 몇 시에 통과하는지 눈 벌개져 체크하는 가로등 눈빛을 한번 봐, 방금 떨어진 나뭇잎을 지그시 밟고 있는 저 가로등, 오늘 저녁엔 가로등들이 백미러로 뛰어들어 립스틱을 재빠르게 문질러버렸어, 그리고는 꽃물 번진 입술을 쓰윽 닦고 말쑥하게 서 있더군, 이지러진 입술, 잃어버린 입술, 재생이 잘 안 되는 입술, ······고개 들고 올려다봐, 가로등 속으로 빨려드는 네 입술을 자알 봐, 망원경 들이대고 달도 보고 있었잖아,
>
> ―〈CCTV〉 전문

차를 몰고 가다 보면 만나게 되는 CCTV는 주로 운전자의 과속을 체크하지요. 시인은 그 기기를 '아주 얄미운 놈'으로 설정, 즉 의인화하여 놀려댑니다. 그는 눈이 벌게져서 체크한다고 표현했는데, 이 정도야 전혀 새로울 것 없는 상상력입니다. 이 시의 재미는 일단 맨 처음 두 문장에서부터 시작됩니다. 두 번의 물음이 독자들의 궁금증을 불러일으킵니다. 그래서 눈을 크게 뜨고 그 다음 문장을 읽게 되지요. '문명 비판'이란, 모더니즘의 역사가 시작된 이래 너나없이 행하여 식상할 대로 식상했는데 이런 식으로 구어체로 하니까 흥미를 갖고 읽게 됩니다. 재미는 "오늘 저녁엔 가로등들이 백미러로 뛰어들어 립스틱을 재빠르게 문질러버렸어"란 문장에 이르러 증폭됩니다. CCTV가 설치되어 있는 가로등이 마치 술집 작부인 양 꽃물 번진 입술을 쓰윽 닦고 말쑥하게 서 있기도 하는데, 그 입술은 "이지러진 입술, 잃어버린 입술, 재생이 잘 안 되는 입술" 등 점입가경이 됩니다. 끝 부분 처리도 상큼하지 않습니까? 전반적으

로 가볍다는 인상을 주기는 합니다만 현상과 사물에 대한 새로운 인식이 필요한 21세기에는 이런 시가 사실 많이 쓰여져야 합니다. 바로 이런 관점에서 본다면 시조는 형식도 형식이지만 내용면에서 좀 더 새로워져야 할 것입니다.

골 깊은
새벽잠
깬
푸른 고요 하늘 이고,

은입사
실구름 무늬
태산의 무게
받쳐들고,

낮벌레
울음밭 흔든
꼬리 짧은 저 메아리

―윤금초, 〈가는잎쑥부쟁이〉 전문

　　윤금초 시인은 시조시단에서 확고한 위치를 차지하고 있는 분이라고 알고 있습니다. 시조시인으로서 받을 수 있는 주요 문학상은 거의 다 수상하였고, 신춘문예도 오래 전부터 심사하고 계신 분이지요. 그런데 《시와 현장》에 발표한 시조 한 편을 보고 저는 기대에 미치지 못하는 작품이라고 생각했습니다. 낯익은 시어와 표현, 범상한 심상과 상상력 때문입니다. 제1연은 문법적으로 좀 이상하고 작품 전체가 한 문장인 것도 마음에 들지 않습니다. 현대에도 이런 정형화된 시조가 필요하겠지만, 표현은 구태의연하지 말아야 한다고 생각합니다. 시조시단에도 모험심을 갖고 있는 신인들이 배출되어야 하겠다는 생각이 강하게 들었습니다. 아마도 제 글을 윤금초 시인께서 보신다면 화를 낼 것입니다. 하지만 우리 시단에 칭찬은 난무하는데 애정이 담긴 비판은 거의 없습니다. 시조시단이야말로 그렇지 않을까요? 시가 뼈저린 고뇌의 산물이 아니라면 음풍농월이 되기 쉽지요. 시 세계가 반드시 고통과 고뇌로 점철되어야 할 이유는 없지만 시를 쓰는 과정에서는 '뼈를 깎는' 고통이 있어야 하지 않겠습니까. 쉽게 씌어진 시는 쉽게 잊어버리게 될 테니까요. 그것을 쓴 시인 자신에게나 독자에게나. 그래도 "낮벌레/ 울음밭 흔든/ 꼬리 짧은 저 메아리" 같은 표현은 대가의 노련한 솜씨를 엿볼 수 있는 구절이라고 생각했습니다.

 계간지 《시작》을 보면서도 저는 아쉬움을 넘어서서 깊은 슬픔을 느꼈습니다. 독자인 저한테 문제가 있는 것인지도 모른다는 생각이 들기도 했습니다.

  모든 것은 다 지나간다.
  천 년의 꿈이란 한들
  제자리에 있겠느냐

  우리가 사는 일이 온통 고통이라 해도
  오늘 바람 속에 흔들리는
  저 풀잎 하나보다 못하구나

  기억하느냐
  겨울 빈 들에서 듣던 그 종소리

—박영근, 〈기억하느냐, 그 종소리〉 전문

  1연부터 3연까지 읽고도 저의 마음은 전혀 움직이지 않았습니다. 시인이 아닌 그 누구라도 할 수 있는 말을 하고 있으니까요. 그나마 마지막 연에서 환기하는 것이 있어 시가 되기는 했습니다만 전체적으로 함량이 많이 떨어지는 작품이라고 생각합니다. 1994년에 신동엽창작기금을 수혜하신 분이니 월등 좋은 작품을 보여주시리라 기대는 합니다만 이런 시는 제가 알고 있던 박영근 시인의 작품 같지가 않습니다. 시인도 모험가의 정신으로 일신우일신하지 않으면 고인 물이 되는 것입니다. 고인 물은 또 어떻게 되겠는지요?

  집에
  아이들이
  없다, 엄마가
  없다, 아빠가
  없다, 집은
  너무 외로워
  나가버렸다

—조재도, 〈집〉 전문

  가을일 모두 끝나고
  서릿바람 검실거리는 들판에
  낮게 허리 엮은
  짚가리마저 없다면
  세상 참 얼마나 쓸쓸한 것이냐

아직 수줍은 살얼음은

그 여린 등을 어디에 기댈 것이며

팔십 평생 땅 한 평 갖지 못한

우리 아버지 그 질긴 눈물은

또 어디에 휘이휘이 뿌려낼 것이냐

―윤임수, 〈짚가리〉 전문

    1985년에 등단한 조재도의 작품에는 가정이 무너지고 가족이 해체되고 있는 이 땅의 현실에 대한 안타까운 시선이 담겨 있습니다. 가정불화가 원인이 되어 아이가 가출하는 집, 부모가 이혼하거나 별거하는 집은 정말 엄청나게 많습니다. 하지만 이것을 한 편의 시라고 볼 수 있을까요? 시라면 사람의 심금을 울려주거나, 발상의 전환을 꾀하거나, 인식의 새로움을 보여주거나, 존재론의 요소가 있거나……. 감동, 공감, 충격, 깨달음……. 뭐 이런 것들 중 한 가지는 있어야 하지 않습니까. 1998년에 등단한 윤임수의 〈짚가리〉 역시 별로 다르지 않습니다. "아직 수줍은 살얼음은/ 그 여린 등을 어디에 기댈 것이며"처럼 희미하게 빛나는 시행이 없지 않지만 이 시 역시 진부한 발상과 표현 일색이라 발견의 영토는 갖지 못했습니다. 주제 자체를 부정하고 싶지는 않습니다만 여운을 남기지 않는 시입니다. 이 땅 수많은 농투성이의 아픔을 대변한 시가 아니냐고 혹자는 저한테 말할 수도 있겠는데, 저는 이런 유의 시를 1970~80년대에 많이 읽었노라고 답하겠습니다. 주제가 확실한 시일수록 앞선 시인들의 창작 방법론을 답습해서는 안 될 것입니다. 가슴을 치는 바가 있어야 '민중의 아픔'이 느껴질 터인데, 평이한 발상, 상투적인 표현, 안이한 결말이어서 그 아픔이 실감되지 않습니다. 이상의 시들뿐 아니라 저의 인식지평을 넓혀 주는 시가 별로 없어 문예지 읽기가 힘들기만 합니다.

문예지상에는 이와 같이 제 마음을 움직이지 않는 시가 너무 많습니다. 제가 발표하는 시도 뭇 독자의 눈에는 그렇게 비칠지 모르겠습니다. 문예지의 홍수 속에서 우리는 너무 쉽게 시를 쓰고 쉽게 발표하고 있는 것이 아닐까요? 오늘날 시집은 독자의 철저한 외면 속에서 살길을 찾지 못하고 있는데, 그 원인의 상당 부분이 우리 시인에게 있다고 생각하지 않습니까? 촌각을 다투며 바뀌는 인터넷 시대에 시시한 시를, 시든 시를, 느린 시를, 답답한 시를, 지겨운 시를 누가 읽겠습니까?

> 너는 웃기 위해서 존재하고
> 나는 울기 위해서 존재한다.
> 너는 가전제품 사기에 바쁘고
> 나는 유행가 테이프 사기에 바쁘다.
> 너는 화려한 나들이를 좋아하는데
> 나는 방구석에 처박히기를 좋아한다.
> 너는 영화 속의 공주를 꿈꾸는데
> 나는 도통 꿈이 꾸어지지 않는다.
>
> ―최휘웅, 〈대칭구도〉 앞부분

이런 식의 나열이 시의 거의 대부분을 차지하고 있습니다. 아마도 시인은 "너와 내가 만나는 지점에는 어느새/ 인생은 허전하다가 복병처럼 숨어 있다."는 말을 하고 싶어서 17행 계속해서 대칭의 물목을 나열했을 것입니다. 독자가 지루해하는 것을 아랑곳하지 않고 말입니다. 말장난pun에 가까운 이런 시가 아닌, 명절 풍경을 스케치한 정통 서정시를 보십시오.

오랜만에 가족이 모였다.

서울과 일산 구미 부산에서 모인 형제들의 웃음이 아지랑이마냥 피어오른다.

늙은 아버지와 어머니는 명절 차례상보다 자식들에게 먹일 음식과 싸 보낼 물건 마련에 1주일 전부터 부지런히 시골장을 순회했다.

그렇게 명절은 찾아들고
그렇게 집 나간 자식들도 찾아들고
그렇게 가족들은 둥근 상을 마주하고 파안대소를 하는데

명절날 아침, 서울 아들 멀다고 밥 먹자 주섬주섬 일어나고
일산, 구미, 부산 아이들도 차 막힐까 오후 들자 죄 떠나가고

길 나서는 자식들 품에 그 동안 준비해 둔 시골 먹거리들을 떠안기고는
휑한 골목길 오래도록 말없이 서 계시는 두 노인네

―배재경, 〈명절, 일장춘몽〉 부분

사실적이라는 면에서는 수필이요, 운율을 철저하게 무시했다는 면에서는 산문시가 아닌 산문입니다. 자신이 경험했던 일을 곧이곧대로 기술한 이것이 어찌 시 전문지에 발표했다고 하여 시라고 할 수 있습니까! 일기라면 혼자서 보면 될 것이요, 수필이라면 문학적 향기를 풍겨야 할 것입니다. 이런 무미건조한 글이 시의 탈을 쓰고 돌아다니고 있기에 우리 시의 운명이 바람 앞의 등불인 것입니다. 이런 시를 받아든 문예지 편집자라면 응당 원고를 되돌려 보내야 합니다. 새 원고를 달라고 해야 합니다. 그래야 문예지도 살고 그런 시를 낸

시인도 살 수 있는 것이지요. 우리 시단도 살길을 찾을 수 있는 것이고요.

제가 지금 무명의 시인들만을 대상으로 이런 비난을 하고 있다고요? 왜 대가나 중견 시인을 비판의 도마 위에 올려놓지 않고 있냐고요? 그럼 저와 막역한 사이이며, 조선일보 신춘문예를 통해 당당히 등단한 시인의 작품을 갖고 얘기를 한번 해보겠습니다. 그의 시집 해설을 쓴 바 있고, 문예지 계간평에서도 저는 그의 작품에 대해 격찬을 아끼지 않았던 적이 있습니다. 그런데 이번에 발표한 작품은 영 신통치 않습니다.

저 발칙한 것들

삼삼오오 짝을 지어
놀러 나온 여중생들이 불쑥
공중에 검지손가락을 내보이고 있다
봄바람에 개다리를 떨며
슬쩍 걷어 올린 다리 치마 속으로
언뜻 보이는 분홍 팬티
그거 보러 그까짓 거 보러
어둑어둑한 공원길
연애 나온 아줌마 아저씨
달빛 아래 화장하고 나와 히히덕거리는
저 딸년들 분 냄새에
가슴 뭉클 달아오르네

―권대웅, 〈벚꽃놀이〉 전문

벚꽃놀이를 잘 형상화했다면 사실 할 말이 없습니다. 그런데 여기서 벚꽃놀이란 창경원 밤 벚꽃놀이만을 가리키는 것이 아니지요. 벚꽃놀이를 나온 여중생들이 오히려 벚꽃이며, 연애 나온 아줌마 아저씨가 여중생들의 "슬쩍 걷어 올린 다리 치마 속으로/ 언뜻 보이는 분홍 팬티"를 보고 "달빛 아래 화장하고 나와 히히덕거리는/ 저 딸년들 분 냄새"를 맡는 것이 이 시에서 말하는 벚꽃놀이입니다. 세태풍자 계열의 시라고 하더라도 경박하기 짝이 없습니다. 도대체 이 시가 지향하는 바가 무엇인지 모호하기만 합니다. 기왕 이런 시를 쓰기로 했다면 더욱 음란한 풍속도를 그리던가, 발랄한 시체어時體語를 구사해야 하지 않았을까요? 에로티시즘이라고 하더라도 급이 낮습니다.

정성수는 근 10권에 달하는 시집을 내신 중견시인으로 만만치 않은 시 세계를 갖고 있는 분입니다. 저는 그분의 수작에 대해서도 상찬의 글을 쓴 적이 있습니다. 그런데 최근작 2편을 보고 조금 실망했습니다.

어머니, 아버지, 추억은 모두 따뜻합니다

―〈성묘 2004〉 전문

아무도 걷지 않은 눈길

―〈인생·2〉 전문

두 편 시 모두 무척 짧군요. 딱 1행씩이어서 눈에 확 들어옵니다. 그런데 눈에만 들어올 뿐 하나의 심상도 맺지 못하고 '왜 이런 시를 썼을까?', '왜 이런 시를 발표했을까' 하는 의문만 전해줍니다. 앞의 시에는 성묘를 갔더니 어머니, 아버지에 관한 추억이 따뜻하게 다가오더라는 뜻이 담겨 있겠지요? 뒤의 시에는 한치 앞을 알 수 없는 우리네 인생이란, 아무도 걷지 않은 눈길과 같다는 뜻이 담겨 있는 듯합니다. 인생이란 미답未踏의 길이며 미지의 세계임을 독자에게 알려주기 위해서 쓴 시는 아닐 테고, 이 시의 존재 의의가 무엇인지 궁금합니다. 시에는 시인 나름대로 창작을 위한 공력功力이 투사되는 법인데 너무 안이하게, 안일하게 시를 쓰고 있는 것이 아닌지 모르겠습니다.

나름대로 열심히 쓴다고 쓴 시에 대해 제가 너무 가혹한 비난을 퍼부은 것일까요? 글쎄요, 이런 종류의 비난마저도 없이, 문예지별로 끼리끼리 모여 해설류의 글쓰기만을 해온 우리 시단이 아닙니까? 대가와 중견은 그들대로 프리미엄이 있기 때문에 나서서 비판하는 평론가가 잘 없습니다. 몇 개 계간지는 그들대로 편 가르기가 심해 자기네 식구는 열심히 챙겨주고 여타 시인들에 대해서는 철저히 무시해왔습니다. 줄을 잘 서지 않고서는 아무리 시를 잘 써도 인정받을 수 없다면 이것이 어찌 정직한 문학판이라고 할 수 있겠습니까.

최동은 선생님! 선생님은 이제 등단하신 지 2년 반 정도밖에 안 된 신인입니다. 이제부터 정말 귀기 서린 시를 써 보여주십시오.

제가 선생님께 이런저런 말을 함부로 했던 것은 제가 쓰는 시들이 영 신통치 못해 자기반성의 의미로 한 것임을 지금에야 고백합니다. 이런 말을 했으니 책임을 져야지요. 저부터라도 정말, 심혈을 기울여 시를 써야 하겠습니다. 그러다 보면 언젠가 시 비슷한 것 하나쯤 수확할 수 있겠지요. 그날이 오기까지 목숨을 갈아서 시를 씁시다. 최 선생님한테 부끄럽지 않은 시를 보여드릴 수 있도록 전심전력 노력하겠습니다.

내내 건강하시길 기원합니다.

이 글이 발표된 후 윤금초 시인은 《앉은뱅이꽃 한나절》을, 정성수 시인은 《세상에서 가장 짧은 시》라는 좋은 시집을 펴냈습니다. 최동은 시인은 2014년에 시안에서 《술래》라는 꽤 괜찮은 시집을 펴냈습니다. 제 글을 읽고 괘씸하게 생각했는지는 알 수 없습니다.

일흔 개구쟁이,
시간 여행을
하고 있다

오탁번 선생님께

　선생님을 뵌 게 언제인지, 이 계절에 다시 피어나는 꽃들을 보니 더욱 오래된 일인 것만 같습니다. 제가 부모님을 여읜 이후 문단 행사 참석이 뜸했고, 학교와 집과 성당만이 제 삶의 궤도인 양 생활하다 보니 문단 바운더리가 좁아진 탓입니다. 《시안》 편집위원을 했던 2000년 겨울호부터 2001년 가을호까지의 1년 동안, 시안시회 회장을 했던 2002~2003년 언저리에는 선생님을 모시고 호프집에서 밤 깊도록 술도 마시곤 했었는데 어언 10년 저쪽의 일이 되었습니다. 시안시회의 일원으로 문학기행을 갔던 백두산과 윤동주 생가, 그리고 중국 시안[西岸] 일대는 조금도 퇴색되지 않고 기억의 회로에서 수시로 되살아나 제 시심을 자극하곤 합니다. 원서헌에 갔을 때는 마침 근처에 영화 〈박하사탕〉 촬영지가 있었는데, 그곳에서 술 마시며 놀았던 날의 기억은 지금도 그 영화 장면과 겹치면서 제 눈시울을 뜨겁게 합니다.

선생님께서는 1943년 충북 제천 태생의 원로시인입니다. 고려대 국어교육과를 정년퇴임한 지도 여러 해 되었지요. 일 많은 한국시인협회 회장도 2008년에서 2009년에 걸쳐 역임하셨고, 적자가 누적되던 《시안》의 발행·편집인에서는 2013년 가을호 61호를 끝으로 손을 놓았습니다. 2010년에는 《우리 동네》를, 2014년 봄에는 《시집보내다》를 내셨습니다. 이제는 그야말로 종심從心으로 시심의 먹을 갈아야 할 때, 아니나 다를까, 선생님께서는 여전히 시작에 몰두하고 계심을 《시집보내다》를 보며 확인할 수 있었습니다. 저는 지금부터 선생님의 제9시집인 《시집보내다》를 읽으며 느낀 몇 가지를 말씀드려 볼까 합니다.

선생님은 어언 종심의 연세를 넘기셨지만 제 뇌리에는 '개구쟁이'의 이미지가 지워지질 않습니다. 일단, 용모의 단아함과 장난기가 그렇고죄송합니다, 말씀 한 구절 한 구절의 천진스러움이 그렇고, 개구쟁이가 운동장을 뛰어다니는 것처럼 상상이 자유로운 시 또한 그렇기 때문입니다. 선생님께서는 2008년 제가 시와시학상 작품상을 탈 때 오셔서 축사를 해주셨는데, 시종일관 청중들이 포복절도하게 했습니다. 말씀 한마디 한마디에 담겨 있는 유머가 사람들을 크게 웃게 했고, 의례적인 축사가 아니라 진정성 있는 격려의 말씀이어서 사람들이 큰 감동을 받았다고 이구동성으로 말했습니다. 고교 시절을 2개월 재학으로 작파하고 전국 대도시를 가출소년으로 떠돌며 살아가던 저를 시인의 길로 인도해준 분이 어머니였다고 쓴 제 글을 어디선가 읽고 그 자리에 어울리게 말씀을 해주셔서 제 어깨가 한껏 추켜올려졌었지요.

그렇습니다. 선생님의 시는 평소의 말씀처럼 일단 진정성이 있고 재미가 있습니다. 지나치게 솔직하다는 이유로 김은자 선생님께 지청구를 듣는 일은 없습니까? 《벙어리장갑》2002에 실린 〈죽음에 관하여〉에서 "두통이 가신 어느 날/ 예쁜 간호사가 링거 주사 갈아주면서/ 따뜻한 손으로 내 팔뚝을 만지자/

바지 속에서 문득 일어서는 뿌리!"라는 구절을 보고 저는 그만 혼비백산, 하마터면 기절할 뻔했습니다. 《손님》2006에서는 점잖게 "그대는 위대한 시인이다"라고 하시더니 "송이버섯을 받아먹은 자들은/ 장사치의 배알밖에 없어서/ 땅 띔도 못했겠지만/ 송이버섯의 시적 비유는/ 바로 이럴것다?"고 한 뒤에 "—좆까라!"고 일갈하면서 시를 끝맺습니다. 저 같은 소인배는 선생님의 시집을 읽으며 이런 대목을 만나면 솔직함에 감탄하고 금기 타파에 충격을 받습니다. 《우리 동네》2010에서 본 "어쩌다 젊은 시절 떠올라/ 이불 속에서 슬쩍 건드리면/ —안 해!/ 하품 섞어 내뱉는 내 아내!"(《안해》), "잠든 아내/ 슬쩍 건드려나 볼까 했는데/ 나 원 참,/ 볼 일 보고 나니/ 금세 쪼그랑 막불겅이가 되네"(《遮日》) 같은 시구는 참 용기도 좋으시다, 하는 생각이 절로 듭니다. 이번 시집에서도 사모님께서 이 시를 보고 뭐라고 하셨을까, 걱정되는 시편이 한두 편이 아닙니다.

> 평소에 김흥수 화백의 기록을 깨려고 맘먹었다
> 40년 연하의 여제자와 신방을 차린 것!
> 다들 배 아파하던 로맨스를 나도 꼭 해보고 싶었다
>
> —〈아뿔싸!〉도입부

이런 소망이야 누군들 안 갖겠습니까. 아내와 함께 보낸 세월이 길어질수록 아내는 '삼식이' 운운하거나 '왜 깨어나는 거야'라고 하면서 점점 더 무서워집니다. 여성호르몬이 갑자기 감소하는 탓이라고 하지만 아내는 동물원의 호랑이보다도 무서운 엄처가 되고, 낭만적인 남성들은 생의 마지막이 될지도 모를 찬란한 로맨스를 꿈꾸기도 합니다. 선생님께서는 "산수유와 가시오가피에 인진쑥까지 먹으면서/ 호시탐탐 기회를 노렸"지만 플레이보이 창업주 휴 해프

너(84세)가 60년 연하의 크리스털 해리스(24세)와 약혼을 했다는 뉴스를 듣고 "신기록을 세우려면 최소 61년 연하의/ 아리따운 소녀를 점찍어야 한다!"고 생각하면서 셈을 해보니 올해 겨우 일곱 살, 초등학교 들어갈 나이입니다. "굼뜬 동작에다 때는 일락서산,/ 죽도 밥도 안 된/ 내 인생아!" 하면서 비탄에 잠겨 내지르는 선생님의 일갈을 듣고 저는 선생님 시의 매력은 이런 당찬 솔직함에 있지 않나 하는 생각을 새삼 해보았습니다.

오종종한
제비꽃을 보면
그냥저냥
제비턱을 한
날랜
제비족이나 되어
낫낫한
홀어미 하나
홀려내고 싶다

—〈제비꽃〉 전문

'제비'는 제비꽃→제비턱→제비족으로 이어지는데 결국 제비족이 되어 "낫낫한/ 홀어미 하나/ 홀려내고 싶다"는 소망을 말하는 것으로 끝맺습니다. 뭘 어떻게 해보려는 것은 아니겠지요. 홀어미 하나 홀려내어 꽃구경이나 하면 딱 좋은 날입니다. "일기예보 볼 때도/ 레이더 영상은 안 보고/ 찐빵같이 부푼/ 기상캐스터의 궁둥이만 본다/ 에라, 나잇값이나 해라!"(〈궁둥이〉) 같은 시구도 선생님이 아니면 쓸 수 없는 것이겠지요. 저도 기상캐스터의 늘씬한 몸매를 보며 화면상이 아닌 실제로도 저렇게 미인일까 생각한 적이 있는데, 제가 텔레비전 화면을 보며 흑심을 품은 적이 있다고 하니까 주변의 시인들이 모두 자기도 그랬다고 한입으로 고백하는 바람에 한바탕 웃은 적이 있습니다. 그런데 그런 경험을 시로 쓴 이는 아무도 없었습니다. 아무리 젊은 날이었다고 하지만 "위스키 잔에/ 아가씨 젖꼭지 담갔다가/ 홀짝 단숨에 마시고는/ 팁으로 배춧잎 뿌린 적 있다"(〈봄날〉) 같은 구절도 저 같으면 죽을 때까지 못 썼을 것입니다. 서영은 선생이 2013년 8월호 《문학사상》에 발표한 산문 〈수남각 정경〉을 보고 쓴 시도 저를 낯 뜨겁게 합니다.

> 혼자서 큰 집 보는 아이처럼
> 심심해진 서영은이
> 동리의 허리를 안으며 속삭였다
> ―서방님
> 그는 벼루에 붓을 놓았다
> ―하고 싶나? 할까?
> 그 순간 서영은은
> 이 세상 하나뿐인
> 절세絶世의 시인이 되었다
>
> ―〈할까?〉 후반부

원문에는 "그는 허리를 껴안긴 채 "하고 싶나? 할까?"라고 대꾸하며, 여전히 하던 일을 계속했다"고 되어 있었습니다. 하지만 선생님께서는 부부지간의 행위에 대한 상상은 독자에게 맡기고, "할까?"라는 말에 주의를 집중할 것을 요구합니다. "혼자서 큰 집 보는 아이처럼/ 심심해진" 같은 절묘한 표현과 더불어, 독자에게는 설명하기가 참 곤란한 남녀상열지사에 대한 생각을 이래저래 해보게 됩니다.

그런데 이번 시집에는 이런 개구쟁이 혹은 장난꾸러기의 이미지를 보여주는 시편만 있는 것이 아닙니다. 김동리가 청담동 자택에서 도연명의 〈귀거래사〉 전문 쓰기를 붓글씨로 연습했던 것과 같이 선생님은 나름대로 귀거래사를 쓰고 계십니다. 세밑에 원서헌에서 초등학교 동창회를 갖기도 하고(〈동창회〉), 텃밭에 마을 두 접을 심고 정성껏 가꾸기도 합니다(〈마늘밭 1〉). 영월에서 열리는 시낭송회에 제천에서 시외버스를 타고 가기도 하고(〈풍경〉), 아내와 함께 스포티지 몰고 홍쌍리 매화마을로 매화구경을 가기도 하셨지요(〈춘몽〉). "나는야/ 365일/ 아무 약속 없으니까/ 망년회 약속/ 핸드폰에 불났으면 좋겠다"(〈약속〉)처럼 한가하게 전원생활을 즐기고 계시나 봅니다. 그런데 이런 식의 소일消日이나 여적餘滴 같은 시를 읽다가 바짝 긴장하며 읽은 시가 있습니다.

눈으로 볼 수 있는 5천 개의 별은 우리 은하수 별의 고작 0.0001%에 지나지 않는다 이게 찻숟가락 하나 분량이라면 우주의 별은 지름이 13km나 되는 공을 다 채울 수 있다

지구에서 가장 가까운 별인 4光年 떨어진 센타우르스 좌의 프록시마까지의 거리는 38조km이다. 제일 빠른 우주선으로 가더라도 몇 만 년이 걸린다

아내여 주민등록등본을 떼면 나하고 1cm도 안 되는 거리에 있는 아내여 그대의 아픈 이마를 짚어보면 38조km나 이어져 있는 우리 사랑의 별빛도 아득히 보인다

―〈별〉전문

제 1, 2연은 정보에 지나지 않지만 제 3연에 가서는 시가 됩니다. 이제 알겠습니다, 뭇 여성들에 대해 엉큼한 속내를 드러내다가도 이런 시를 써서 위기를 모면하고 점수를 딴다는 사실을. 그런데 제가 정말 경악해 마지않은 시는 제 5부의 12편 시입니다. 해외여행의 산물인 듯한 이 12편의 시는 앞서의 어떤 시집에서도 보기 어려웠던 사상성 혹은 형이상학의 높은 경지를 지향하고 있습니다.

1
조장鳥葬 터에서
살코기 맛나게 드셨는지
설산雪山을 배경으로
솔개 한 마리가 정지비행을 한다
슬로비디오 필름이
뚝 멈춘다

―〈나는, 아니다〉제1연

여기까지는 정보 전달에 불과합니다. 그러나 이어지는 두 연에서 선생님께서는 삶의 철학을 설파하고 있습니다.

2
오체투지하는 티베트 사람들이
정녕 사람이라면

229

나는 한 마리 짐승이다

먹이를 쫓아 아무나 흘레붙는

몹쓸 짐승이다

더는 사람이 아니다

3

조캉사원 향로 앞에 서서

두 손을 모은다

나는

사람이

아니다

—〈나는, 아니다〉 제 2, 3연

　선생님께서는 조장 터와 오체투지하는 티베트 사람들, 그리고 조캉사원 향로 앞에서 지난날을 뼈저리게 반성하게 되었나 봅니다. 사람이 아니라는 말을 거듭해서 하고 계시니까요. 당신은 오랜 세월 대학의 교수였고 시인이었고 남편이었고 아버지였습니다. 그런데, 온몸을 던지며 기도하는 자세로 몇 뼘씩 앞으로 전진하는 사람들을 보면서 죄책감에 사로잡혀 자신은 사람이 아니라고 외치고 있습니다. 그들에 비해 편안한 삶, 삶의 고뇌를 온몸으로 앓는 그들을 그저 바라보기만 하는 자신의 시선에 대한 자책이 실려 있지 않나 하는 생각을 해봅니다. "두 손 모아 빈다/ 내 정강이뼈로 만든 피리 소리가/ 은하수 넘치도록 메아리칠 때/ 설산 위에 뜨는/ 눈썹 같은 초승달이나 되고 싶다"(〈티베트의 초승달〉)고 소망하기도 합니다. 티베트 여행은 〈미인도〉〈야크 똥〉〈야크 램프 1〉〈야크 램프 2〉 같은 시를 쓰게 하였지요. "달라이라마의 막내 이모

같은/ 티베트 여인을 물끄러미 보다가/ 나는 눈물이 핑 돈다"고 했지요? "슬픔도/ 미인을 매개로 하면/ 더 독해지는 것일까"를 읽으며 십분 동의했습니다. 절세의 미인을 보면 저는 그이의 노년이 겹치기에 슬픔을 느끼게 됩니다. 엘리자베스 테일러나 잉그리드 버그만의 파파노인 모습은 저를 슬프게 했지요. 그래서 마릴린 먼로나 진 할로우 같은 배우의 짧은 삶에는 그다지 동정이 가질 않습니다. 할머니 모습은커녕 중년여성의 모습도 남기지 않고 갔으니까요. 선생님의 시는 이제 인간의 생로병사 가운데 生과 老와 病과 死에 대한 명상을 자주 하면서 시세계가 아연 깊어지고 있습니다. 생은 〈포유도〉〈태몽〉〈젖동냥〉 등에 잘 나타나 있지만 또 어느덧 인간의 시간을 넘어 우주의 시간을 헤아리게 된 것이지요.

    태양의 생일은 9월 9일

    지구 생일은 9월 14일이다

    성탄절 전야에 태어난 공룡은

    12월 28일에 멸종됐고

    인간은

    12월 31일 밤

    10시 30분에 태어났다

    문자가 발명된 것은

    15초 전의 일이다

—〈우주달력〉 제 2연

    우주달력을 생각하면 우리 인간의 역사는 '새 발의 피' 아니라 새 세포 속의 핵이라고 할까요? 원자라고 할까요? "인생이 영원하다고/ 꿈꾸는 나"에게 "너,

엿 먹어라"고 말하고 있습니다. 자신을 꾸짖고 있습니다. 저는 〈태양계에 관한 명상〉이나 〈날짜변경선〉 같은 시도 자경록 내지 자성록의 의미로 읽었습니다. 천마 타고 신라 천년으로 날아가 본 선생님의 시간 여행도 '생'에서 '사'까지를 함께 다루려는 의미로 이해했습니다.

> 장니가 흔들릴 때마다
>
> 희고 붉은 흙빛 채색이
>
> 이냥 새뜻하여
>
> 신라 천년의 옛 사직은
>
> 또렷또렷 현재진행형이다
>
> 천마의 울음소리에
>
> 천오백 년 깊은 잠을 자던
>
> 왕과 백성들이
>
> 천마표 타임머신 타고
>
> 광속으로 달려온다
>
> ―〈천마도 장니〉 후반부

장니障泥란 우리말로는 말다래로서, 말을 탄 이의 옷에 진흙이 튀지 않도록 가죽 같은 것으로 만들어 안장 양쪽에 늘어뜨리는 물건을 가리킵니다. 선생님께서는 천마도에서 장니를 유심히 보셨나 봅니다. 어느 화공이 있었기에 천오백 년 깊은 잠을 자던 왕과 백성들이 천마표 타임머신을 타고 광속으로 지금-이곳으로 달려올 수 있었던 거지요. 이와 같이 선생님께서는 엄청난 시간과 공간을 여행하고 있습니다. '광속'이라는 것은 시간과 공간 개념이 함께 들어 있는 낱말이지요. 우주의 시작과 끝이, 시간의 시작과 끝이, 한 인간의 목숨의 끝이 어디쯤 있는지, 생각해보면 참 신비로운 일입니다. 그래서 시를 쓰고 있는 것이 아니겠습니까. 당신의 태생을 생각하면서 말입니다.

   선생님의 시간 여행은 여기서 멈추지 않습니다. 한글 창제의 과정과 녹두장군의 죽음에 대한 명상으로 이어지고, 다윈이 진화론을 주창한 계기가 된 갈라파고스 섬의 방울새에 대해서도 생각을 해봅니다. 이런 시에서는 개구쟁이의 모습은 온데간데없고 정색을 한 채 정좌한 선생님이 계십니다. '시집보내다'를 시집 제목으로 삼을 때의 반짝이는 눈은 어느새 밤하늘을 우러러보고 있습니다. "달이 질 때/ 그냥 지듯/ 억새가 제 몸을 하얗게 버리는 것처럼/ 소멸하는 소리 들릴 때/ 한 편의 시는/ 저 혼자 오롯하다"(〈시인 1〉)고 하신 오탁번 선생님! 저도 언제쯤이면 이런 시 한 편 쓸 수 있을까요? '따로 할 말 없는/ 눈썹의 말 한마디/ 잘 가라/ 흔드는 흰 손 안에서/ 한 편의 시는 저 혼자 잠든다"고요. 그런 시 곁에서 저도 잠들고 싶습니다. 한 백년, 아니 한 천년쯤.

   앞으로도 선생님의 시세계가 더 넓어지고 더 깊어지겠지만, 유머감각도 여전히 잃지 말기를 저는 바랍니다. 〈한글〉을 보니 우리말 사랑도 더욱 깊어져, "찬란한 한글을/ 빛나는 면류관 삼아/ 피 흘리며 피 흘리며/ 겨레의 꿈과 사랑을 노래한다"고 하셨더군요. 우리 옛 시의 정화인 향가가 25편밖에 되지 않음을 안타까워하셨지요. 다행히도 한글이 일제의 36년 지배 때도 짓밟히지 않고 "우리 겨레의 하늘과 땅이 되어/ 원형상징으로 살아 숨쉬"고 있으니 얼마나 다행입니까. 선생님께서 우리말로, 또 충청도 사투리로 우리시다운 시를 쓸 것을 믿고 기다리겠습니다. 충북 제천시 백운면 애련로 855에서 탄생할 시의 옥동자를 기다리고 있겠습니다.

좋은 시가
갖고 있는
덕목들

미주한국문인협회 회원 여러분께

작년에 이어 올해도 저를 여름 문학캠프 강연자로 초청해주셔서 고맙습니다. 고마운 마음이 드는 한편 부담이 되기도 합니다. 작년보다 더 알찬 내용으로 강연을 해야 한다는 부담감이 가슴을 누르고 있습니다. 하지만 벌써 3년째 계간《미주문학》의 시 부문 작품평을 써오고 있는 저이기에 초청장을 받고서는 그 지면에서 못 다한 이야기를 직접 해드려야겠다는 의욕이 샘솟았다는 것을 덧붙여 말씀드리고 싶습니다.

계간평을 죽 써오면서 제가 느낀 아쉬움 중에는 이런 것이 있습니다.《미주문학》에 작품을 발표하는 시인들은 새로움에 대한 갈망이 부족하구나 하는 점입니다. 연세도 대개 높고, 새로운 자극을 받을 기회도 적고, 한국 현대시의 동향에 대해서도 어둡고, 남들보다 뛰어난 시를 써야겠다는 경쟁의식도 적고, 미국에서 살기에 신간 시집이나 문예지를 사 보기도 쉽지 않고…….

뭐 이런 이유들로 고국에 있을 때 보았던 그 시풍으로 지금껏 쓰고 계신 것이 아닌지 모르겠습니다. 한국인의 애송시며 명시는 아직도 1920~30년대의 시입니다. 만해와 미당, 소월과 영랑, 백석과 상화, 윤동주와 이육사, 청록파 3인의 시를 즐겨 읽고 있지요. 자, 그런데 우리 시단에는 모더니즘의 세례를 확실히 받은 김수영과 김춘수가 있었고 '후반기' 동인으로 대표되는 모더니스트들도 있었고, 80년대의 해체시도 있었습니다. 해체시는 실험시, 포스트모더니즘 시, 형태파괴시 등의 명칭으로 불리면서 80년대를 풍미하였고 90년대에도 적지 않은 작품이 씌어졌습니다.

이상李箱 이래 새로움에 대한 갈망은 뭇 시인이 시 창작을 하는 데 원동력이 되어 왔습니다. 그런데 미주한국문인협회의 일원으로 시를 쓰고 계시는 여러분은 과거의 시 창작 방법을 답습하고 있는 것은 아닌지 모르겠습니다. 날로 새로워지려는 노력을 하지 않고 과거로 도피하거나 현재에 안주한다면 여러분의 시는 답보상태를 면치 못할 것입니다. 《미주문학》이 동인지의 성격에 머물지 않고 한국 시단에도 신선한 충격을 주어야만 그 값어치를 인정받을 수 있을 것입니다.

1. '충격'을 주는 시

시가 지향하는 것에는 '감동', '충격', '깨달음' 같은 것이 있을진대 우선 '충격'에 무게중심을 둔 것을 몇 편 살펴보겠습니다. 고국의 일간지 가운데 중앙일보는 여름에 신춘문예 작품을 공모하는데, 지난해에 당선작으로 뽑힌 시를 읽어보겠습니다.

이제 나는 남자와 자고 나서 홀로 걷는 새벽길

여린 풀잎들, 기울어지는 고개를 마주하고도 울지 않아요

공원 바닥에 커피우유, 그 모래 빛 눈물을 흩뿌리며

이게 나였으면, 이게 나였으면!

하고 장난질도 안 쳐요

더 이상 날아가는 초승달 잡으려고 손을 내뻗지도

걸어가는 꿈을 쫓아 신발 끈을 묶지도

오렌지주스가 시큼하다고 비명을 지르지도

않아요, 나는 무럭무럭 늙느라

케이크 위에 내 건조한 몸을 찔러 넣고 싶어요

조명을 끄고

누군가 내 머리칼에 불을 붙이면 경건하게 타들어 갈지도

늙은 봄을 위해 박수를 치는 관객들이 보일지도

몰라요, 모르겠어요

추억은 칼과 같이 반짝 하며 나를 찌르겠죠

그러면 나는 흐르는 내 생리혈을 손에 묻혀

속살 구석구석에 붉은 도장을 찍으며 혼자 놀래요

앞으로 얼마나 많은 새벽길들이 내 몸에 흘러와 머물지

모르죠, 해바라기들이 모가지를 꺾는 가을도

궁금해하며 몇 번은 내 안부를 묻겠죠

그러나 이제 나는 멍든 새벽길, 휘어진 계단에서

늙은 신문배달원과 마주쳐도

> 울지 않아요

―박연준, 〈얼음을 주세요〉 전문

저는 이 시가 수천 편이 투고된다는 신춘문예에 당당히 당선될 만큼 뛰어난 시라고 생각하지 않습니다. 훌륭한 시, 혹은 좋은 시라고 생각하지도 않습니다. 하지만 방황하는 젊은이의 내면세계를 다룬 시로서, 신세대적인 감각과 문체, 발랄한 어법과 상상력을 보여주었다는 점에서 무척 신선한 느낌을 받은 것이 사실입니다. "생리혈을 손에 묻혀/ 속살 구석구석에 붉은 도장을 찍으며 혼자 놀래요"라는 말을 아무렇지 않게 할 만큼 뻔뻔하다고 해야 할까요, 도발적이라고 해야 할까요. 인간의 원초적인 본능이기는 하지만 성욕은 함부로 이야기하기에는 부끄러운 본능입니다. 그런데 성 담론을 하면서 박연준은 부끄러워하기는커녕 떳떳하기 이를 데 없습니다. 시인의 자기독백체의 어투에는 당당함과 아울러 반항기도 배어 있습니다. 기성세대를 향한, 기성시인을 향한 반항기 말입니다. 따뜻한 차 대신 얼음을 달라고 하는 신세대의 어법 속에는 분명히 도발적인 것이 있습니다. 심사위원은 이런 도발과 반항기를 높이 샀을 것입니다. 이번에는 문예지 당선작을 보겠습니다. 이 시도 마찬가지입니다.

> 여름 학기
> 여성학 종강한 뒤, 화장실 바닥에
> 거울 놓고
> 양다리 활짝 열었다.
> 선분홍
> 꽃잎 한 점 보았다.
> 이럴 수가!

오, 모르게 꽃이었다니

아랫배 깊숙이

이렇게 숨겨져 있었구나

하얀 크리넥스

잎잎으로 피워낸 꽃잎처럼

철따라

점점點點이 피꽃 게우며, 울컥울컥

목젖 헹구며, 나

물오른

한 줄기 꽃대였다네.

—진수미, 〈바기날 플라워〉 전문

    1997년 계간 《문학동네》 신인상을 받은 작품입니다. 여성학 강좌를 지도한 교수가 이제 여성은 자신의 신체를 부끄럽게 생각해서는 안 된다, 자랑스럽게 생각할 줄 알아야 한다고 말했었나 봅니다. 여성의 자궁은 새로운 생명을 잉태하여 출산하는 거룩한 곳이기에 위대한 모성의 상징이라고 말했을지도 모르겠습니다. 그 강좌를 들은 여대생 진수미는 화장실 바닥에 거울을 놓고 양다리를 활짝 열어 자신의 성기를 비춰보고 감탄을 합니다. 아랫배 깊숙이 숨겨져 있던 자궁의 입구인 외음부를 보고 "철따라/ 점점이 피꽃 게우며", "울컥울컥/ 목젖 헹구며" 운운하는 내용으로 시를 써 당당히 시인이 되었습니다. 시인의 부모님은 이 시를 읽고 조금은 놀랐을 것입니다. 이 시 역시 후세에 남을 명시라고는 생각하지 않습니다. 하지만 진수미라는 사람은 남들 다 아는, 혹은 다 할 수 있는 이야기를 하지 않고 남들보다 한 발 앞서서 색다르게 자신의 신체 일부에 대해 담론을 펼쳤기에 당선의 영광을 누릴 수 있었던 것입니다. 시인의 관찰력이 무뎌서는 안 되며, 상상력이 진부해서는 더더욱 안 됩니다. 사물과 이 세계, 인간과 자연, 이 사회와 역사를 새롭게 바라보고 재구성해내는 자가 바로 시인이기 때문입니다. 계간지 당선작을 봤으니 이번에는 월간문예지《현대시》의 2000년도 신인추천 작품상 수상작을 봅시다.

블랙 먼데이에서 블랙 후라이데이까지
시간은 검은 칠로 보디 페인팅한다
아프리카 흑인들의 영혼의 춤,
그보다는 조용한 몸짓,
창백한 미소와 예리한 눈빛,
추락하는 펀드매니저는 자기 운명을
손가락 끝에 건다. 자기 몸의 끄트머리에
그의 믿음의 섬이 있다. 배반의 해일.

닉 리슨이 니께이 선물로 베어링 사를 망가뜨릴 때
나는 ㈜대우의 해외 DR을 팔아먹으려고
자정까지 야근했다.
검은 하늘에 뜬 달이 파리하게 아름다웠다.

블랙 후라이데이의 후장後場,
주식시장이 설사했다. 주루룩 흘러내리는 블루칩.
미수에 걸려 있는 나의 심장에 지진의 자장磁場이 흐른다.
펀드매니저의 몸에서 몸으로 흐르는
검은 영혼의 전류, 아랫배가 짜르르 아프고

허한 가운데 어떤 알 수 없는 후련함도 지나갔다

깊게 아프게 패일수록 그곳에 진한 자장磁場도 고인다.

그 독한 취기로 내일도 금융시장의 페달을 돌릴

빠른 손놀림들. 세계의 비틀거리는 자전거는

어느 내리막길을 지나 평지에 다다를까. 낡은

페달과 고장난 브레이크를 달고.

블랙 먼데이에서 블랙 후라이데이까지

매일 번갈아 피는 목련, 장미, 난초, 국화, 동백

주말에는 견디기 어려운 폭설이 내릴지 모른다

너희들은 독한 자장磁場의 술을 마셔두렴.

―이명훈, 〈블랙 후라이데이〉 전문

한국 금융시장의 현실이 실감나게 그려져 있습니다. 수많은 사람이 선물시세·주식시세·외환시세 따위에 울고 웃습니다. 유가는 또 어떻고 금리는 또 어떤가요. 이런 것들은 우리의 일상적 삶과 밀접한 관계가 있고, 우리는 바로 현대인입니다. 이 시의 가장 큰 특징은 바로 '일상성'과 '현대성'입니다. 시인이 '나와 내 이웃의 삶'을 외면하고 뜬구름 잡는 이야기를 한다면 일단 10대와 20대는 이런 시를 읽지 않습니다. 컴퓨터 온라인 게임과 인터넷 채팅을 하며 살아가는 오늘의 젊은이가 시를 읽지 않는 데는 기성세대 우리 시인들의 잘못도 조금은 있는 것입니다. 우리는 혹 그 동안 현실감 없는 시를 써온 것이 아닐까요? 자연의 아름다움을 노래하고 유년기의 추억을 더듬고 인정 미담을 소개하는 것도 좋지만 때때로 이렇게 일상성과 현대성을, 현실의 잡사와 생활의 이모저모를 시에 담아내야 하는 것입니다. 2000년도 월간《현대시학》신인작품 공모 당선작을 봅니다.

    무등산에 올라
    바다를 만나지 못하는 이들은
    광주 사람이 아니다

    슬픔이 목까지 부풀어 숨이 막힌 광주를
    대신 울어주려고
    산짐승의 작은 것까지도 다 파도 한 음절씩 들려주는 바다

    아무리 어두운 밤에도
    태양을 품속에 꼭 껴안아 재우고는
    첫 새벽이면 흔적 없이 서석대 위에 올려놓는 바다

    아직도 가파른 능선을 타고 역류하는
    산 자와 죽은 자의 합창, 한 물결 아니었으면
    이미 불모의 사막이 되어 있을 바다

    장불재 억새 한 잎, 세인봉 노송 한 그루 고인 이슬이
    한여름에 소신공양하여 일군 칠산바다 천일염 맛인지 모르는 이들은
    옷깃 여미고 다시 무등산에 올라가 보라

                                     —〈무등산 2000〉 전문

무등산을 역사의 수난지로 설정하여 애향의 의지를 담은 이 시는 소재며 주

제가 무난합니다. 문제는 표현에 있어 새로운 구석이 없다는 것입니다. 어찌 보면 너무도 뻔한 이야기를 뻔한 방식으로 하고 있기에 저에게는 별다른 울림을 주지 않습니다. 시가 가슴을 벅차게 하고 눈시울을 뜨겁게 하는 감동을 주지 못한다면, 잔잔한 울림으로 와 닿는 감동을 주지 못한다면, 고개를 끄덕이게 할 정도의 공감대는 만들어 주어야 합니다. 〈얼음을 주세요〉와 〈바기날 플라워〉는 적어도 동년배의 독자에게는 공감을 주었을 것입니다. 시인이 독자에게 감동과 공감을 주지 않는다면 기발한 상상력을 펼쳐 보여주거나 자기만의 독특한 언어 감각으로 시를 읽는 묘미, 즉 언어의 맛을 보여주어야 합니다.

누구나 할 수 있는 이야기를 주절주절 하고 있는 사람을 시인이라고 하지 않습니다. 시인은 사물의 이면을 볼 줄 아는 견자이며, 이 세계의 온갖 사물에 새롭게 이름을 붙이는 명명자입니다. 또한 거짓말을 밥 먹듯이 하는 사기꾼이며 '역설'과 '반어'를 종횡무진 구사하는 희대의 범죄자입니다. 소재와 주제가 낡디낡은 것, 혹은 너무나 뻔한 것이라면 표현이라도 좀 새로워야 할 것입니다. 다음에 소개해 드릴 시는 소재가 낚시여서 별로 새로울 것은 없지만 표현에 있어서는 확실하게 새로움을 추구한 시입니다.

    홀로 바위에 몸을 묶었다

바다가 변한다
영등철이 지나 바다가 몸을 바꿔 체온을 올리고
파도가 깃을 세우면
그들은 산란의 춤을 추기 시작한다
빠른 물살이 곶부리를 휘어감는 곳
빠른 리듬을 타고 온다

영등 감생이의 시즌이다

바닷물의 출렁거림은 흐름과 갈래를 지녔다

가장 강한 놈은 가장 빠른 곳에서만 논다

릴을 던져라 저기 분류대를 향해

가쁜 숨 참으며

마음속 깊이로 채비를 흘려라

거칠고 빠른 그곳

거기 비늘을 펄떡이는 완강함

릴을 던져라

바다는 몸을 뒤채며 이리저리 본류대를 끌고 움직이지만

큰 놈은 언제나 본류에 있다

본류는 멀고

먼 데서부터 입질은 온다

바다의 마개를 뽑아 올릴 힘으로 나를 잡아채야 한다

팽팽한 포물선을 그리며 발밑에까지 끌려온 마찰저항

마지막 순간이 올 때

언제나 거기 있다

막, 채비를 흘려보냈다

온다

—윤성학, 〈감성돔을 찾아서〉 전문

민물낚시건 바다낚시건 낚싯줄은 팽팽한 포물선을 그리지요. 2002년 문화일보 신춘문예 당선작인 이 시의 강점은 행과 행 사이, 연과 연 사이의 팽팽한 긴장감과 꽉 짜인 플롯입니다. 짧은 문장이 연속되고 명령형이 적절히 구사됩니다. 첫 연은 "홀로 바위에 몸을 묶었다"는 짧은 문장인데 끝 연은 "온다"라는 단 두 음절의 문장입니다. 언어를 어떻게 배치하는가에 따라 시를 갓 잡힌 물고기처럼 퍼덕거리게 할 수도 있고 배를 뒤집고 죽어 있는 물고기처럼 만들 수도 있습니다. 이 시는 충격까지는 아니지만 언어가 지닌 싱싱한 힘을 십분 느끼게 해줍니다. 〈감성돔을 찾아서〉는 언어의 선택과 배치가 시에 있어 얼마나 중요한가를 말해주고 있습니다. 여러분은 소재와 주제가 그다지 새롭지 않을지라도 표현을 잘만 하면 얼마든지 좋은 시를 쓸 수 있습니다. 감칠맛 나는 표현은 치밀한 묘사력에서 나온다는 것을 아서야 합니다.

2. '감동'을 주는 시

신춘문예 당선작 중 독자에게 깊은 감동을 준 시로 곽재구의 〈사평역에서〉를 흔히 꼽습니다. 워낙 유명한 작품이라 이 자리에서는 1982년 동아일보 신춘문예 당선작 〈영산포〉를 감상해볼까 합니다.

    1
    배가 들어
    멸치젓 향내에
    읍내의 바람이 달디달 때
    누님은 영산포를 떠나며
    울었다.

가난은 강물 곁에 누워

늘 같이 흐르고

개나리꽃처럼 여윈 누님과 나는

청무우를 먹으며

강둑에 잡풀로 넘어지곤 했지.

빈손의 설움 속에

어머니는 묻히시고

열여섯 나이로

토종개처럼 열심이던 누님은

호남선을 오르며 울었다.

강물이 되는 숨죽인 슬픔

강으로 오는 눈물의 소금기는 쌓여

강심을 높이고

황시리젓배는 곧 들지 않았다.

포구가 막히고부터

누님은 입술과 살을 팔았을까

천한 몸의 아픔, 그 부끄럽지 않은 죄가

그리운 고향, 꿈의 하행선을 막았을까

누님은 오지 않았다.

잔칫날도 큰집의 제삿날도

누님 이야기를 꺼내는 사람은 없었다.

들은 비워지고

강은 바람으로 들어찰 때

갈꽃이 쓰러진 젖은 창의

얼굴이었지

십년 세월에 살며시 아버님을 뵙고

오래도록 소리 죽일 때

누님은 그냥 강물로 흐르는 것

같았지.

버려진 선창을 바라보며

누님은

남자와 살다가 그만 멀어졌다고

말했지.

갈꽃이 쓰러진 얼굴로

영산강을 걷다가 누님은

어둠에 그냥 강물이 되었지.

강물이 되어 호남선을 오르며

파도처럼 산불처럼

흐느끼며 울었지.

2

개산 큰집의 쥐똥바퀴새는

뒷산 깊숙이에 가서 운다.
병호 형님의 닭들은
병들어 넘어지고
술 취한 형님은
강물을 보러 아망바위를 오른다

배가 들지 않는 강은
상류와 하류의 슬픔이 모여
은빛으로 한 사람 눈시울을 흐르고
노을 속에 雲谷里를 적신다.
冷山에 누운 아버님은
물결 소리로 말씀하시고
돌절벽 끝에서 형님은
잠들지 않기 위해 잡풀처럼
바람에 흔들린다.

어머님 南平아짐은 마른 밭에서
돌아오셨을까,
귀를 적시는 강물 소리에
늦은 치마품을 움켜잡으셨을까,
그늘이 내린 九津浦
형님은 아버님을 만나 오래 기쁘고
먼발치에서
어머님은 숨죽여 어둠에

엎드린다.

—나해철, 〈영산포〉 전문

이 시의 강점은 체험의 진실성입니다. 물론 시인 본인 집안의 이야기는 아닐 것입니다. 경기가 제법 좋았던 영산포가 근대화 과정에서 낙후되고 마는데, 한 가족이 그 여파로 절대빈곤에 노출되면서 몰락하고 맙니다. 특히 화자의 누님은 몸을 파는 신세로 전락하고(1번), 다른 식구들도 죄다 비극적인 상황에 봉착합니다(2번). 참담한 상황을 들려주면서도 이 시는 시종일관 서정성을 잃지 않고 있습니다. 한 가족의 비극이 잔잔하게 기술됨으로써 비극성이 더욱 강하게 드러납니다. 특히 2번 시에는 많은 지명이 제시되는데, 그렇기 때문에 이 시의 구체성은 더욱 두드러집니다. 시의 내용은 어느 일가의 이야기이기도 하지만 산업화 시대였던 60년대와 70년대를 통과한 우리 모두의 이야기이기도 합니다.

그 시절에는 수많은 사람들이 농촌이나 어촌에서 살아갈 수가 없어 이농의 대열에 섰습니다. 도시에 와서 산동네 주민이 되어 살길을 찾았지만 허기는 여전합니다. 농촌사회에서는 그나마 가족공동체를 이루고 살았는데 도시에 나와서는 이산가족이 되고 말았습니다. 가족이 몇 년에 한 번 볼까 말까 한 관계가 되고 만 것이 더 큰 비극일 수 있습니다. 남자는 노동판에 가서 일용직 노무자라도 될 수 있었지만 여자는 그 시절에 공장 노동자가 아니면 버스 차장, 그도 아니면 직업여성이라도 되어 살길을 찾아야 했었지요. 이 시는 가족사와 사회사가 함께 다뤄지고 있으며, '체험의 진실성'에 서정성과 비극성이 보태져 진한 감동을 주기에 모자람이 없습니다. 이 시를 쓴 나해철 시인은 전남의대를 나와 지금은 서울 강남에서 성형외과 의사를 하고 있습니다. 여성의 외모를 더 아름답게 탈바꿈시키는 재주를 지닌 의사 시인이기에 많은 수입을 올리고 있을지 모르지요. 하지만 시인의 직업이 무엇이든 간에, 연간 수입이 얼마든 간에, 그 사실로 인해 이 시가 지닌 체험의 진실성이 흔들릴 수는 없습니다. 자기 자신의 체험이 아니라고 할지라도 시인은 이웃 혹은 일가친척 중 누군가의 체험을 진솔하게 묘사해냈기 때문입니다. 1993년 세계일보 신춘문예 당선자는 제 후배여서 시 창작의 내밀한 부분을 잘 알고 있습니다.

아이의 장난감을 꾸리면서
아내가 운다
반지하의 네 평 방을 모두 치우고
문턱에 새겨진 아이의 키 눈금을 만질 때 풀썩
습기 찬 천장벽지가 떨어졌다

아직 떼지 않은 아이의 그림 속에
우주복을 입은 아내와 나
잠잘 때는 무중력이 되었으면
아버님은 아랫목에서 주무시고
이쪽 벽에서는 당신과 나 그리고
천장은 동생들 차지
지난번처럼 연탄가스가 새면
아랫목은 안 되잖아, 아, 아버지

생활의 빈 서랍들을 싣고 짐차는
어두워지는 한강을 건넌다 닻을 올리기엔
주인집 아들의 제대가 너무 빠르다 갑자기

중력을 벗어난 새 떼처럼 눈이 날린다

아내가 울음을 그치고 아이가 웃음을 그치면

중력을 잃고 휘청거리는 많은 날들 위에

덜컹거리는 사람들이 떠다니고 있다

눈발에 흐려지는 다리를 건널 때 아내가

고개를 돌렸다, 아참

장판 밑에 장판 밑에

복권 두 장이 있음을 안다

강을 건너 막 변두리로

우리가 또 다른 피안으로 들어서는 것임을

눈물 뽀드득 닦아주는 손바닥처럼

쉽게 살아지는 것임을

성냥불을 그으니 아내의

작은 손이 바람을 막으러 온다

손바닥만큼 환한 불빛

―원동우, 〈이사〉 전문

　　요즈음에는 다들 포장이사를 하기 때문에 가재도구를 잔뜩 싣고 이사하는 광경은 궁벽한 시골이 아닌 다음에야 보기 어렵습니다. 셋방살이를 하던 가난한 일가가 주인집 아들의 이른 제대로 말미암아 황급히 방을 비워주게 됩니다. 눈발이 날리니 초겨울인가요, 서울 변두리에서 더 변두리로 이사를 하는 풍경이 을씨년스럽기 짝이 없습니다. 습기 찬 천장 벽지가 떨어지는 반지하의 네 평 방, 그나마 연탄가스가 새던 방을 비워주게 되었으니 일가의 마음이 참담할 수밖에요. 장판 밑에 두고 온 복권에 연연할 정도로 이들 가족의 경제적 상황은 절박합니다. 그런데 이 시의 매력은 이런 비극적 상황을 전달하는 데 있지 않고 진한 감동을 주는 한 장면에 있습니다. 남편이 담배를 피우려고 성냥불을 켜자 바람이 방해를 합니다. 차창이 조금 열려 있었던 것이지요. 그때 아내의 작은 손이 다가와 성냥불을 꺼뜨리려는 바람을 막습니다. 가족 간의 끈끈한 정이 을씨년스런 이사 풍경을 따뜻하게 밝히고, 독자는 잔잔한 감동을 느끼게 되는 것입니다. 아무리 세상살이가 험해도 가족 상호간에 사랑과 정이 변치 않는다면 극복 불가능한 어려움이란 없다는 사실을 새삼스럽게 느끼게 됩니다. 이 시는 마지막 연이 백미입니다.

이 시로 등단한 원동우 시인은 중앙대 문예창작학과를 졸업하자마자 은행에 입사하여 10년 정도 근무하였고, 퇴사한 뒤에는 벤처기업을 꾸려갔습니다. 벤처기업이 잘 안 되어 한동안 방황하다가 어느 회사에 들어가 잘 다니고 있다가 지금은 명퇴하여 시도 열심히 쓰고 시 창작반 지도를 하고 있지요. 시 속의 상황 중에 본인이 직접적으로 체험한 부분은 1%나 될까요? 이 작품은 시인의 완벽한 허구와 상상력의 산물입니다. 퇴근길에 차를 몰고 가면서 무심코 본 광경이 바로 이삿짐을 싣고 달리는 소형 트럭 한 대였던 것입니다. 이삿짐 실은 트럭을 원동우는 유심히 보았던 것이고, 곰곰이 생각했던 것이며, 상상력을 발휘하여 시로 써보았던 것입니다.

시는 이렇게도 탄생할 수 있습니다. 실체험보다 간접체험이 더욱 진한 감동을 줄 수 있는 사례를 〈이사〉라는 신춘문에 당선작이 보여주고 있습니다. 이번에 소개하는 작품은 등단작이 아닙니다. 함민복 시인이 시골에 계신 귀가 어두운 어머니에게 전화를 걸었는데, 대화가 좀체 이뤄지지 않습니다. 이 시는 구수한 사투리와 유머 감각을 보여주어 아주 은근하게 감동을 줍니다. '쇠

'귀에 경 읽기'라는 속담도 적절히 사용되어 재미를 배가시키지요.

여보시오—누구시유—

예, 저예요—

누구시유, 누구시유—

아들, 막내아들—

잘 안 들려유—잘.

저라구요, 민보기—

예, 잘 안 들려유—

몸은 좀 괜찮으세요—

당최 안 들려서—

어머니—

예, 애비가 동네 볼일 보러 갔어유—

두 내우 다 그러니까 이따 다시 걸어유—

예, 죄송합니다. 안 들려서 털컥.

어머니 저예요—

전화 끊지 마세요—

예. 애비가 동네 볼일 보러 갔어유—

두 내우 다 **예, 저라니까요!** 그러니까

이따 다시 걸어유 **어머니.** 예, **어머니,**

죄송합니다 **어머니,** 안어들머려니서 털컥.

달포 만에 집에 전화를 걸었네

어머니가 자동응답기처럼 전화를 받았네

전화를 받으시며

쇠귀에 경을 읽어주시네

내 슬픔이 맑게 깨어나네

—함민복, 〈어머니가 나를 깨어나게 한다〉 전문

달포 만에 집에 전화를 걸었는데 그만 끝끝내 대화가 이뤄지지 않습니다. 아니, 모자가 일종의 동문서답을 했지요. 시인은 아무튼 어머니의 목소리는 들었던 것이고, 소처럼 무심한, 미련한 나에게 귀 어두운 어머니가 경을 읽어주신 것으로 이해합니다. 가슴 쩡한 감동은 아닐지라도 이 시를 읽으면 '아, 어머니!' 하고 마음속으로 한번쯤 외쳐보게 됩니다. 충격도 주지 않고, 이런 작은 감동도 주지 않는 시는 좋은 시가 되기 어렵습니다. 독자의 마음을 움직이지 못했기 때문입니다.

1993년, 계간 《창작과 비평》은 김진완이 쓴 아래의 시를 투고 작품 가운데 신인 추천작으로 뽑습니다. 대학생이었던 김 시인이 어쩜 이렇게 옛날이야기를 구수하게 하는지, 읽고 감탄해마지 않았던 기억이 납니다. 화자의 외할머니가 기차를 타고 가다가 어머니를 출산하는 광경을 사실적으로 묘사하고 있습니다.

다혜자는 엄마 이름. 귀가 얼어 톡 건들면 쨍그랑 깨져버릴 듯 그 추운 겨울 어데로 왜 갔던고는 담 기회에 하고, 엄마를 가져 싸아한 진통이 시작된 엄마의 엄마가 꼬옥 배를 감싸쥔 곳은 기차 안. 놀란 외할아버지 뚤레뚤레 돌아보니 졸음 겨운 눈, 붉은 코, 갈라터진 입술들뿐이었는데 글쎄 그게, 엄마 뱃속에서 물구나무를 한번 서자,

으왁!

눈 휘둥그런 아낙들이 서둘러 겉치마를 벗어 막을 치자 남정네들 기차 배창시 안에서 기차보다도 빨리 '뜨신 물 뜨신 물' 달리기 시작하고 기적소린지 엄마의 엄마 힘쓰는 소린지 딱 기가 막힌 외할아버지 다리는 후들거리기 시작인데요, 아낙들 생침을 연신 바르는 입술로 '조금만, 조금만 더어' 애가 말라 쥐어트는 목소리의 막간으로 남정네들도 끙차, 생똥을 싸는데 남사시럽고 아프고 춥고 떨리는 거기서 엄마 에라 나도 몰라 으왕! 터지는 울음일 수밖에요.

박수 박수 "욕 봤데이." 외할아버지가 태우신 담배꽁초 수북한 통로에 벙거지가 천정을 향해 입 딱 벌리고 다믄 얼마라도 보태 미역 한 줄거리 해 먹이자, 엄마를 받은 두꺼비상 예편네가 피도 덜 닦은 손으로 치마를 걷자 너도나도 산모보다 더 경황없고 어찌할 바 모르고 고개만 연신 주억였던 건 객지라고 주눅든 외할아버지 짠한 마음이었음에랴 두말하면 숨가쁘겠구요. 암튼 그리하야 엄마의 이름 석 자는 여러 사람들의 은혜를 입어 태어났다고 즉석에서 지어진 것이라.

多惠子.

성원에 보답코자
하는 마음은 맘에만 가득할 뿐

빌린 돈 이자에 치여
만성두통에 시달리는
나의 엄마 다혜자씨는요,

칙칙폭폭 칙칙폭폭 끓어오르는 부아를 소주 한잔으로 다스릴 줄도 알아 "암만 그렇다 캐도 문디, 베라묵을 것. 몸만 건강하모 희망은 있다."

여장부지요
기찬,
기—차— 안 딸이거든요.

이 작품에 대한 설명은 제가 연전에 시와시학사를 통해 낸 《백 년 후에 읽고 싶은 백 편의 시》라는 시 해설서에서 한 적이 있으므로 그것을 그냥 적습니다.

시는 화자의 외할머니가 하필이면 한겨울에 칙칙 폭폭 칙칙 폭폭 달리는 기차 안에서 엄마를 낳게 된 광경을 그리고 있습니다. 승객이라고는 "졸음 겨운 눈, 붉은 코, 갈라터진 입술"을 가진 농투성이들뿐이지만 이들은 낯선 아주머니의 차내 분만에 한마음으로 동참합니다. 아낙들은 겉치마를 벗어 막을 치고, 남정네들은 뜨신 물을 구해오고, '벙거지'는 미역 살 돈을 내놓고, 두꺼비상 여편네는 산파 노릇을 해 무사히 한 생명은 '으왕!' 울음을 터뜨리며 탄생합니다. 이런 여러 사람의 은혜로 태어났다 하여 엄마 이름이 다혜자가 되었다는 것이나, 마지막 3연이 보여주는 모성적 혹은 한국적 건강함은 가슴 훈훈한 감동을 전하기에 모자람이 없습니다. 또한 꽤 긴 문장으로 이루어져 있는 1연과 3연 사이에 위치한 "으왁!"이란 의성어가 환기하는 생명 탄생의 고통(낳은 고통만이 고통이랴, 태어나는 고통도 고통이며 지켜보는 안타까움도 고통이리)과 경이로움, "기찬"과 "기—차— 안"이라는 비슷한 음을 이용한 유머 감각 등은 이 시를 명작의 반열에 올리는 데 합심하여 공헌하고 있습니다.

이상 4편 시에는 가족애라는 숭고한 사랑이 담겨 있어 감동을 줍니다. 하지만 밑바닥 인생의 불결한 섹스조차 시인의 손에서 잘만 묘사된다면 감동을 줄 수 있습니다. 이 시도 〈어머니가 나를 깨어나게 한다〉와 같이 등단작은 아닙니다.

> 공중변소 속에서 만났지. 그녀
> 구겨버린 휴지조각으로 쪼그려 앉아 떨고 있었어.
> 가는 눈발 들릴 듯 말 듯 흐느낌 흩날리는 겨울밤
> 무작정 고향 떠나온 소녀는 아니었네.
> 통금시간을 지나온 바람은 가슴속 경적소리로 파고들고
> 나 또한 고향에서 고향을 잃어버린 미아,
> 배고픔의 손에 휴지처럼 구겨져, 역 앞
> 그 작은 네모꼴 공간 속에 웅크려 있었지.
> 사방 벽으로 차단된 변소 속,
> 이 잿빛 풍경이 내 고향
> 내 밀폐된 가슴속에 그 눈발 흩날려와, 어지러워
> 그 흐느낌 찾아갔네.
> 그녀는 왜 마약중독자가 되었는지 알 수 없었어도
> 새벽털이를 위해 숨어 있는 게 분명했어. 난 눈 부릅떴지.
> 그리고 등불을 켜듯, 그녀의 몸에
> 내 몸을 심었네. 사방 막힌 벽에 기대서서, 추위 때문일까
> 살은 콘크리트처럼 굳어 있었지만
> 솜털 한 오라기 철조망처럼 아팠지만
> 내 뻥 뚫린 가슴에 얼굴을 묻은 그녀의 머리 위
> 작은 창에는, 거미줄에 죽은 날벌레가 흔들리고 있었어. 그 밤.

내 몸에서 풍기던, 그녀의 몸에서 피어나던 악취는

그 밀폐의 공간 속에 고인 악취는 얼마나 포근했던지

지금도 지워지지 않고 있네. 마약처럼

하얀 백색가루로 녹아서 내 핏줄 속으로 사라져간

그녀,

독한 시멘트 바람에 중독된 그녀.

지금도 내 돌아가야 할 고향, 그 악취 꽃핀 곳

그녀의 품속밖에 없네.

—김신용, 〈공중변소 속에서〉 전문

    이 시를 쓴 김신용 시인은 초등학교 졸업장도 없으니 무학입니다. 공사판을 전전하며 생을 영위해온 시인의 젊은 날의 로맨스인지 모르겠습니다. 88올림픽을 기점으로 한국의 공중변소가 많이 청결해졌는데 그 전에는 그다지 깨끗하지 못했습니다. 공중변소에서 화자는 한 여자를 만나 정사의 시간을 갖습니다. 그녀는 마약중독자였고 도둑이었습니다. 거지 행색을 하고 있었을 텐데 악취를 풍기기까지 했으니 보통사람 같았으면 가까이 가기도 싫었을 것입니다. 그런데 두 사람은 그날 무엇에 홀린 듯 하룻밤에 만리장성을 쌓았던 것이고, 화자는 두고두고 그날을 못 잊어합니다. 그래서 "지금도 내 돌아가야 할 고향, 그 악취 꽃핀 곳/ 그녀의 품속밖에 없다"고 애틋해하는 것입니다. 독자에 따라서 이 시를 읽고 역겨움을 느낄 수도 있겠지만 저는 가슴 찡한 감동을 받았습니다. 밑바닥 인생들의 하룻밤 풋사랑도 당사자에게는 애틋한 추억일 수 있는 것입니다. 시인은 이 세상에서 가장 음습한 그곳에 희미한 빛을 비춰보고자 했고, 두 사람이 나눈 사랑도 충분히 따뜻한 것이었다고 생각해보게 되는 것입니다. 감동의 결은 다르지만 저는 이 시를 감동적인 시라고 말합니다.

3. '깨달음'을 주는 시

　인간사와 사물의 특징을 세심히 관찰하여 제대로 묘사하면 모종의 깨달음을 전해줄 수 있습니다. 이 점에 대해서는 1996년 조선일보 당선작 〈부의賻儀〉를 갖고 이야기해볼까 합니다.

　　　봉투를 꺼내어
　　　부의賻儀라고 그리듯 겨우 쓰고는
　　　입김으로 후— 불어 봉투의 주둥이를 열었다
　　　봉투에선 느닷없이 한 움큼의 꽃씨가 쏟아져
　　　책상 위에 흩어졌다 채송화 씨앗
　　　씨앗들은 저마다 심호흡을 해대더니
　　　금세 당당하고 반짝이는 모습들이 되었다
　　　책상은 이른 아침 뜨락처럼
　　　분홍 노랑 보랏빛으로 싱싱해졌다
　　　씨앗들은 자신보다 백 배나 큰 꽃들을
　　　여름내 계속 피워낸다 그리고 그 많은 꽃들은 다시
　　　반짝이는 껍질의 씨앗 속으로 숨어들고
　　　또다시 꽃피우고 씨앗으로 돌아오고
　　　나는 씨앗 속의 꽃이 다치지 않도록 조심스럽게
　　　한 알도 빠짐없이 주워 봉투에 넣었다
　　　할머님 마실 다니시라고 다듬어 드린 뒷길로

문상을 갔다

영정 앞엔 늘 갖고 계시던 호두 알이 반짝이며

입다문 꽃씨마냥 놓여 있었다

나는 그 옆에 봉투를 가만히 올려놓았다.

―최영규, 〈부의賻儀〉 전문

  어려운 시어도 없고 난해한 표현도 없습니다. 잘 알고 지내던 이웃집 할머니가 돌아가셔서 문상을 하러 간 것이 내용의 전부입니다. 하지만 이 시에는 생명 옹호의 정신과 불교적 깨달음, 측은지심 같은 고차원적인 사상이 담겨 있습니다. 불가에서는 말합니다. 생로병사는 인간인 이상 어찌할 수 없지만 윤회전생輪廻轉生을 하기 때문에 우리의 삶은 일회적인 것이 아니라고요. 전생의 업보니 인연이니 억겁이니 하는 불가의 용어를 떠올려보지 않을 수 없습니다. 할머니가 늘 갖고 계시던 호두 알이 입 다문 꽃씨마냥 놓여 있다는 것은, 꽃이 씨를 남겨 자신의 목숨을 이어간다는 것과 의미의 맥이 이어집니다. 한마디로 삶과 죽음에 대한 성찰이 돋보이는 작품이지요. 최영규 시인처럼 생명의 의미를 종교적 차원에서 다뤄볼 수도 있겠지만 사물의 의미는 어떤 차원에서 다뤄볼 수 있을까요?

우리가 잠시라도 두드리지 않으면

불안한 그대들의 모서리와 모서리는 삐걱거리며 어긋난다

우리가 세상 어딘가에서 녹슬고 있을 때

분분한 의견으로 그대들은 갈라서고

벌어진 틈새로 굳은 만남은 빠져나간다

우리가 잠시라도 깨어 있지 않으면

그 누가 일어나 두드릴 것인가

무시로 상심하는 그대들을 아프게 다짐해줄 것인가

그러나 더불어 나아갈 수 없다면

어쩌랴 아지 못할 근원으로 한쪽이 시들고

오늘의 완강한 지탱을 위하여 결별하여야 할 때

팽팽한 먹줄 당겨 가늠해 본다

톱날이 지나가는 연장선 위에

천진하게 엎드려 숨죽인 그대들 중

남아야 할 것과 잘려져 혼자 누울 것은

무슨 잣대로 겨누어 분별해야 하는가를

또다시 헤어지고 만날 것을 빤히 알면서

단호한 못질로 쾅쾅 그리움을 결박할 수는 없다

언제라도 피곤한 몸 느슨히 풀어 다리 뻗을 수 있게

一字나 十字로 따로 떨어져

스스로 바라보는 내일이 있기를

수없이 죄었다가 또 헤쳐 놓을 때

그때마다 제각기로 앉아 있는 그대들을 바라보며

몽키 스패너의 아름다운 이름으로

바이스 프라이어의 꽉 다문 입술로

오밀조밀하게 도사린 내부를 더듬으며

세상은 반드시 만나야 할 곳에서 만나

제 나름으로 굳게 맞물려 돌고 있음을 본다

그대들이 힘 빠져 비척거릴 때

낡고 녹슬어 부질없을 때

우리의 건강한 팔뚝으로 다스리지 않으면

누가 달려와 쓰다듬을 것인가

상심한 가슴 잠시라도 두드리고

절단하고 헤쳐놓지 않으면

누가 나아와 부단한 오늘을 일으켜 세울 것인가

—최영철, 〈연장論〉 전문

모서리와 모서리가 만난다

반듯한 네 귀들이 날카롭게 모진 눈인사를 나누고

같은 방향 바라보며 살아가라는 고무망치의 등 두들김에도

끝내 흰 금을 긋고 서로의 경계를 늦추지 않는다

붙박인 모서리 단단히 잡고 살아야 하는 세월

화목이란 말은 그저 교과서에나 살아 있는 법

모와 모가 만나고 선과 선이 바르게만 살아 있어

어디 한구석 넘나들 수 있는 인정은 없었다

이가 딱 맞다

유액을 바르고 잉걸불에 몸 담그면서

결코 같지 않으면서 같아야 하는 서로의 얼굴이 건조하다

촉수가 낮은 형광등 불빛에 몸 낮추고

시린 손등 어둠 언저리에 말아보지만

쉬이 말리지 않는 것은 경계의 흰 선이 너무 선명하기 때문일까

낙수의 파형波形만 공간 가득하다

물살이 흔들릴 때마다

욕실 속은 실금 허무는 소리를 낸다

욕실을 지배하는 건

모서리들끼리 이가 모두 딱 맞는 타일 벽이 아니었다

—주강홍, 〈타일 벽〉 전문

    산과 산 사이에는 골이 흐른다 오른쪽으로 돌아가는 골과 왼쪽으로 돌아가는 산이 만나는 곳에서는 눈부신 햇살도 죄어들기 시작한다 안으로 파고드는 나선은 새들을 물고 와 쇳소리를 낸다 그 속에 기름 묻은 저녁이 떠오른다 한 바퀴 돌 때마다 그만큼 깊어지는 어둠 한번 맞물리면 쉽게 자리를 내어주지 않는다 마지막까지 떠올랐던 별빛마저 쇳가루로 떨어진다 얼어붙어 녹슬어간다

    봄날 빈 구멍에 새로운 산골이 차 오른다

—송승환, 〈나사〉 전문

    다분히 공학적인 시라고 할까요, 제목만 봐서는 건설현장을 무대로 하고 있다고 여겨집니다. 〈연장論〉은 1986년 한국일보 신춘문예 당선작이고 〈타일 벽〉은 2003년 계간 《문학과 경계》 신인상 공모 당선작이며 〈나사〉는 2003년 계간 《문학동네》 신인상 공모 당선작입니다. 3편 다 '충격'과 '감동'의 차원에서는 운위하기 어렵고, 결국 그 어떤 '깨달음'을 지향하는 시라고 여겨집니

다. 〈연장論〉은 건설현장의 공구를 소재로 삼은 시인데 궁극적으로는 이웃과의 연대와 화해를 지향하고 있습니다. 많이 배웠건 많이 가졌건 제아무리 잘난 사람이라도 무인도에서는 살아갈 수 없습니다. 인간은 결국 사회적 동물이기 때문에 이타적인 삶을 살지 않으면 고립되고 만다는 주제가 숨겨져 있습니다. 우리 각자가 이 사회를 보다 살기 좋은 곳으로 만드는 연장의 역할을 하기를 바라는 주제도 유추해볼 수 있지요.

〈타일 벽〉을 쓴 사람은 건설회사 대표입니다. 그래서 이 분이 쓴 시는 다 현장성이 두드러집니다. 타일을 의인화한 이 시는 공사현장에서 펼치는 인생론입니다. 욕실 타일 벽 공사를 하면서 시인이 깨달은 것은 고무망치의 두들김에도 "흰 금을 긋고 서로의 경계를 늦추지 않는" 타일의 저항과 "붙박인 모서리 단단히 잡고 살아야 하는 세월"의 의미입니다. 공사현장에서 타일 벽은 이가 딱 맞아야 하지만 우리 인생이란 것이 어디 그렇습니까. 때로는 언밸런스이고 때로는 뒤죽박죽이고 때로는 오리무중이지요. 하지만 타일 벽이 그래서는 안 되지요. 규칙과 규율, 감독과 관리가 있어야만 빈틈없는 세계가 확보됩니다. 그래서 시는 제4연에 가서 역전을 시도합니다. 이가 모두 딱 맞는 타일 벽에 반항하려고 욕실의 물살이 "쏴아쏴아/ 실금을 허무는 소리"를 냅니다. 세상 너무 모나게 살 필요가 없는 법, 때로는 두루뭉수리, 때로는 비스듬하게 살아가자고 시인은 이야기하고 있습니다.

송승환의 시는 나사의 의미를 확장하여 당선작이 되었습니다. 시인은 사물의 본질을 파고들어 미세하게 그려내기도 하지만 내포內包보다는 외연外延을 지향하기도 합니다. 이미지 연상작용은 초현실주의자들의 전유물이었는데 송 시인은 그 기법을 멋지게 사용하여 독자에게 깨달음을 줍니다. 나사는 이 세상의 이치를 깨달아 가는 과정에서 일종의 화두가 되었던 것입니다. 나사의 사전적인 의미 고찰에 머물지 않고 새롭게 의미를 부여하는 능력을 갖추었기에 그는 시인이 될 수 있었던 것입니다.

안다는 것과 깨닫는다는 것은 다릅니다. 앎은 지식의 영역이고 깨달음은 지혜의 영역입니다. 시는 우리에게 충격과 감동과 함께 깨달음을 줄 수 있습니다. 철학서 한 권, 역사책 한 권에 들어 있는 내용을 압축하여 한 편의 시로 쓸 수 있는 능력을 갖춘 사람을 세상에서는 시인이라고 합니다. 깨달음이란 '크게 느낀다'는 뜻이 아닐까요? 우리가 사물과 인간에 대한 관찰의 안테나를 계속 세우고 있으면 시로 쓸 수 있는 것은 무궁무진합니다. 좋은 시는 늘 우리 주변의 사물을 잘 살펴 깊이 생각하는 사람의 손에 의해 씌어지는 것입니다. 일기나 수기는 자신이 체험한 것을 곧이곧대로 쓰면 되지만 시는 축소지향의 장르입니다. 구질구질하게 설명하지 않고 몇 마디로 줄여서 쓰면 그것이 바로 촌철살인이고 정문일침입니다. 시는 '충격'과 '감동' 혹은 '깨달음'을 지향한다는 말을 다시 한 번 하면서 강연을 마치기로 하겠습니다. 제 강연을 경청해주신 분들 모두에게 감사를 드립니다. 고맙습니다.

**나무 아래서
깨닫는 이와
나무를 바라보는 이**

홍신선 선생님께

그간 별고 없으셨습니까? 선생님을 뵌 지 한참 된 것 같습니다. 몸 건강하게 잘 지내고 계셨습니까?

작년 4월 선생님께서 손수 사인하여 보내주신 시집 《마음經》을 읽을 때의 감동이 다시금 제 가슴에 잔잔한 물결을 이루고 있습니다.

저는 2013년 1월 22일부터 2월 2일까지 한국문예창작학회의 일원으로 네팔과 인도 여행을 하고 왔습니다. 시차 적응이 안 되어 제정신이 아닙니다만 제게 주어진 8편의 시 앞에 졸린 눈을 비비며 앉았습니다.

여행의 목적은 크게 두 가지였습니다. 불교의 창시자인 석가모니의 유적지 답사와 《왕오천축국전》을 쓴 혜초의 행적을 더듬어보는 것, 그리고 한국-인도 수교 40주년을 맞아 그곳의 문인들과 '문학과 문명'을 주제로 국제문학심포지엄을 갖는 것. 학회 회원들과 더불어 열이틀의 일정을 무사히 마치고 2일 오후에 인천공항에 내렸습니다. 시차 적응도 못한 상태지만 원고 마감일이 임박하여 펜을 들었습니다.

선생님이 봄호에 발표하신 시를 읽었습니다. 시를 읽으면서 저는 인도의 대도시 빠트나와 바라나시 거리에 즐비한 거지 아이들을 떠올리지 않을 수 없었습니다. 악착같이 따라붙던 거지 아이들뿐만 아니라 아기를 안고 매달리던 거지 여인들, 기진맥진해 "원 달러! 원 달러!" 말도 못 뱉으며 손만 내밀던 거지 노인들의 앙상한 손마디가 떠올라 한참 눈을 감고 마음을 가라앉혀야 했습니다.

이 겨울 노숙한 날갯죽지 밑에 홀쭉한 허기들을 감추고
막 뿌려준 급식 앞에 모여든 비둘기들 같다
무료급식차 배식줄에 선 결식노인들
몇몇은 벌써 둥근 간이식탁에서 뿔뿔이 그러나 둘러앉아
국밥들을 먹고
몇몇은 더운 입김 내뿜으며 후식용 종이컵커피를 마신다.

―〈겨울 비둘기〉 제1연

고령화 사회로 접어든 지 오래인 우리나라에서는 지하철도 65세가 되면 공짜로 타고 다닐 수 있고, 무료급식소에 가면 끼니를 해결할 수 있습니다. 수없이 많은 인도의 거지 노인들을 보고 와서 그런지 한국의 노인은 그래도 다행이라는 생각을 해봅니다만 역시 생-노-병-사는 인간의 슬픈 굴레임에 틀림없습니다. 선생님께선 "아버지의 죽기 전 단지 미안하다던 외마디 귀엣말이/ 먹다 흘린 국밥알처럼 흩어져 으깨졌다"고 하셨습니다. 배식줄에 늘어선 결식노인들의 추레한 모습을 보고 돌아가신 아버님이 떠올랐던 것이겠지요. 그런데 어느덧 선생님의 연세도 돌아가신 아버님의 연세에 가까워진 것이 아닐까요?

"이번엔 거기/ 수많은 내가 대신 둘러앉아 그러나 뿔뿔이/ 몇 숟갈 뒤적이는" 모습을 보여주고 계십니다.

> 지난날 책가방에 넣고 다니던 무거운 현실을
> 몇 권째 벗어던진 홀가분한
> 나의 어깨가 이즘 척추측만으로 비스듬 자꾸 기울어져 간다,
> 한쪽 치올라간 어깨엔
> 아직도 마지막 숙제처럼 생활이 가볍게 얹히곤 하는데.
>
> ―〈겨울 비둘기〉 마지막 연

무거운 책가방을 갖고 다닌 탓에 한쪽 어깨가 기우는 척추측만의 고통이 이제는 선생님의 현실이 되고 말았습니다. 우리가 흔히 쓰는 말, '나이는 못 속인다'는 말이 실감납니다. 당신 자신이 늙어가면서 아버님의 늙음과 죽음을 인식하게 되는 과정이 한 편의 시가 되었다고 저는 생각합니다. 숫도다나 왕의 아들이었던 싯다르타는 왕궁에서 편안하게 살다가 네 번의 만남四門遊觀을 통해 출가를 결심했다고 합니다. 늙음, 질병, 죽음, 탁발은 바로 부처의 탄생을 가능케 한 고통과 해탈의 과정이었던 것이지요. 선생님께서 1991년부터 〈마음經〉 쓰기를 통해 자신과의 만남을 이룩해 왔던 것처럼, 앞으로 더욱 생로병사와 생사고락에 대한 연구를 해나가지 않을까, 생각해 봅니다.

박현웅 시인의 〈별 냄새 나는 인류여, 안녕하신가〉는 지난해 문예지상에 실린 수많은 시 가운데서도 가장 돋보이는 수작이 아닌가 싶습니다.

1
너는 천사의 웃음으로 최선을 다해 울었다

그림자를 얻었으므로

2
내 어머니의 먼
최초의 어머니는 어느 별의 티끌이었지
홀연 몸 사라지고 뿌연 정신으로 떠 있었어 그녀는
몇 겹 투명한 무게를 채우며 허공을 메워나가기 시작했지
제 그림자가 제 몸을 깎는 열 개의 달을 묵묵히 걸었던 거야
그동안 별들이 수시로 지고
지나온 맨발 자국마다 환한 그림자가 넘쳐흘렀어
죽음보다 더 독한 그녀
단내 나는 고통을 삼키며
어떤 모양의 또 다른 사랑을 품에 안았을까
그녀의 첫 남자는 태양이었어

—〈별 냄새 나는 인류여 안녕하신가〉 앞부분

　제가 인도 여행을 하고 방금 돌아와서 그런지 이 시는 신화적 상상력의 산물로 읽힙니다. '어머니'나 '그녀'가 구체적인 인물이 아니라 인류의 보편적인 어머니, 일반적인 여성으로 파악된다는 것입니다. 여성이란 어떤 존재입니까? 남자를 받아들여 임신을 하고, 세상에 새 생명을 내보내는 거룩한 존재가 아닙니까. 그런데 그 과정은 "제 그림자가 제 몸을 깎는 열 개의 달을 묵묵히" 걷는 인고의 나날입니다. 출산 막바지에 이르면 엄청난 고통을 겪고, 죽을 것만 같은 순간이 지나면 어머니가 되는 것이지요. 우리 인류는 전쟁을 통해 국가를 형성하고 종족을 보존해온 것이 아니라 여성성과 모성에 의해 개체를 유

지해왔습니다. 그렇지만 여성은 희생의 대상이었고 예속의 대상이었고 소외의 대상이었지요. 한마디로 말해 인류 가운데 절반인 여성은 사람대접을 거의 못 받아왔던 것입니다. "저녁마다 그녀는/ 긴 머리채를 풀어헤쳐 조금씩 불사르며/ 태양의 검은 화구에 자신의 불씨를 묻어주었지"라는 구절도 저는 이런 관점에서 이해했습니다. "비극의 그 끝 카타르시스를 위한 무대의 주인공"은 바로 여성이었습니다. 싯다르타의 어머니 마야 왕비는 싯다르타를 낳은 지 이레 만에 돌아가셨으니 자식의 재롱은커녕 젖도 제대로 못 먹여보고 눈을 감았던 것이지요. 하지만 어찌 보면 모든 모자관계, 모녀관계는 사별로 끝나는 관계가 아니겠습니까. 남자 시인인 박현웅은 "갓 태어난 아이의 모습으로 아직 눈 감고 생각한다"고 말합니다. "별의 티끌이 나에게까지 흘러왔구나"라고 하니, 나란 존재의 미미함을 깨달은 것이 아니겠습니까. 마침내 우주 속의 한 생명체, 내 이 목숨의 근원을 신비롭게 여기게 되었습니다. 시인은 언어의 연금술사이기 전에 우주 속의 한 유기체이며 자신의 몸은 우주의 축소판입니다. 하지만 화자는 천상천하에 유아독존하지 않으므로 부끄럽기만 합니다.

5

깔깔한 눈물이여, 고단한 내 영혼을 탕진하라 -
무능으로 봉인된 육체는 오직
우리가 끌고 가는 검은 문짝이 단 한 번 열릴 때까지
투명한 시간의 기둥이 녹이며 흘러내릴 뿐이다
불행할 이유가 있어 젖은 심지는 아직 희망이다

절룩이는 불꽃이여,
차가운 광장의 이 어둠을 핥아다오.

―〈별 냄새 나는 인류여 안녕하신가〉 끝부분

    인류는 지금 질병의 공포와 전쟁, 굶주림, 지구온난화, 천재지변 등으로 위기국면으로 치닫고 있습니다. 이런 때는 남성의 힘이 중요시될 것이 아니라 여성의 온화함과 포용성이 우리를 구원하게 될 것입니다. 그런 것을 알고서 이 시를 쓴 것인지 아닌지는 모르겠지만 저는 박현웅 시인이 "별 냄새 나는 인류"를 향해 한 말을 뇌리에 오래 새길 수 있을 것 같습니다.

    이번 여행의 행선지는 석가모니의 탄생지인 네팔 서부의 룸비니, 석가가 열반에 든 인도의 쿠시나가라, 라즈기르에 있는 법화경의 설법 장소인 영취산, 불교 최초의 사원인 죽림정사, 처음 깨달음을 얻은 보드가야의 마하보디 대탑, 석가 사후 제자들의 제1차 결집이 있었던 칠엽굴, 제3차 결집이 있었던 빠트나 시, 처음으로 설법한 사르나트의 녹야원 등 다양한 곳이었습니다. 네팔 카트만두까지는 싱가포르항공사 비행기로 갔고, 카트만두에서 포카라의 룸비니까지는 네팔항공의 47인승 전세기로 이동했습니다. 네팔에서 인도까지는 버스로 갔습니다. 사르나트에서 버스로 아그라까지, 아그라에서 뉴델리까지는 밤을 꼬박 새우며 기차로 이동했습니다. 그런데 이 엄청난 거리를 신라의 학승 혜초는 723년부터 727년 사이에 타박타박 도보로 다 가보았다고 합니다. 당시 다섯 개의 천축국으로 나뉘어 있던 인도를 순방한 데서 그치지 않고 인더스강을 건너 중앙아시아의 35개 나라를 순방하였고, 데칸고원과 실크로드, 파미르고원을 거쳐 현 신강위구르자치구의 쿠차에 당도했습니다. 거기서 다시 중국으로 돌아온 그는 780년에 중국 오대산의 한 절에서 입적했습니다. 저는 이번 여행에서 현재와 석가모니 사이의 2500년이란 시간과 현재와 혜초 사이의 1300년이란 시간에 압도되고 말았습니다. 제가 앞으로 살아봤자 몇 년을 더 살겠습니까만(선생님 앞에서 이런 말을 하여 죄송합니다) 워낙 소인배이니

백 번을 다시 태어나도 다른 이에게 이로운 일을 할 수는 없을 듯합니다. 석가모니는 출가하여 길고 고통스러운 여정 끝에 진리와 지혜를 깨달아 그것을 세상에 두루 펼쳤고, 혜초는 1만 2,000킬로미터를 4년여 동안 여행하면서 그 여정을 《왕오천축국전》이라는 글로 남겨 후세에 이름을 전하게 되었습니다. 해가 바뀌니 우리 나이로 저 이제 쉰넷, 지금까지 한 것도 별게 없고 앞으로 몇 년을 더 산들 무엇을 할 수 있을까요?

봄날의 고적한 뜰에 깊은 녹음을 드리운 단풍나무는 전란을 피하여 떠도는 옛 시인의 분신처럼 외로이 서 있다. 지평의 반대쪽으로 부푸는 상현달의 모습을 입은 채, 세상의 모두를 물리친 후 한쪽 귀만을 열어, 빽빽한 꽃들과 잎사귀로 발등에 짙은 그늘을 마련한 나무는 잠잠히 눈을 감고 있다.

(……)

저무는 뜰에서 젖은 눈으로 서성이는 단풍나무를 무간無間이라 하겠는가, 목숨들의 불화와 투쟁을 껴안은 채 육중한 슬픔으로 서 있는 봄날의 음각을. 그렇다면 그대여, 이 꽃들이 모두 스러진 늦가을의 붉은 모습을 투영함은 크나큰 죄악인가, 이윽고 꽃도 잎도 모두 벗겨 내리는 시간의 처연함을 예견하는 것은.

―〈봄날, 단풍나무와 함께〉 첫 연, 끝 연

전체 5개 연으로 되어 있는 이성렬 시인의 이 작품을 읽으며 저는 어쩔 수 없이 석가모니가 처음 깨달음을 얻었다고 하는 보드가야의 마하보디 대탑 근처에 있는 커다란 보리수나무를 떠올리지 않을 수 없었습니다. 석가 생시에 있던 보리수나무의 손자의 손자의 손자쯤 된다는 나무는 아닌게아니라 수령

몇 백 년은 되어 보이는, 밑둥치가 엄청나게 굵은 나무였습니다. 절 입구까지 따라붙는 아이들의 간청에 못 이겨 보리수 나뭇잎을 열댓 장 사기도 했는데 와서 보니 책갈피로 쓸 수 있는 것은 없었습니다. 인도에서 물건을 사는 행위는 거의 다 보시였습니다.

시인은 이 시를 전주 한옥마을 '동락원'에서 썼다고 하셨는데 시의 소재는 봄날의 단풍나무라고 했지만 주제는 "꽃도 잎도 모두 벗겨 내리는 시간의 처연함"이 아닐까요? 단풍나무는 "햇살에 싸인 담장을 물끄러미 바라보는 초록 발우 형상"으로, "무수한 별의 운행을 품는 은하의 가슴처럼, 나무는 그 안의 많은 사연들을 한꺼번에 고백하고 있는 잉잉대는, 수많은 궤적들에게 더운 부력을 불어넣고 있"습니다. 시인은 나무 앞에 서서 시간의 무한함과 생명의 유한함에 전율했던 것이 아닐까요. 우리 인간은 "양식과 종족과 노역과 계급의 세상 안"에서 아옹다옹하고 있는데 단풍나무는 "목숨들의 불화와 투쟁을 껴안은 채 육중한 슬픔으로 서" 있습니다. 아아, 이성렬 시인은 보리수나무 아래서 득도한 석가처럼 한 깨달음을 얻은 것입니다. 단풍나무는 봄에 초록 발우의 형상을 하고 있고 가을이 되면 온몸을 붉게 불들이며 시간에 순응하는 존재입니다. 만물의 영장이라는 우리 인간은 시간의 노예였던 것이지요. 시간에 쫓기며, 시간을 쫓아가며 살다가 병들어 죽게 되는 세속도시의 날벌레들인 것을. 하루살이들은 자연에 별다른 해를 안 끼치지만 우리 인간은 한 생을 살면서 몇 마리의 소와 돼지와 닭과 오리를 먹는 것일까요. 인도의 길거리와 들판에서 저는 정말 헤아릴 수 없는 소와 물소와 돼지와 멧돼지, 개와 원숭이를 보았습니다. 철로변에서 쥐는 보았지만 이상하게도 고양이는 딱 한 번만 봤습니다. 인도의 중국요리 집에 갔을 때 나온 다섯 가지 요리가 몽땅 닭으로 만든 것이라, 이 나라의 소 숭배사상에 경악해 마지않기도 했습니다. 그런데 인도인들은 돼지도 잘 안 먹나 봅니다. 돼지고기도 거의 보지를 못했으니까요. 오직 수난은 닭만 당하고 있는 것이 저로서는 이상했습니다. 아무튼 나무 밑에서의 명상은 2500년 전 석가모니도 했었지만 손택수 시인도 합니다.

점심에 김밥 한 줄 들고 월드컵 공원에 나가 나무그늘 아래 드는 일

나무 그늘 아래 앉아
가지와 가지 사이로 들어온
하늘이 나뭇잎 몇을 품고 설레는 길
뜻 없이 지켜보는 일

—〈김밥 한 줄 들고 월드컵 공원 가는 일〉 앞부분

　석가모니는 보리수나무 아래 참선에 들어 득도하고 성불했지만 우리 같은 범인은 어느 나무를 보든 뜻 없이 지켜볼 수밖에요. "나뭇잎에 내 맘 한 자락 올려놓고/ 불어오는 바람 따라 그저 무심히 흔들려 보는 일"이 시인이 할 수 있는 일. 우리는 성자가 아니라 다만 시인인 것을 어떻게 하겠습니까. 깨달은 자는 불립문자에 언어도단의 경지에 다다르지만 우리는 언어를 떠올리며 한생을 살아야 하는 비천한(?) 시인인 것을! 손택수 시인처럼 저 또한 "닿을 수 없는 꿈들을 옆에 둔 채 아픈 것"을! "시가 떠오를 것 같은 순간마저/ 그냥 내버려둔 채/ 하염없이 내버려둔 채" 나뭇잎처럼 흔들려 보는 것을!
　쓰다 보니 제게 주어진 8편의 시 가운데 절반인 4편의 시에 대해 언급을 했는데 그만 주어진 40매 원고 분량을 다 채우고 말았습니다. 작품에 대해서만 논했더라면 강신애·김지율·유종인·이병률 시인의 작품에 대해서도 논할 수 있었을 터인데, 쓸데없는 얘기를 중간에 늘어놓다 보니 그만 이분들의 작품을 논외로 치고 말았습니다. 네 분 시인께 심심한 사과의 말을 전합니다.

홍신선 선생님!

저는 열이틀 여행의 기억을 시로 풀어내야 할 텐데, 지금은 그저 막막할 따름입니다. 혜초가 인도에 가서 석가모니의 발자취를 돌아보았던 8세기에는 이미 불교의 교세가 힌두교에 밀리고 이슬람교의 공격으로 꺾여 불교 유적이 인도에서는 거의 다 폐허가 되어 있었다고 합니다. 고향에서 환영을 받지 못한 예수처럼 석가의 뜻도 고향에서 아주 먼 중국과 일본, 티베트와 동남아에서 펼쳐지게 되지요. 깨닫는 것과 깨달음을 받아들이는 것 사이에는 이렇게 큰 차이가 있나 봅니다. 보리수나무 아래서 깨닫는 이와 단풍나무를 바라보는 이 사이에는 큰 차이가 있듯이 말입니다.

선생님의 건강을 빌며 이만 줄입니다.

필자는 이 글을 쓴 이후 네팔과 인도 여행지 곳곳이 생각날 때마다 시를 써 시집 《불의 설법》을 펴냈습니다.

생명의 물, 온유의 눈물

마종기 선생님께

2013년에 재미교포 고원 시인을 기려 만든 고원문학상 심사를 선생님과 함께 했습니다. 선생님은 미국에 계시고 저는 한국에 있어 메일을 대여섯 번 주고받으면서 심사를 진행했습니다. 선생님이 제게 보내주신 메일은 사신인데, 공개를 해도 될지 모르겠습니다. 양해를 구합니다.

이승하 교수님;
안녕하세요? 시 쓰는 마종기입니다. 멀리서 인사드립니다.
오래 이름만 알아온 편입니다만 하도 오래 이 시인의 시를 보아와서인지 여러 번 만나 인사라도 나눈 사이로 착각을 하며 지냅니다.
자주 미국에도 오시고 주로 서부 쪽이긴 하지만 오래 이곳 교포 문단에 많은 도움 주신 것 고맙게 생각합니다. 여러 나라의 교포 문학에 대해서도 일가

견 있으셔서 얼마 전에는 책도 출간하셔서 주목을 받기도 하신 것, 진심으로 축하드립니다. 누군가가 아껴준다는 것이 얼마나 고마운 일인지요.

이 시인을 가까이 알고 있는 느낌 때문이었는지 몇 해 전에는 이 시인의 시에 병원 풍경이 자주 등장해 가족분 중에 누가 아프시나 하는 걱정까지 한 적이 있습니다.

이번에 고원문학상 심사를 함께 해달라고 엘에이에서 부탁해 이 시인과 함께라서 승낙을 했습니다. 헌데 후보라는 시집 두 권을 받고 보니 김호길과 장소현 선생이라 난감한 기분입니다. 두 분이 다 내게는 몇 해 후배 시인이고 수십 년 잘 알아온 사이고, 경향은 다르지만 오래 글을 써온 분들입니다. 거기다가 돌아가신 고원 선생과는 가장 가까웠던 두 분이라 한 분을 내가 고르기 힘이 드네요. 이 시인께서 그 점 고려해 더 나은 시를 쓴 분을 나에게도 추천해 주시면 고맙겠습니다.

여름이 거의 지나갔습니다. 고생 많으셨습니다. 아름다운 고국의 가을을 많이 즐기시기 바랍니다.

공연히 반가운 마음으로,

이 메일 한 통만 봐도 선생님께서 뭇 타인에 대해 참으로 따뜻한 감정을 갖고 대한다는 것을 알 수 있습니다. 제가 까마득한 후배임에도 깍듯이 예를 다해 쓴 선생님의 메일에 대한 저의 답신은 영 시큰둥했습니다.

마종기 선생님께

선생님이 주신 메일 반갑게 받았는데 학교 일이 뭐가 바쁘다고 바로 답신 올리지 못했습니다.

그간 몸 건강히 잘 계셨습니까? 이곳 한국은 폭염이 계속되다가 이제 조금

더위가 물러가는 느낌이 듭니다.

　제게는 아직 두 후보자의 시집이 오지 않아서 오기를 기다리고 있는 중입니다. 시집이 오면 답신을 드리려 했는데 미국이라 그런지 바로 안 와 답메일을 드리는 것입니다. 책이 도착하면 제가 잘 살펴보고 2권 중 1권을 추천토록 하겠습니다. 혹시 우열을 정말 가리기 힘들면 주최측에 공동수상은 어떻겠냐고 물어보겠습니다.

　심사평이 필요하다고 하면 제가 쓸까요? 미국에서 있을 시상식장에는 제가 갈 수 없을 것 같습니다.

　선생님 언제 귀국하면 모시고 식사 한번 하면 좋겠습니다. 저는 김주연 선생님의 강의를 대학원 시절에 두 학기 들어 은사님으로 모시고 있습니다. 연중 서너 차례 모시고 식사 대접을 하는 것으로 제자 된 도리를 간신히 하려고 합니다. 기회가 되면 같이 뵈어도 좋을 듯싶습니다.

　늘 건강하시기를 빌며 이만 줄입니다. 다시 연락 드리겠습니다.

　선생님은 그 뒤로 심사가 진행되면서 여러 차례 메일을 보내주셨는데 겸손함과 친절함과 섬세함을 느낄 수 있었습니다. 저는 선생님의 시를 열심히 읽어온 한 명 독자로서, 감명 깊게 읽은 3편의 시에 대해 말씀을 드려볼까 합니다.

　　높고 화려했던 등대는 착각이었을까.
　　가고 싶은 항구는 찬비에 젖어서 지고
　　아직 믿기지는 않지만
　　망망한 바다에도 길이 있다는구나.
　　같이 늙어가는 사람아,
　　들리냐.

바닷바람은 속살같이 부드럽고

잔 물살들 서로 만나 인사 나눌 때

물안개에 덮인 집이 불을 낮추고

검푸른 바깥이 천천히 밝아왔다.

같이 저녁을 맞는 사람아,

들리냐.

우리들도 처음에는 모두 새로웠다.

그 놀라운 처음의 새로움을 기억하느냐,

끊어질 듯 가늘고 가쁜 숨소리 따라

피 흘리던 만조의 바다가 신선해졌다.

나는 내가 살아 있다는 것을 몰랐다.

저기 누군가 귀를 세우고 듣는다.

멀리까지 마중 나온 바다의 문 열리고

이승을 건너서, 집 없는 추위를 지나서

같은 길 걸어가는 사람아,

들리냐.

―〈길〉 전문

    2002년에 나온 시집《새들의 꿈에서는 나무 냄새가 난다》에 실려 있는 시입니다. 선생님께서는 젊은 시절에 미국으로 이민 간 이후 환갑이 지나도록 이역만리에서 살아가고 있습니다. 태평양 저 너머에서, 고국에 있는 "같이 늙어가는 사람"을 거듭해서 부르고 있습니다. "같은 길 걸어가는 사람"은 동인지

《평균율》을 같이 냈던 친구 황동규 시인인가요 김영태 시인인가요.
　친구란 인생길을 같이 걸어가는 동행 인입니다. 전화를 해도 되고 컴퓨터 이메일로도 소식을 전할 수 있지만 잔 물살들처럼 서로 만나 인사를 나누어야지 친교가 가능한 법이지요. 그런데 그럴 수 없는 상황이고, 이제는 저승으로 난 길을 제각기 걸어가고 있습니다. 망망한 바다에도 길이 있는데, 멀리까지 마중 나온 바다의 문이 열리는데, 너는 "이승을 지나서, 집 없는 추위를 지나서" 외따로 난 길을 가고 있습니다. 마지막 연은 젊은 날을 회상한 제3연과 대조를 이루어, 눈시울이 잠시 뜨거워집니다. 고국의 친구를 그리워하며 부르는 노래인 〈길〉은, 미국에 이민자로 살아가는 분이 읽는다면 훨씬 강렬한 감동을 느낄 것입니다. 언젠가 이런 시도 발표한 적이 있지요?

　　잠시 전에 내 몸이었던 것이
　　땀이 되어 나를 비집고 나온다.
　　표정 순하던 내 얼굴들이
　　물이 되어 흘러내려 사라진다.
　　내 얼굴은 물의 흔적이다.
　　당신의 반갑고 서글픈 몸이
　　여름 산백합으로 향기로운 것도
　　세상의 이치로는 무리가 아니다.

　　반갑다, 밝은 현실의 몸과 몸이여,
　　아침 풀이슬에서 너를 만나고
　　저녁 노을 속에 너를 보낸다.
　　두 팔을 넓게 펼치면, 어디서나

기막히게 네가 모두 안아진다.
언제고 돌아갈 익명의 나라는
지금쯤 어디에서 쉬고 있을까.
잠시 전에 내 몸이었던 것 또, 떠나고—.

—⟨잠시 전에⟩ 전문

온유에 대하여 이야기하던
그 사람 빈집 안의 작은 불꽃이
오늘은 더욱 맑고 섬세하구나.
겨울 아침에 무거운 사람들 모여서
온유의 강을 조용히 건너가느니
주위의 추운 나무들 눈보라 털어내고
눈부신 강의 숨결을 받아마신다.

말과 숨결로 나를 방문한 온유여,
언 손을 여기 얹고 이마 내리노니
시끄러운 사람들의 도시를 지나
님이여 친구가 어깨 떨며 운다.
그 겸손하고 작은 물 내게 묻어와
떠돌던 날의 더운 몸을 씻어준다.

하루를 마감하는 내 저녁 속의 노을,
가없는 온유의 강이 큰 힘이라니!
나도 저런 색으로 강해지고 싶었다.

불타는 뜬구름도 하나 외롭지 않구나.

—〈온유溫柔에 대하여〉전문

　선생님께서는 1966년에 미국으로 이민 가신 이후 방사선과 전문의가 되어 의대 교수도 하셨고 아동병원 방사선과 부원장까지 역임하신 뒤 2002년에 의사 가운을 벗은 것으로 압니다. 미국에서 영어를 쓰며 살아가는 해외동포로서 매일 환자 사이에서 부대끼며 살아가면서도 펜을 놓지 않은 원동력은 어디에 있을까요? 너무 큰 욕심을 부리지 않고 자신의 마음을, 아니 시작 그 자체를 물의 생리에 맡겼기 때문이 아닐까요.

　까마득한 시절의 우리 조상은 물에 얽힌 노래를 만들어 불렀습니다.〈공무도하가〉에서 바다는 죽음의 바다였습니다. 백수광부가 술에 취해 헤엄쳐 건너다 빠져 죽은 바다, 술도 바다도 모두 물이었는데 그 물은 죽음을 재촉한 물이었습니다. 하지만 서사무가〈바리공주〉에서는 물이 죽은 사람을 살아나게 하는 소생의 기능을 합니다. 천대받던 막내딸 바리공주는 부왕이 병들자 멀고 먼 서천서역국에 가서 약수를 구해옵니다. 이미 죽어 있던 왕을 약수로 살려내고 공주는 저승을 관장하는 신이 되는 거지요. 여기서 약수는 뒷동산 약수터의 약수가 아니라 죽을 고비를 넘기며 구해온 생명수입니다.

　그렇지 않은가요. 홍수가 나고 해일이 왔을 때의 물은 죽음의 물이지만 오랜 한발의 땅과 사막에서의 물은 소생의 물입니다. 중국 전국시대 초나라의 굴원이 몸을 던진 멱라강은 죽음의 강이었지만 그 강에서 고기를 잡아 살아가던 어부들에게 멱라강은 그 전이나 그때나 생활의 터전이었습니다. 물은 생명의 근원이며 풍요의 원천이었고 우리 옛 이야기 속에서 만나게 되는 물의 여인은 한두 명이 아니었습니다. 박혁거세의 왕비 알영, 동명왕의 어머니 유화부인, 수로부인, 여옥, 제주도 설문대할망…… . 모두 물과 관계가 있는 인물들입니다. 서구에서 불이 중요시되어온 것만큼 우리나라에서는 물이 신성시되었습니다.

우리는 모두 양수 속에서 영양분을 공급받으며 자라나 자궁 바깥으로 나와, 생애 내내 몸의 3분의 2를 물로 채운 채로 살아갑니다. 불도 생명의 근원이긴 하지만 소각장과 화장터의 불을 생각해봅니다. 우리는 모두 물에서 태어나 불로 사라지는 목숨들이 아닌가요.

선생님은 이렇게 말씀하셨습니다. 잠시 전에 내 몸이었던 물이 땀이 되어 나를 비집고 나온다고. 물은 단순히 수소와 산소로 이루어진 것도 아니요, 식사 때마다 마시는 그 물도 아닙니다. 얼굴조차도 물로 이루어져 있었으니, 내 얼굴은 몸에서 빠져나간 물의 흔적입니다. 자, 이렇게 물과 더불어 살다가 죽는다면? 내가 죽어도 뼈는 남을 수 있지만, 물의 흔적일 따름인 얼굴은 사라집니다. 내 몸은 그렇다 치고 타인의 몸은 어떠한가요.

당신의 반갑고 서글픈 몸이
여름 산백합으로 향기로운 것도
세상의 이치로는 무리가 아니다.

왜 하필이면 반갑고 서글픈 몸일까요. 오랜만에 만났기에 반갑고 당신의 몸이 이제는 젊지 않아 서글픈 것이겠지요. 그런데 그 몸은 여름 산백합으로 (여기서 '으로'라는 조사가 잘 쓰인 것 같지는 않습니다) 향기롭습니다. 그 향기가 세상의 이치로는 무리가 아닌 것이, 물이 머물다 간 사람의 몸에서 나오는 향기이기 때문입니다.

선생님은 제2연에 가서 죽음과 삶을 이야기합니다. 밝은 현실의 몸을 만나서 반갑지만, 내 몸 안에 잠시 전까지 있다 사라진 물처럼 나는 언젠가 사라집니다. 제2연 2, 3행의 '너'는 '물'로 바꿔 읽어도 큰 무리는 없을 듯합니다. 우리는 살아가면서 물을 마시고, 물을 내보냅니다. 또 하나의 생명과 상봉하고, 또 하나의 생명과 결별합니다. "두 팔을 넓게 펼치면, 어디서나／ 기막히게 네가 모두 안아진다"에서는 물＝생명이 확실히 감지됩니다.

　6, 7행이 조금 이해하기 어렵습니다. "언제고 돌아갈 익명의 나라"는 죽음의 나라일 텐데, "어디에서 쉬고 있을까"라니요? 죽음의 나라가 (나에게로) 오다가 쉬고 있다는 것은 내 목숨이 아직은 경각에 다다르지 않았기 때문일까요. 저로서는 조금 모호한 부분이 각 연마다 한 군데씩 있습니다.

　물은 또 몸 바깥으로 배출됩니다. 땀과 오줌으로. 죽어서는 추깃물로. 잠시 전에 내 몸이었던 것이 떠나고 또 떠나고, 그리하여 언젠가 나는 익명의 나라에서 오래오래 쉬게 되겠지요. 익명의 나라에도 물이 있을까요.

　〈溫柔에 대하여〉란 시도 물의 이미지로 충만해 있습니다. 온유의 사전적인 의미는 ①성질이 온화하고 유순하다, ②따뜻하고 부드럽다란 것인데 여기서는 전자를 취하는 것이 좋을 듯합니다. 제1연은 각각의 행이 은유라서 그런지 뜻이 잘 통하지 않습니다. 첫 번째 문장은 글쎄, 제 인지 능력으로는 이해가 쉽지 않습니다. 두 번째 문장과도 잘 연결이 되지 않습니다. 아무튼 겨울 아침, 조용히 흘러가는 강물 위로 한 떼의 사람이 배를 타고 건너고 있나 봅니다.

　제2연에서 말과 숨결로 나를 방문한 온유라고 하는데, 말은 복음이며 숨결은 성령인가요? 온유라는 말 자체가 기독교적인 내포를 지니고 있기에 종교적 의미를 캐내고 싶어집니다. 하지만 시인은 손쉬운 해석을 허락하지 않습니다. 세상살이에 지친 친구가 찾아와 무엇에 대해 하소연을 하며 운다는 말은 수긍할 수 있습니다. "그 겸손하고 작은 물"이란 아마도 눈물이겠지요. 그 눈물이 "내게 묻어와／ 떠돌던 날의 더운 몸을 씻어준다."고 한 것은 몸의 정화가 아니면 마음의 정화일 것입니다. 그리스도가 세례자 요한으로부터 물로 세례를 받는 성경의 장면을 연상하면 온유의 뜻은 보다 확실해집니다. "물과 성령으로 새로 나지 않으면 아무도 하느님 나라에 들어갈 수 없다"고 적혀 있는 요한복음 3장 5절을 생각해보면 이 시의 뜻은 보다 선명하게 다가옵니다. 제1연에 나오는, 맑고 섬세한 그 사람 빈집 안의 작은 불꽃도 기독교적인 의미를 지니고 있다고 보이는데, 그렇다면 불은 신의 이미지입니다. 분명한 것은 기독교에서 물은 정화의 상징이요 그리스도의 표상이라는 것입니다.《삼국유사》소재 설화 노힐부득과 달달박박의 이야기를 떠돌려보면 불교에서도 물은 정화의 상징물입니다.

이 짧은 시에 등장하는 인물이 참 많은데, 시적 화자를 제외하고도 그 사람, 무거운 사람들, 시끄러운 사람들, 님, 친구 등이 나와 다소 혼란스럽습니다. 시를 이해하는 데 있어 이것들이 약간의 어지러움을 줍니다. 어느덧 마지막 연에 이르러 "가없는 온유의 강이 큰 힘이라니!" 하는 영탄법을 쓴 구절에 눈길을 주게 됩니다. 온유의 강은 조용히 흘러가지만, 달리 말해 눈물은 조용히 흘러내리지만, 큰 힘을 발휘합니다. 진정한 종교인은 신앙심을 자랑하지 않는 법이지요. 자신의 죄를 눈물로 참회하고 타인의 죄를 눈물로 용서합니다.

노을이 지는 시각, 온유의 강이 지닌 색은 강하고, 화자는 저런 색으로 강해지고 싶습니다. 붉은 색은 물론 강합니다. 불타는 뜬구름도 하나 외롭지 않노라는 마지막 행은 어떤 뜻을 지니고 있을까요. 한 사람의 감정이 눈물을 통해서 다른 사람에게 전해지면 노을에 물든 구름도 외롭지 않게 여겨진다는 뜻일까요. 고개가 갸우뚱거려집니다. 이 시가 조금만 더 구체성을 확보했더라면 일반 독자가 읽고 큰 감동을 받을 수 있을 텐데 하는 생각에 다소간 아쉬움이 남습니다.

선생님의 시는 얼른 보아 쉬운 듯하지만 뜻을 음미하며 읽어나가다 보면 결코 쉽지 않습니다. 문장과 문장 사이, 행과 행 사이, 연과 연 사이에 건너뛰는 거리가 너무 멀지 않았으면 좋겠다는 바람을, 까마득한 선배 시인님께 아주 조심스럽게 전하고 싶습니다.

 몇 해 전이었습니다. 구상문학상 시상식장에서 선생님을 뵈었습니다. 고원문학상과 관련하여 메일을 주고받기 전이었습니다. 인사를 드렸더니 저를 알아보고는 반갑게 인사를 해주셨습니다. 선생님이야말로 조용히 흘러가는 강물처럼 온화한 분, 하지만 강심이 깊듯이 시심이 아주 깊은 분이라고 생각합니다. 다시 뵐 날이 오면 제가 열독했던 책 《사이의 거리만큼, 그리운》과 몇 권의 시집 사인을 받고 싶습니다. 선생님의 건강을 기원하며 이만 줄입니다.

제3부 교과서에 실려야 할 열여덟 시인의 시

나그네의 설움을
시로
노래하다

- 김삿갓의 〈환갑연〉 〈멱자시〉 〈이십수하〉

한시에서 한글 시로

김삿갓은 한시의 대가이기도 했지만, 한시를 우리말(그 당시에는 언문이라고 했습니다)로 잘 운용하여 쓴 19세기 이 땅의 최고 시인입니다. 개화가사의 등장 이전에 김삿갓은 시조와 한시의 한계를 깨닫고서 파격적인 시를 써 한글 시로 가는 가교의 역할을 했습니다.

저기 앉은 저 노인 사람을 닮지 않았구나.	彼座老人不似人
하늘에서 내려온 신선이 아닐는지—.	疑是天上降眞仙
그 중에 일곱 자식이 도둑이 되었구나.	其中七子皆爲盜
푸른 복숭아를 훔쳐와서 환갑잔칫상에 바쳤으니.	偸得碧桃獻壽筵

―〈환갑연還甲宴〉 전문

허다한 운자 두고 하필이면 멱자인가.	許多韻字何乎覓

그 멱자도 어려운데 하물며 이 멱자랴.	彼覓有難況此覓
하룻밤 잠자리가 멱자에 달렸구나.	一夜宿寢懸於覓
산촌의 글방 스승 멱자만 아는구려.	山村訓長但知覓

—〈멱자시覓字詩〉전문

스무나무 아래 앉은 서러운 나그네에게	二十樹下三十客
망할 놈의 마을에선 쉰밥을 주더라.	四十村中五十食
인간 세상에 이런 일이 어찌 있는가.	人間豈有七十事
집에 돌아가 선 밥을 먹느니만 못하리.	不如歸家三十食

—〈이십수하二十樹下〉전문

   강원도 영월군 하동면 와석리에 가면 '난고 김삿갓 문학관'이라고 있습니다. 이곳은 경북 영주시와 충북 단양군과 경계를 이루는 3도 접경 지역으로, 산의 형상이 노루가 엎드려 있는 모습이라 하여 노루목이라 불리고 있습니다. 난고 김삿갓(본명 김병연, 1807~1863)은 원래 전라도 동복(지금의 전남 화순군)에서 작고했습니다. 아버지를 찾아 전국을 떠돌던 둘째아들 익균이 아버지가 말년에 거처했던 바로 이곳 노루목에 아버지의 시신을 묻었습니다. 김삿갓의 묘는 1982년 영월의 향토사학자 박영국의 노력으로 발견되었습니다. 이곳에는 시비와 문학의 거리가 조성되어 있고 김삿갓의 묘와 생가가 있습니다. 가보고자 하는 분은 김삿갓문학관이나 영월군청 문화관광과로 전화를 해보십시오.
   김삿갓이 방랑시인이 된 이유를 짧게 설명하면 다음과 같습니다. 평북 선천의 부사였던 김익순(김삿갓의 할아버지)은 홍경래의 난 때 투항하여 목숨을 건졌습니다. 난이 평정된 후 익순은 처형을 당했고 남은 가족은 멸족의 벌을 받았습니다. 집안이 완전히 풍비박산이 나게 생겼는데 마침 집안의 노복 김성

수가 익순의 아들 안근과 그의 처, 손자 병하와 병연을 황해도 곡산으로 피신시켜 대가 이어지게 되었습니다. 후일 멸족에서 폐족그 집안에서 벼슬을 할 수 없게 하는 형벌으로 벌이 감해지자 안근의 처는 남편도 화병으로 죽은 터라 두 아들을 데리고 강원도 영월로 가서 숨어살았습니다. 이런 사실을 모르는 병연은 과거에 응시, 할아버지 익순을 비판하는 시제 '논정가산충절사탄김익순죄통우천論鄭嘉山忠節死嘆金益淳罪通于天'가 나왔을 때 무지막지하게 성토했는데, 내용 중에는 한 번 죽어 가볍고 만 번 죽어 마땅하다는 것까지 나옵니다. 단연 뛰어난 글이라 장원급제를 했습니다. 이 기쁜 사실을 어머니에게 자랑스럽게 고하니 어머니는 대성통곡을 하는 것이었습니다.

가문의 내력을 비로소 어머니에게 듣고서 알게 된 병연은 그 연유야 어떻든 간에 조상을 비방한 죄를 지은 자책감에 푸른 하늘을 볼 수 없다고 하여 큰 삿갓을 쓰고 죽장을 짚은 채 전국 방랑에 나섰습니다. 그는 이미 결혼하여 자식까지 둔 몸이었습니다. 방랑생활 4년 만에 귀가하여 1년 동안 집에 있으면서 둘째아들을 보았으나 다시 방랑길에 나섰습니다. 둘째아들 익균은 아버지를 열심히 찾아다니며 귀가를 종용했지만 병연은 57세 때 전라도에서 객사하였고, 익균이 아버지의 유해를 강원도 태백산 기슭에 묻었습니다.

김삿갓은 주로 대갓집에 가서 잠시 식객 노릇을 하거나 잔칫집이나 상갓집에 가서 시를 써주고는 구걸을 했습니다. 때로는 시골 서당에 가서 훈장과 시제를 겨룬 뒤에 잠자리를 해결하기도 했습니다. 위 3편의 시는 모두 구걸과 관계가 있습니다.

〈환갑연〉이 씌어지게 된 경위는 이렇습니다. 어느 날 한 마을을 지나다가 환갑잔치를 여는 집에 들르게 되었습니다. 행색이 초라한 김삿갓을 쳐다보는 그 집 자식들의 시선이 영 곱지 않았지요. 그렇지만 김삿갓이 송축시를 한 수 올리겠다고 청하자 그 집의 장남이 마루로 올라오라고 하고는 종이를 내미는

강원도 영월에 있는 김병연문학관 마당에 있는 동상. 복숭아를 들고 있다.

것이었습니다. 잔칫날 지나가는 과객을 푸대접했다가는 혹 재수 없는 일이 생길지도 모르는 일, 글재주나 한번 자랑하게 하고는 술 한 상 주어 보내면 그만이었습니다.

김삿갓은 바랑에서 벼루와 먹을 꺼내들더니 금방 먹을 갈았습니다. 붓을 꺼내 들더니 한 줄 써 내려가는 것이 아닙니까. 일곱 글자를 쓰고는 에헴 하고 헛기침을 했습니다. 첫 번째 행을 썼으니 보라는 뜻이었습니다. 첫 수는 노인이 늙어 죽을 때가 다 되었다는 내용이었습니다. 일곱 자식의 얼굴이 붉으락푸르락하고, 그중에는 "아니, 저 늙은이가 미쳤나" 하면서 욕을 내뱉는 이도 있었습니다. 김삿갓이 주위의 어수선한 분위기에 아랑곳하지 않고 한 줄을 더 쓰자 다들 안도의 숨을 내쉬었습니다. 고개를 끄덕이는 자식, 미소를 짓는 자식도 있었습니다. 세 번째 줄을 쓰자 다시 자식 일동 분기탱천, "아니, 이 노인이 죽으려고 환장했나.", "재수 없으니 당장 쫓아냅시다." 하는 말까지 나왔습니다. 김삿갓이 좌중을 둘러보니 눈빛들이 심상치 않았습니다. 하지만 아무 말 없이 회심의 미소를 지은 후 김삿갓이 마지막 행을 썼을 때, 박수갈채가 터져 나왔습니다. 김삿갓은 한 상 거하게 얻어먹고 노잣돈까지 얻어 그 집을 나왔다고 합니다.

〈멱자시〉 탄생의 배경은 이렇습니다. 산골의 훈장은 내가 이런 데 있을 사람이 아니라는 식의 말을 하며 김삿갓을 깔보는 것이었습니다. 콧대가 여간 높지 않았지만 김삿갓으로서는 저녁식사와 잠자리를 해결하기 위해서는 훈장의 요구에 응해야만 했습니다. 요구란 한시 쓰기였습니다. 그 당시 양반사회의 놀이 중 가장 고급스런 것이 한시 쓰기였지요. 칠언절구 한시의 첫 번째 운을 말하면 상대방은 그 글자가 끝에 들어가는 시를 짓고, 또 그 다음 운을 말하면 또 그 글자가 끝에 들어가는 시를 지어 완성해가는 방식이었습니다. 운이란 대개 1, 2, 4행의 끝 글자를 말해주는 것인데, 모음에 통일성이 있어야 했습니다. 예컨대 회回·쇄衰·래來나, 다多·마磨·파波 같은 것이었습니다.

훈장은 첫 번째 운으로 한시에서 좀처럼 쓰지 않는 멱자를 말했습니다. "구할 멱!" 이 말을 듣고 김삿갓은 "허다한 운자 두고 하필이면 멱자인가."라고 썼습니다. 산골 훈장은 눈을 왕방울처럼 뜨며 '이놈 보게' 하는 표정을 지었습니다. 꾀죄죄한 나그네가 시의 첫 행을 멋지게 쓰자 심술이 발동하여 같은 운자를 말했습니다. "구할 멱!" 하고요. 같은 운자를 말하는 것은 반칙이었습니다. 그런 경우가 거의 없으므로 훈장은 김삿갓을 애먹이기로 한 것이지요. 김삿갓은 잠시 생각한 뒤 "그 멱자도 어려운데 하물며 이 멱자랴." 하고 썼습니다. 훈장의 두 눈동자가 튀어나올 지경이 되었습니다. 발악하듯이 뇌까렸으니 또다시 "구할 멱!"이었습니다. 김삿갓은 깊이 한숨을 내쉰 뒤에 붓을 들었습니다. "하룻밤 잠자리가 멱자에 달렸구나." 맞는 말이었습니다. 멱자를 운자로 한 시를 잘 쓰면 쉬었다 갈 수 있지만 쫓겨나면 이 밤에 어디서 잠자리를 구한단 말입니까. 훈장은 사색이 다 되어 이빨을 꽉 깨물고 이렇게 말했습니다. "구할 멱!" 시쳇말로 엿먹으라는 말이었는데 오히려 김삿갓은 마지막으로 훈장을 한 방 멋지게 먹였습니다. "산촌훈장단지멱"이라 씀으로써. 그날 밤을 두 사람이 어떻게 보냈는지는 알 수 없습니다.

〈이십수하〉는 한시의 파격입니다. 우리말로 이해하지 않으면 뜻이 통하지 않는데, 김삿갓은 이런 시를 많이 썼습니다. 그 가운데 대표작인 〈이십수하〉는 이런 연유로 씌어졌습니다.

해가 뉘엿뉘엿 질 때 당도한 어느 마을, 김삿갓은 제일 으리으리하게 보이는 대갓집의 대문을 두드렸습니다. 하인이 나왔지요. "지나가던 나그네입니다. 남은 밥이 있으면 한술 얻어먹고 가겠습니다." 하인은 주인 아낙에게 이 사실을 알렸고, 아낙은 밥 한 그릇을 김삿갓의 바가지에 퍼줄 것을 명했습니다. 그 밥을 들고 뒷동산 스무나무(일명 시무나무, 느릅나무과의 낙엽 교목) 아래에 앉아 숟가락을 드니 쉰내가 코를 찌릅니다. 김삿갓은 서러운 마음에 밥을 땅에 묻고 붓을 들었습니다. 시의 뜻을 풀어봅시다.

'이십수하'는 스무나무 아래, '삼십객'은 서러운(서른은 조금 달리 말하면 '서러운'입니다) 나그네입니다. '사십촌중'은 망할(마흔은 조금 달리 말하면 '망할'입니다) 놈의 마을이고, 오십은 정확하게 쉰이므로 '오십식'은 쉰 밥입니다. '칠십사'의 칠십은 일흔이니, 조금 혀를 굴리면 '이런'이 됩니다. 즉, '칠십사'는 '이런 일'입니다. 삼십식의 삼십은 순우리말로 서른이니 조금 달리 말하면 선 밥, 즉 덜 익은 밥입니다. 선 밥을 먹더라도 집에 가야지 이런 설움을 안 당하겠다고 한탄하는 내용을 담은 시가 바로 그 유명한 〈이십수하〉입니다. 소설가 이문열은 김병연의 일대기를 장편소설로 썼으니, 그 제목이 '詩人'입니다.

목숨을
끊기 직전에 쓴 시와
끊기기 직전에 쓴 시

• 황현의 〈절명시〉와 강우규의 〈사세시〉

저항시의 백미

일제 강점기 때 쓰인 민족적 저항시의 대표작으로 우리는 흔히 이상화의 〈빼앗긴 들에도 봄은 오는가〉1926와 심훈의 〈그날이 오면〉1930 두 편을 듭니다. 작품의 질적 함량은 이 두 편에 미치지 못하지만 〈절명시〉와 〈사세시〉는 목숨을 불태워 쓴 시이기에 우리의 옷깃을 여미게 합니다.

난리 속에 살다 보니 백발이 성성하구나
그 동안 몇 번이나 목숨을 끊으려 했으나 뜻을 이루지 못했다
이제는 더 이상 어찌 할 수 없게 되었구나
가물거리는 촛불이 푸른 하늘을 비치는도다

요망한 기운에 가려 임금 자리 옮겨지더니
구중궁궐 침침하여 해만 길구나

이제부터는 조칙詔勅이 다시 없을 것이니

옥같이 아름다웠던 조서詔書에 천 가닥 눈물이 흐르는구나

짐승도 슬피 울고 강산도 시름하는구나

무궁화 이 강산은 이미 사라졌도다

가을 등잔불 아래 책을 덮고 수천 년 역사를 회고하니

참으로 지식인이 되어 한평생 굳게 살기 어렵구나

일찍이 나라를 위해 한 일 조금도 없는 내가

다만 살신성인할 뿐이니 이것을 충忠이라 할 수 있는가

겨우 송나라의 윤곡尹穀처럼 자결할 뿐이다

송나라의 진동陳東처럼 의병을 일으키지 못하는 것이 부끄럽도다

―〈절명시絶命詩〉전문

단두대 위에 올라서니

오히려 봄바람이 감도는구나.

몸은 있으나 나라가 없으니

어찌 감회가 없으리오.

―〈사세시辭世詩〉전문

　　대한제국이 일본에 의해 강제 합병이 됨으로써 나라를 통째로 잃는 비보를 접하자 한말의 문장가요 역사가요 우국지사인 황현1855~1910은 〈절명시〉를 써 놓고 아편을 술에 타 마신 후 절명했습니다. 아편 가루를 물이나 술에 타 마시

면 독약이 되는데, 김소월도 이 방법을 택해 자살에 성공했습니다.

1910년 8월 29일, 총리대신 이완용과 데라우치 통감 사이에 합병조약안이 체결되었다는 소식을 듣자 황현은 며칠 동안 식음을 전폐하더니 이 시를 써놓고 9월 10일에 스스로 목숨을 끊었습니다. 그때 그의 나이 56세였습니다.

황현

칠언절구 한시인 이 작품의 내용은 이러합니다. 제1연에서 황현은 이미 보호조약이 체결된 을사년1905부터 자결을 결심해왔음을 말합니다. 나라를 완전히 잃었으니 가물거리는 촛불처럼 마침내 자신의 목숨이 경각에 이르렀음을 암시하고 있습니다. 제2연에서는 요망한 일본의 기운이 사방천지를 어둡게 하더니 국권을 빼앗아가 이제는 임금의 조칙을 받을 길이 없어졌음을 애통해하고 있습니다. 제3연에서는 나라가 망하고 산천을 빼앗겼으니 누구를 위해 공부할 것이냐고 하면서 지식인으로서 못다 한 책무를 드러냅니다. 제4연에서는 자신이 죽는 것은 충忠을 다하고자 함이 아니라 인仁을 이루기 위한 것이라 했습니다. 그러면서 적을 탄핵하다가 참형당한 진동陳東을 본받지 못하고 겨우 몽고병의 침입 때 자살하고 만 윤곡尹穀의 뒤나 따를 뿐이라고 통탄하고 있습니다.

강우규1855~1920의 이 짤막한 시는 사형장의 이슬로 사라지기 직전에 쓴 것입니다. 강우규는 북간도와 연해주를 넘나들면서 독립운동을 하다가 모종의

강우규

정보를 입수하고는 1920년 8월에 서울로 잠입했습니다. 9월 2일, 남대문정거장으로 간 그는 제3대 총독으로 부임하는 사이토 마코토에게 수류탄을 던졌습니다. 총독 암살에는 실패했지만 일본의 고위 인사 37명을 다치게 했고 그중에는 사망자도 나왔습니다. 의사

는 그해 11월 29일 서대문형무소에서 사형을 당했는데 단두대에 오르기 직전에 쓴 시가 지금까지 전해 내려오고 있습니다.

강우규는 몸은 있어 사형이라도 당할 수가 있지만 나라가 없는 것이 너무나 비통하다는 말을 이 시에 담았습니다. 세상에 사직하는 시, 제목부터가 비통합니다. 나라를 빼앗기자 울분을 참지 못해 음독자살한 황현이나 식민 지배의 최고 우두머리를 암살하려다 붙잡혀 사형당한 강우규의 애국심을 지금 이 시대에 요구할 수는 없는 노릇입니다. 하지만 '목숨을 걸고', 혹은 '목숨을 다해' 시를 썼던 두 사람의 자세는 우리 모두가 배울 필요가 있습니다. 쉽게 쓰인 시는 쉽게 잊혀질 테니까 말입니다.

백골이 되어
돌아간
또 다른 고향

• 윤동주의 〈또 다른 고향〉〈참회록〉

영혼의 고향과 육신의 고향

〈또 다른 고향〉은 윤동주가 연희전문 시절에 쓴 시입니다. 시인은 북만주 명동이나 용정에서 자랐지만 영혼의 고향은 하늘나라였습니다. 다시 말해 독실한 기독교인이었기에 쓸 수 있었던 시가 바로 〈또 다른 고향〉입니다. 시인은 살아서는 고향 땅을 밟지 못했지만 사후에 틀림없이 또 다른 고향에 갔을 것입니다. 여러분들도 영혼의 고향이 있습니까?

고향에 돌아온 날 밤에
내 백골이 따라와 한방에 누웠다.

어둔 방은 우주로 통하고
하늘에선가 소리처럼 바람이 불어온다.

어둠 속에서 곱게 풍화작용하는

백골을 들여다보며

눈물짓는 것이 내가 우는 것이냐

백골이 우는 것이냐

아름다운 혼이 우는 것이냐

지조 높은 개는

밤을 새워 어둠을 짖는다.

어둠을 짖는 개는

나를 쫓는 것일 게다.

가자 가자

쫓기우는 사람처럼 가자

백골 몰래

아름다운 또 다른 고향에 가자.

—〈또 다른 고향〉(1941. 9) 전문

파란 녹이 낀 구리 거울 속에

내 얼굴이 남아 있는 것은

어느 왕조王朝의 유물遺物이기에

이다지도 욕될까.

나는 나의 참회懺悔의 글을 한 줄에 줄이자.

—만 이십사 년 일 개월을

무슨 기쁨을 바라 살아왔던가.

내일이나 모레나 그 어느 즐거운 날에

나는 또 한 줄의 참회록을 써야 한다.

—그때 왜 그 젊은 나이에

왜 그런 부끄런 고백告白을 했던가.

밤이면 밤마다 나의 거울을

손바닥으로 발바닥으로 닦아보자.

그러면 어느 운석隕石 밑으로 홀로 걸어가는

슬픈 사람의 뒷모양이

거울 속에 나타나 온다.

―〈참회록懺悔錄〉(1942. 1. 24) 전문

윤동주는 자신이 쓴 시의 말미에 썼던 때를 밝혀놓았습니다. 1942년이면 연희전문학교(당시는 4년제, 지금의 연세대학) 졸업반 시절입니다. 일본 유학을 떠나기 전 그의 나이 25세 때였습니다. 이 시는 식민지 시대에 학업을 닦는 학생으로서, 특히 기독교인으로서 쓴 시임을 알아야 제대로 이해할 수 있습니다. 특히 마지막 두 연에 나타난 소외의식에는 고향인 만주 땅을 떠나 있다는 고향 상실 의식과 식민 치하라는 조국 상실의 아픔과 아울러, 신 앞에서 인간은 모두 죄인이라는 원죄의식까지를 포함하고 있음을 간과해서는 안 됩니다.

'또 다른 고향'이란 어떤 곳일까요. 가족과 함께 살았던 북만주 명동과 용정

혹은 독립을 성취한 조국으로 본다면 이 시를 좁게 해석한 것입니다. 여기에는 부끄러움을 조금도 느끼지 않아도 되었던 시절로 가자는 낙원회귀樂園回歸의 뜻이 포함되어 있습니다. 즉, '또 다른 고향'을 기독교에서 말하는 하늘나라 즉, 낙원으로 볼 수 있는 것입니다. 유아세례를 받은 윤동주인 만큼 어릴 때부터 심어진 원죄의식은 기도할 때마다 그에게 부끄러움을 안겨주었을 것입니다. 부끄러움은 암울한 조국의 현실 앞에서 더더욱 깊어졌겠지요. 그래서인지 '부끄러움'의 실상은 곳곳에서 발견됩니다.

> 무화과 잎사귀로 부끄런 데를 가리고(〈또 태초의 아침〉)
> 쳐다보면 하늘이 부끄럽게 푸릅니다.(〈길〉)
> 부끄러운 이름을 슬퍼하는 까닭입니다.(〈별 헤는 밤〉)
> 한 점 부끄럼이 없기를(〈서시〉)
> 비둘기 한 떼가 부끄러울 것도 없이(〈사랑스런 추억〉)
> 시가 이렇게 쉽게 씌어지는 것은/ 부끄러운 일이다.(〈쉽게 씌어진 시〉)

구약성서에 의하면 인간은 하느님의 뜻에 반하여 그의 위로 올라가서 자기의 자율을 헛되이 주장하고 싶어 하는 까닭에 죄를 갖게 되었다고 합니다. 아담과 이브, 카인, 라멕, 그리고 바벨탑을 세우려고 했던 자들은 모두 이에 속합니다. "내가 죄악 중에 출생하였음이여 모친이 죄 중에 나를 잉태하셨나이다"라는 시편 51장 5절은 시편 기자가 자신이 태어났을 때부터 죄인임을 인정하고 있습니다. 예수가 제자들에게 "너희가 악할지라도 좋은 것을 자식에게 줄 줄 알거든 하물며 너의 천부께서 구하는 자에게 성령을 주시지 않겠느냐 하시리라"(누가복음 11장 13절)라고 말한 것으로 보아 신약에서도 인간은 죄인으로 간주되고 있습니다. 인간은 자신의 죄로 인해 그에 상응하는 보응報應을 받

일본 도시샤대학 교정에 있는 윤동주의 시비 앞에서.

아야 할 운명에 처해 있다는 것입니다. 기독교 교육을 받은 일제 강점기의 젊은 지식인 윤동주는 부끄러움에 대한 인식에서 그치지 않고 소외에 대한 자각으로 나아갑니다. 그리고 소외의 자각에서 한 걸음 더 나아가 창조적 삶이라는 결단에까지 이릅니다. 창조적 삶을 위해 그는 일본행을 결심했던 것이고, 결과적으로는 그 때문에 차가운 감방에서 숨을 거두게 됩니다.

연희전문학교를 마친 윤동주는 창씨(이름은 그대로 썼으므로 창씨개명을 한 것은 아님)를 하지 않고는 배도 탈 수 없고 유학을 갈 수도 없어서 히라누마 도슈平沼東柱라고 창씨를 하고서 배를 타는데, 창씨한 이름을 제출하기 닷새 전에 〈참회록〉을 썼다고 합니다. 고종사촌 송몽규는 일본에 가기 전에 이미 독립운동의 족적이 뚜렷해 일본 교토의 제국대학에 입학하자마자 일본의 요시찰 인물로 감시를 받고 있었습니다. 일본은 이들이 공부하러 온 것으로 보지 않고 무슨 일을 벌이지 않을까 호시탐탐 감시하고 있었습니다.

그 시대에 친구들은 징용이나 징병으로 끌려가거나 독립운동을 하러 바람 찬 만주벌판을 헤매고 있었을 것입니다. 평양 숭실학교, 연희전문에 다니던 친구들 중에는 이미 죽었거나 소식이 끊긴 경우가 있었을 텐데 자신은 거의 언제나 학생이었습니다. 부끄러워 〈참회록〉을 썼을 것입니다. 엄습하는 자의식과 부단한 자아성찰은 우물 속이나 거울이나 자신의 얼굴을 계속 들여다보게 합니다. 보고 보고 다시 봐도 부끄럽기만 합니다. 슬픈 사람은 나 자신이기도 하지만 식민지 시대를 살아가고 있는 모든 젊은이이기도 했습니다. 남의 나라 전쟁에 창씨개명을 하고 참전해야만 했던 수많은 젊은이들을 생각하며, 유학길에 오르는 자신을 이다지도 부끄러워했습니다.

윤동주는 1942년 3월에 일본으로 건너가 도쿄에 있는 릿쿄立敎대학에 다니다 도쿄제국대학에 다니던 송몽규의 권유로 전학을 시도합니다. 교토에 있는 도시샤同志社대학으로 편입을 해 영문학을 공부하던 윤동주는 1943년 7월 10일, 독립운동 혐의로 구속됩니다. 교토에 와서 맞은 첫 여름방학 때 고향으로 돌아가지 않고 남은 것이 화근이었습니다. 그해 7월 14일 윤동주는 나흘 전에 잡혀간 사촌 송몽규의 뒤를 이어 특고경찰特高警察에 의해 독립운동 혐의로 검거되었습니다. 특고경찰이란 특별고등경찰을 줄인 말로, 사상 감시를 주임무로 하는 특별한 경찰 조직입니다. 윤동주는 민족의 앞날을 걱정하고 독립에 대한 희망을 친구들에게 얘기했을 뿐 독립운동을 달리 하지 않았음에도 불구하고 체포되었습니다. 특고경찰은 도쿄와 교토에 떨어져 있던 둘이 이렇게 만난 것을 '모의'로 간주하고 두 사람과 친구들이 식당과 찻집과 술집 등에서 만날 때마다 일일이 미행하고 있었습니다.

교토 경찰서 유치장에 있다 검사국 감옥의 독방으로 이감되었고, 검사국에서 취조를 받은 후에 교토 지방재판소에서 치안유지법 위반 혐의로 2년형을 받았습니다. 규슈에 있는 후쿠오카 형무소에서 그는 독방에 갇혔고, 매끼 식사는 꽁보리밥 한 덩어리에 단무지 몇 쪽과 묽은 된장국 한 그릇이 전부였습니다. 그의 때 이른 죽음은 추위와 허기가 초래한 병 때문이 아니라 생체실험용 주사 때문이었다고 합니다.

옥사 통지를 받고 윤동주의 부친과 함께 형무소에 가서 유해를 가져왔던 당숙 윤영춘의 증언이 있습니다. 윤동주가 죽고 나서 2주 후에 같은 감옥에서 죽은 송몽규는 윤동주의 고종사촌이었습니다. 윤영춘이 피골이 상접한 송몽규의 몰골을 보고 "왜 이 모양이냐?"고 묻자 "저놈들이 주사를 맞으라고 해서 맞았더니 이 모양이 되었고 동주도 이 모양으로……" 하고 말소리를 흐렸다고 합니다.

윤동주와 같은 시기에 같은 감옥에서 옥살이를 한 독립유공자 김헌술은 매일 5~10cc의 주사를 일주일 이상 맞으며 암산 능력을 테스트 받았다고 합니다. 생체실험을 위한 모르모트가 된 시인은 자신의 수인번호를 "모기소리 같은 가냘픈 소리"로 복창해 김헌술은 시인의 수인번호를 기억하지 못했습니다. 어쨌든 윤동주는 광복을 불과 6개월 앞둔 한겨울에 외마디 비명을 지르고 숨을 거두었습니다. 그의 유해는 북간도 용정의 중앙교회 묘지에 안장되었습니다. 마치 예언을 한 것처럼, 그는 백골이 되어 고향으로 돌아갔습니다. 또 다른 고향, 아무런 고통이 없는 천국으로.

민족을 위한 초지일관된 삶

• 이육사의 〈절정〉〈광야〉

초인—견인불발의 의지를 지닌 자

천고 뒤에 백마 타고 오는 초인은 누구일까요. 시인은 줄곧 쫓겨다니면서도 초인이 나타나기를 꿈꾸었습니다. 시인은 한겨울 만주 벌판에서 무지개를 보면서 강철 같은 의지를 다집니다. 독립에 대한 의지를 잃지 않으면 나라를 되찾을 수 있을 거라고 생각한 것이 아니겠습니까. 초인은 '큰 바위 얼굴'처럼 바로 여러분입니다.

매운 계절의 채찍에 갈겨

마침내 북방으로 휩쓸려 오다.

하늘도 그만 지쳐 끝난 고원

서릿발 칼날진 그 위에 서다.

어디다 무릎을 꿇어야 하나
한 발 재겨 디딜 곳조차 없다.

이러매 눈감아 생각해 볼밖에
겨울은 강철로 된 무지갠가 보다.

—〈절정〉(《문장》 12호, 1940. 1) 전문

까마득한 날에
하늘이 처음 열리고
어디 닭 우는 소리 들렸으랴

모든 산맥들이
바다를 연모해 휘달릴 때도
차마 이곳을 범하든 못하였으리라

끊임없는 광음光陰을
부지런한 계절이 피어선 지고
큰 강물이 비로소 길을 열었다

지금 눈 나리고
매화 향기 홀로 가득하니
내 여기 가난한 노래의 씨를 뿌려라

다시 천고千古의 뒤에

백마 타고 오는 초인超人이 있어

이 광야에서 목놓아 부르게 하리라

—〈광야〉(《자유신문》, 1945. 12. 17) 전문

〈광야〉와 〈청포도〉와 〈절정〉의 시인 이육사. 우리는 고교 시절에 '민족적 저항시인'의 한 사람으로 한용운과 윤동주와 더불어 이육사가 있음을 배웠습니다. 또한 그의 시에 나타나 있는 선비정신과 민족정신을 배웠습니다. 2014년은 육사 탄생 110주년, 서거 70주년이 되는 뜻 깊은 해였습니다.

일제의 탄압이 극심했던 태평양전쟁1941~1945 시기에 이 땅의 문인은 예외가 거의 없이 친일의 족적을 남겼습니다. 하지만 이육사는 한용운·윤동주와 더불어 일제에 아부하는 글을 단 한 줄도 쓰지 않았습니다. 윤동주가 일본 후쿠오카 형무소에서 죽어갔던 것처럼 이육사도 중국 북경에 있는 일본영사관 소속 경찰 감방에서 생을 마감했습니다. 그때 시인의 나이 겨우 마흔. 절정기에 있던 시인이 고문 끝에 숨을 거두었으니 땅을 칠 일입니다.

독립운동을 어떻게 했는지는 정확히 알려져 있지 않지만 육사는 1927년부터 일본 경찰의 주요 감시 인물이었습니다. 전쟁이 한창이던 1943년 늦가을에 일본 경찰에 체포된 육사는 북경으로 압송되어 조사를 받았습니다. 중국으로 끌려가 조사를 받은 이유는 육사가 중국 남경의 조선혁명정치간부학교를 졸업한 뒤 중국을 내왕하며 모종의 활동을 했기 때문입니다. 경찰의 조사와 심문은 지독했을 것입니다.

육사는 1927년, 조선은행 대구 지점 폭파 사건의 주모자로 체포되어 심한 고문을 당한 이후 몸이 많이 약해졌다고 합니다. 그 사건은 장진홍이 일으킨 것으로, 사건 발생 1년 4개월이 지나서야 장 의사가 일본에서 체포되어 육사는 풀려났습니다. 중국으로 압송되었을 때 폐결핵에 걸려 있던 육사는 치료는

경북 안동 소재 이육사문학관 내에 있는 육사의 동상과 시비.

커녕 잘 먹지도 못했을 것이고, 추운 감방에서 겨울을 나지 못하고 1944년 1월 16일에 순국했습니다.

김학동은 시 〈절정〉을 두고 "일제 치하의 독립투쟁과 저항정신의 극치를 이룬 작품"이라고 대단히 높게 평가했습니다. 시의 앞 3연은 우리 민족이 처해 있던 가혹한 현실을 암시한 것입니다. 빼앗긴 나라 조선반도에서는 일제의 수탈이 너무 심해 견딜 재간이 없었습니다. 그래서 북만주로 연해주로 일본 본토로 남부여대하여 살길을 찾아서 갔습니다. 그중에서도 압록강과 두만강 이북은 너무나 추웠습니다. 토박이 중국인들이 이주민 조선인한테 잘살아 보라고 땅을 내주고 돈을 쥐어주었을 리 없습니다. 그곳에서의 삶도 절망적이었을 것입니다. 하지만 육사는 겨울을 강철로 된 무지개라고 생각하며 주먹을 불끈 쥐었습니다. 시련이여 오라, 내가 얼마든지 맞서 싸우겠노라는 강인한 정신력을 마지막 한 행에서 보여준 뒤 시를 끝맺습니다. 육사는 말하고 싶었던 것이겠지요. 강철 같은 의지가 내게 있으므로 북방의 겨울이 아무리 추위도 견뎌낼 수 있고, 일제의 압제가 아무리 가혹해도 이겨낼 수 있다고.

이 시에는 절체절명의 위기에 몰려도 희망을 잃지 않으면 살길을 찾을 수 있다는 메시지가 들어 있습니다. 우리 옛 조상은 '하늘이 무너져도 솟아날 구멍은 있다', '호랑이에게 물려가도 정신만 차리면 산다'는 속담을 만들어 쓰지 않았던가요. 이 한 편의 시에서 시인의 강인한 정신력, 불퇴전의 용기, 초인적인 인내심을 느낄 수 있습니다. 이 시의 주제를 한자성어로 써보면 '견인불발 堅忍不拔'일 것입니다.

〈광야〉에서 육사는 웅혼한 대륙적 기질을 보여주며 먼 미래를 조망합니다. 특히 제4연에 가서 육사는 매화를 등장시키는데, 눈 내리는 겨울날의 매화 향기이니 그 고매한 정신과 강인한 기개는 눈물겹다고 아니 할 수 없습니다. 천고 뒤에 백마 타고 오는 초인은 누구인가요. 우리 민족이 지금은 힘이 없어 일제의 수탈을 감내하고 있지만 언젠가 초인이 나타나 이 모든 간난고초를 이겨내고 민족을 구원하리라는 믿음이 담겨 있는 시구입니다. 막연히 기다리기만 하면 초인이 나타나는가요? 그렇지 않습니다. 제4연 "내 여기 가난한 노래의 씨를 뿌려라"에 명확히 나타나 있듯 시적 화자는 '나'입니다. 가난한 노래의 씨를 뿌리는 그 일을 '내'가 반드시 해내야 한다는 당위성을 밝히고 있습니다.

시적 화자의 결심은 마지막 연에까지 이어집니다. 내가 그 초인을 "이 광야에서 목놓아 부르게 하리라"고 다짐하고 있으므로 행위의 주체는 초인이 아니고 나 자신입니다. 이 시에서도 저는 육사의 강인한 정신력, 불퇴전의 용기, 초인적인 인내심을 십분 느낄 수 있습니다. 거의 대다수 문인이 변절을 한 시기에 육사는 초지일관 자신의 길을 걸어갔습니다. 시를 읽어보면 그 어느 절정에서도 흔들리지 않는 대쪽같은 시인의 기개가 느껴집니다.

여러 해 전, 경북 안동에 있는 이육사문학관에 간 적이 있었습니다. 마침 따님 이옥비 여사가 서울서 내려간 문인들을 맞아주었습니다. 워낙 어렸을 때 돌아가셨고, 늘 집에 안 계셔서 아버지에 대한 기억은 별로 없다고 하셨습니다. 그런데 일본 경찰이 어느 꼭두새벽에 집을 급습했다고 합니다. 옷을 갈아입으려 잠시 집에 들른 아버지를 포승줄에 묶어 끌고 가는데, 죄수의 머리에 씌우는 두건을 씌우고 집 밖으로 끌고 가던 마지막 모습은 지금도 선명하게 기억하고 있다고 말씀해주셨습니다.

짧은 사랑에
긴 이별

• 백석의 〈남신의주 유동 박시봉방〉

백석의 사랑

자야 여사는 1999년에 작고했습니다. 월북시인이 아니라 재북在北시인이었던 백석은 1945년 말 북한에서 재혼했으며, 슬하에 3남 2녀를 두었습니다. 1962년부터 1995년 사망할 때까지 33년 동안 붓을 꺾고 시인이 아닌 농민으로 살아간 백석. 남쪽의 자야 여사가 그렇게 자신을 그리워하고 있다는 것을 모른 채 살다 갔다는 것도 분단의 비극이 아닐 수 없습니다.

어느 사이에 나는 아내도 없고, 또,
아내와 같이 살던 집도 없어지고,
그리고 살뜰한 부모며 동생들과도 멀리 떨어져서,
그 어느 바람 세인 쓸쓸한 거리 끝에 헤매이었다.
바로 날도 저물어서,
바람은 더욱 세게 불고, 추위는 점점 더해 오는데,

나는 어느 목수네 집 헌 삿을 깐,

한 방에 들어서 쥔을 붙이었다.

이리하여 나는 이 습내 나는 춥고, 누긋한 방에서,

낮이나 밤이나 나는 나 혼자도 너무 많은 것같이 생각하며,

딜옹배기에 북덕불이라도 담겨 오면,

이것을 안고 손을 쬐며 재 우에 뜻 없이 글자를 쓰기도 하며,

또 문 밖에 나가다두 않구 자리에 누어서,

머리에 손깍지 벼개를 하고 굴기도 하면서,

나는 내 슬픔이며 어리석음이며를 소처럼 연하여 쌔김질하는 것이었다.

내 가슴이 꽉 메어 올 적이며,

내 눈에 뜨거운 것이 핑 괴일 적이며,

또 내 스스로 화끈 낯이 붉도록 부끄러울 적이며,

나는 내 슬픔과 어리석음에 눌리어 죽을 수밖에 없는 것을 느끼는 것이었다.

그러나 잠시 뒤에 나는 고개를 들어,

허연 문창을 바라보든가 또 눈을 떠서 높은 턴정을 처다보는 것인데,

이때 나는 내 뜻이며 힘으로, 나를 이끌어가는 것이 힘든 일인 것을 생각하고,

이것들보다 더 크고, 높은 것이 있어서, 나를 마음대로 굴려 가는 것을 생각하는 것인데,

이렇게 하여 여러 날이 지나는 동안에,

내 어지러운 마음에는 슬픔이며, 한탄이며, 가라앉은 것은 차츰 앙금이 되어 가라앉고,

외로운 생각이 드는 때쯤 해서는,

더러 나줏손에 쌀랑쌀랑 싸락눈이 와서 문창을 치기도 하는 때도 있는데,

나는 이런 저녁에는 화로를 더욱 다가 끼며, 무릎을 꿇어 보며,

아니 먼 산 뒷옆에 바우 섶에 따로 외로이 서서,

어두워 오는데 하이야니 눈을 맞을, 그 마른 잎새에는,

쌀랑쌀랑 소리도 나며 눈을 맞을,

그 드물다는 굳고 정한 갈매나무라는 나무를 생각하는 것이었다.

―〈남신의주 유동 박시봉방南新義州柳洞朴時逢方〉(《학풍》창간호, 1948. 10) 전문

밤이 깊었습니다. 병실의 밤이 고즈녁합니다. 백석! 그대 이름을 또다시 불러봅니다. 세상은 저를 '백석의 애인 자야 여사'라고 부릅니다. 제 나이 어느덧 여든셋, 이번에는 걸어서 퇴원하지 못할 것 같습니다. 깊어가는 이 밤에 그대와의 추억을 더듬어봅니다.

제가 그대를 처음 만난 것은 1936년 가을, 함경남도 함흥에서였지요. 그대는 시집 《사슴》을 낸 그해, 조선일보사 기자직을 그만두고 함흥시의 영생고보 영어교사로 와 있었습니다. 그대는 평북 정주군 갈산면 익성동에서 난 촌사람인데 2년여 서울 생활에 지쳐 있었던 것 같습니다. 영생고보에 있던 문학평론가 백철 씨가 같이 있자며 불렀고, 에라 머리나 식히자고 함흥으로 왔던 것이지요. 일본 청산학원 영문과를 우등으로 나온 실력에 서울서 시집을 낸 유명한 시인이라 영생고보에서 아주 인기 있는 선생님이었습니다.

저는 그때 스물두 살 꽃다운 나이였고 그대는 스물여섯 살이었습니다. 저는 서울 관철동에서 태어나 일찍 부친을 여의고 할머니와 홀어머니 슬하에서 성장했습니다. 금광을 한다는 친척에게 속아 집안이 망하자 1932년 조선권번에 들어가 기생이 되었습니다. 한국 정악계의 대부였던 금하 하규일 선생의 지도를 받아 여창 가곡과 궁중무 등 가무의 명인으로 성장했지요. 1935년 조선어학회 회원이던 신윤국 선생의 후원으로 일본에 가서 공부하던 중 신 선생이 함흥 형무소에 투옥되자 저는 면회차 귀국하여 함흥에 잠시 머물러 있었습니다.

자야 여사로 불린 김영한

처음 만난 자리에서 저를 옆에 와서 앉으라고 한 그대는 술잔을 저한테만 권하면서 관심을 보였지요. 자리가 파하여 헤어지면서 "오늘부터 당신은 내 마누라요"라고 말했지만 그 말이 진심이라고 어찌 생각했겠습니까. 제가 사는 하숙집에 수시로 찾아와 만주에 가서 살자는 말을 불쑥 내뱉곤 하셨는데 그 말씀 또한 진심임을 그때는 알 도리가 없었습니다. 제 손목을 들여다보며 "어이구, 요런 손목을 하고 그 바람 찬 만주 땅을 어찌 가서 살겠나" 하셨지요.

저는 기생이었기에 그대의 '숨겨 놓은 애인'이 될 수는 있었을지언정 처는 될 수 없었습니다. 우리의 운명은 여기서 이미 결정이 나 있었던 게지요. 그대는 제가 선물한 《당시선집》에 나오는 이백의 〈자야오가子夜吳歌〉를 읽고 저를 '자야'라고 부르기 시작했고, 그때부터 저의 본명 김영한은 사라지고 그대의 자야로 다시 태어나게 되었습니다.

그때 서울에서 사시던 그대의 부모님은 장가를 가라고 성화였지요. 쉰이 넘은 그대 어머니가 손자를 보고 싶다고 조바심을 냈지요. 한 집안의 장남이 객지를 떠도니까 가정을 꾸려 안정을 취하라고 친척들도 번갈아 가며 충고했습니다. 저 역시도 속마음은 그렇지 않았지만 좋은 배필을 만나야지, 기생 치마폭을 잡고 있으면 되겠느냐고 성혼을 부추기곤 했습니다.

그 다음해 그대는 집에 다녀왔는데, 혼례를 치른 뒤 사흘 만에 달아나듯이 집을 나와 함흥으로 온 것이었습니다. 저는 그대 곁을 떠날 때가 되었음을 알고 보따리를 싸서 서울로 왔습니다.

1937년 4월에는 그대에게 충격적인 일이 벌어졌습니다. 4월 7일에 그대가 마음에 두고 있었던 처녀 란蘭이 결혼을 해버린 것입니다. 그것도 그대와 가장 가까운 친구였던 신현중이란 분과. 저는 그저 애인 정도였고, 란이란 분과 결혼을 하기 원했던 것 같은데 무너진 사랑탑이 돼버린 것입니다.

다시 그 다음해, 그러니까 1938년 봄이었지요. 저는 청진동에 작은 집을 구해 기예를 닦고 있었는데 웬 아이가 쪽지를 들고 찾아왔습니다.

"몇 달 만에 이렇게 찾아온 사람을 허물하지 마시고 나 있는 데로 속히 와 주시오."

제일은행 부근 어묵집에서 그대를 보는 순간, 모든 원망은 눈 녹듯이 사라지고 저는 평생 그대를 사랑하며 살아갈 운명임을 깨달았습니다. 밤차로 함흥으로 떠나는 그대를 배웅하면서 저는 그대의 아내가 누구이든지 간에 평생 사랑하리라 굳게 결심했습니다.

영생고보 축구부 지도교사였던 그대는 전선全鮮 고보 축구대회에 참가하려고 선수들을 인솔해 서울로 다시 왔습니다. 와서는 선수들을 돌보지 않고 일주일 내내 저한테만 와 있던 것이 문제가 되어 영생여고보로 전보발령이 납니다. 선수들이 유흥장에 간 것이 합동단속교사에게 적발된 것입니다. 몇 달 뒤 그대는 사표를 써 우편으로 부치고는 다시 서울 생활을 시작합니다. 《여성》지 편집을 하다가 조선일보사로 다시 들어갔지요.

그대는 저와 청진동에다 아예 살림을 차렸습니다. 마당 한 뼘 없는 작은 한옥이었지만 안방과 건넌방, 그리고 쪽마루가 딸린 작은 찬방으로 된 집은 우리의 단란한 보금자리였습니다. 그대의 시 〈남신의주 유동 박시봉방〉에 나오는 "아내와 같이 살던 집"은 바로 이 집을 가리키는 것이지요. 넥타이를 하나 선물했더니 보는 사람마다 좋다고 하더라며 저녁 때 들어와서 몇 번이고 넥타이 잘 고른 제 안목을 칭찬해 주던 그대의 자상함이 잊히지 않습니다. 저는 제 생애에서 그때만큼 밥 짓는 것이 즐거웠던 적이 없습니다. 그대는 고기보다는 나물반찬을 좋아했지요.

그대의 첫 부인은 아마도 크게 낙심한 채 친정으로 갔을 것입니다. 저와의 살림살이를 알고 있던 그대 부모님은 아들의 마음을 바로잡고자 새장가를 들이기로 했습니다. 1939년 6월이었지요. 그대는 충청도 진천으로 출장을 다녀오겠다고 했습니다. 아, 그쪽 사람과 혼인을 하러 가는구나, 저는 짐작했습니다. 부모님 말씀에는 절대적으로 복종해 온 그대인지라 부모님의 간청을 뿌리칠 수 없었을 테지요. 보름 넘게 아무 소식이 없자 저는 마음을 독하게 먹고는 짐을 싸 명륜동으로 이사를 했습니다.

두 달이 지난 어느 날이었습니다. 해가 뉘엿뉘엿 서산으로 넘어갈 시각에 집 뒤로 난 골목길에서 "자야!" 하고 부르는 소리가 들렸습니다. 망설이다가 에라 얼굴이나 보고 완전히 헤어지자고 얘기해야지 하는 생각에 황급히 나가 보았습니다. 그대는 석양을 등지고 퀭한 얼굴로 서 있더군요. 저의 독한 마음은 또 눈 녹듯 스르르 사라지는 것이었습니다. 그대는 새색시를 버려두고 또다시 저한테 달려온 것이었습니다. 하지만 남의 눈을 의식해야 하는 이런 사랑이 오래 지속될 수는 없었습니다.

그대는 모든 것 다 팽개치고 만주로 가서 숨어살고 싶었나 봅니다. 저한테 같이 가자고 몇 번 권했지만 저는 기생으로서의 제 생활이 있었기에 고개를 저었습니다. 그해 말, 그대는 만주의 신경으로 떠났습니다. 오랜 꿈을 이룬 것이겠지요. 그대의 역마살을 제 사랑이 부족하여 붙들지 못한 것이 천추의 한이 됩니다. 토마스 하디의 소설 《테스》를 번역하여 출간하고자 서울에 잠시 다녀간 것이 1940년이었고 그 이후 그대는 남쪽으로 발걸음을 하지 않았습니다. 만주 안동으로 옮겨 세관업무를 보기도 했다지만 함흥고보 제자가 찾아가 보니 중년의 초라한 모습이 되어 있었고 생활도 궁핍해 보였다고 합니다.

38선에 철조망이 놓이고, 전쟁이 일어나고, 그대의 소식은 더 이상 들려오지 않게 됩니다. 저는 해방 후 요정 '대원각'을 인수했습니다. 장안 최고 요정의 명성을 이어갈 수 있었지만 허전한 마음을 어찌할 수 없었습니다. 그대가

월북시인이 아니었음에도 월북시인으로 간주되어 시가 읽히지 못한 세월이 참으로 길었지요. 이동순 시인의 노력으로 그분의 첫 전집이 나온 것이 1987년, 이때부터 저도 할 일이 생겼습니다. 시인 백석의 명예를 회복시키는 일에 이제는 제가 나서야 하겠다고 결심을 했습니다.

요정은 불교계에 기증하였고 재산을 정리하여 2억원을 만들었습니다. 그 돈을 백석문학상의 제정에 써달라고 기탁했습니다. 그래서 백석문학기념사업 운영위원회가 만들어졌고, 백석문학상이 제정되었습니다.

백석 시인은 한낱 기생에 지나지 않는 저에게 남편으로서의 사랑을 베풀어 주셨고, 저는 그 은혜에 조금 보답했을 따름입니다. 이제 죽어도 여한이 없습니다.

이 글은 여러 가지 문헌을 취합하여 자야 여사 입장에서 필자가 재구성한 것입니다.

사랑을 하면 미치게 되는가

• 서정주의 〈선덕여왕의 말씀〉

이루어질 수 없는 신라인의 사랑

이성에 대한 관심이 높아지는 사춘기가 아닐지라도 좋은 연애시를 읽을 필요가 있습니다. 사랑의 감정은 동양시의 시발점이 되는 《시경》에도, 서양 서정시의 시발점이 되는 사포Sappho의 시에도 넘쳐나고 있는, 인간의 가장 기본적인 감정입니다. 서정주는 《삼국유사》 소재 설화 중 선덕여왕에 대한 신라 청년 지귀의 사랑과, 지귀에 대한 선덕여왕의 사랑에 주목했습니다.

　　나는 이제야 내가 생각하는
　　짐의 무덤은 푸른 영嶺 위의 욕계欲界 제이천第二天.
　　피, 예 있으니, 어쩔 수 없이
　　주름 엉기고, 비 터잡는 데── 그런 하늘 속.

　　피, 예 있으니, 피, 예 있으니,

너무들 인색ㅎ지 말고

있는 사람은 병약자한테 시량柴糧도 더러 노느고

홀어미 홀아비들도 더러 찾아 위로ㅎ고,

첨성대 위엔 첨성대 위엔 그중 실한 사내를 놔라.

살[肉體]의 일로써 살의 일로써 미친 사내에게는

살 닿는 것 중 그중 빛나는 황금 팔찌를 그 가슴 위에,

그래도 그 어지러운 불이 타 스러지지 않거든

다스리는 노래는 바다 넘어서 하늘 끝까지.

하지만 사랑이거든

그것이 참말로 사랑이거든

서라벌 천년의 지혜가 가꾼 국법보다도 국법의 불보다도

늘 항상 더 타고 있거라.

짐의 무덤은 푸른 영嶺 위의 욕계欲界 제이천第二天.

피, 예 있으니, 피, 예 있으니, 어쩔 수 없이

구름 엉기고, 비 터잡는 데── 그런 하늘 속.

내 못 떠난다.

—⟨선덕여왕의 말씀⟩⟪신라초⟫, 정음사, 1961) 전문

    서정주 시인의 이 작품은 신라의 선덕여왕과 청년 지귀에 얽힌 설화를 모르고선 이해할 수 없을 것입니다. "빛나는 황금 팔찌"와 "어지러운 불"이 나오는

설화는 일연의 《삼국유사》와 권문해의 《대동운부군옥》에 적혀 지금까지 전해 내려오고 있습니다. 아래의 글은 동서고금의 러브스토리를 모은 산문집 《빠져들다》에 나오는 글을 재정리한 것입니다.

까마득한 옛날, 640년경이었습니다. 신라의 청년 지귀가 선덕여왕을 어디서 처음 보게 되었는지는 알 수 없습니다. 먼발치에서 보고 그렇게 심한 가슴앓이를 하게 되었을까요? 또 가마에서 내리는 모습을 딱 한 번 보고서 지체가 더 이상 높을 수 없는 여왕에게 연정을 품게 되었을까요? 그럴 리는 없는 것 같고, 짐작컨대 여왕을 호송하는 경비병의 한 사람이었을 확률이 가장 높습니다. 지귀의 직책이 무엇이었든지 간에 여왕을 가까이 모신 신하여야지만 이 로맨스는 성립될 수 있습니다.

여왕의 아름다운 자태를 여러 차례 보는 동안 점점 더 사모의 정을 느끼게 되었지만 그야말로 이루어질 수 없는 사랑, 지귀는 결국 몸져눕게 됩니다. 마음의 병은 몸까지 아프게 하는 법입니다. 식음을 전폐하며 시름시름 앓게 되었으니 이름 그대로 상사병이었습니다. 그때도 병가라는 것이 있었을지 모르겠지만 지귀는 병가를 내고 자리보전을 하고 말았습니다. 말이라도 몇 마디 나눌 수 있으면 더 이상의 소원이 없을 것이라는 생각이 들었습니다.

"이보게 지귀, 도대체 어디가 아픈가?"

"기운 좀 차리게. 어디가 아프면 아프다고 말을 해야지 약을 지어 올 게 아닌가."

문병 간 친구들이 어디가 아프냐고 아무리 물어보아도 지귀는 며칠 쉬면 나을 것이라고 말할 뿐이었습니다. 며칠이 뭔가요. 보름이 지나고 달포가 되어도 지귀의 이상한 병세는 영 차도가 없는 것이었습니다.

"무엇에 홀린 듯 천장을 보며 한숨만 내쉰다오."

지귀 어머니의 말씀에 친구들은 더욱 궁금증을 누를 수 없었습니다. 여러 번 다시 찾아간 친구들이 어느 날 마침내 그 비밀을 알게 되었습니다.

"여보게들, 누구한테도 얘기하지 않겠다고 약속을 하면 내 와병의 이유를 말하겠네."

"암, 여부가 있나."

이럴 수가. 하고많은 신라의 여인 중에서 여왕을 사모하여 상사병에 걸렸다는 것이 아닙니까. 따뜻한 말 한 마디라도 해주신다면 더 이상의 소원이 없을 것이라는 지귀의 말에 다들 '이 녀석이 무엇에 단단히 씌었군.' 하고 생각했습니다. 웃음을 참으며 지귀의 집을 나온 친구들은 약조를 어기고 소문을 내버립니다.

소문은 꼬리에 꼬리를 물고 번져 여왕의 귀에까지 들어갔습니다. 지귀의 목숨이 위태롭게 되었기 때문입니다. 여왕은 곰곰이 생각해 보았습니다.

'정말 나로 인해 그 청년이 죽게 된다면 얼마나 안타까운 일인가. 내 한 번 직접 만나서 소문의 진상을 알아보고, 그 소문이 정말이라면 잘 타일러봐야지. 앞날이 구만리 같은 사람이 그런 이유로 괴로워하지 말고 좋은 처자 만나 혼인하라고 권해야겠다. 그렇다고 내가 직접 그 청년의 집에 갈 수는 없지. 그럼 이 나라 온 백성이 두 사람 사이에 무슨 일이 있었다고 입방아를 찧을 테니까.'

지혜로운 여왕은 묘안을 짜냈습니다. 은밀히 지귀의 집으로 신하를 보내 거동할 수 있을 정도면 영묘사로 오라고 초대를 한 것입니다. 여왕은 공무가 없는 날이면 종종 영묘사라는 절에 불공을 드리러 갔던 것입니다. 기진맥진한 상태에서 이 말을 들은 지귀는 이것이 꿈인가 생시인가 반신반의하면서도 몇 숟갈 밥을 들고 기운을 차렸습니다.

지귀가 영묘사에 다다랐을 때 마침 여왕은 불공을 드리는 중이었습니다. 지귀는 절간 탑 밑에 서서 여왕을 기다렸지요. 따사로운 봄볕이 기운이 하나도 없는 지귀의 몸에 내리쬐었습니다. 병든 몸으로 먼길을 걸어온 지귀는 탑에 기대어 섰다 앉았고, 끝내는 땅에 드러누워 잠이 들고 말았습니다.

여왕이 불공을 다 드리고 절 마당에 내려서서 본 것은 탑 앞에 누워서 코를 골고 있는 바로 그 청년이었습니다. 다가가서 흔들어 깨울 수는 없는 노릇이었습니다. 이것도 다 운명이거니. 여왕은 손목에 차고 있던 팔찌를 지귀의 가슴에 얹어 주고는 궁궐로 가는 가마에 몸을 실었습니다.

선뜩한 밤 기운이 느껴져 눈을 뜬 지귀는 가슴에 얹혀 있는 팔찌를 보고 자신이 잠든 사이에 무슨 일이 일어났는지를 바로 알아차렸습니다. 여왕이 정표만 하나 남겨둔 채 영원히 눈앞에서 사라진 것이었습니다. 사모의 정에 몸이 단 지귀는 그만 활활 타올라 불귀신이 되고 말았습니다. 이 가슴 아픈 이야기를 갖고 저도 시를 한 수 써보았습니다.

    님을 생각하기만 하면

    양 볼이 취한 듯 달아오르는 것을

    전들 어떻게 할 수가 없습니다

    가슴 점점 뜨겁게 달아올라

    이 더러운 몸이, 목숨이

    끝내는 불붙고 싶은 것을

    전들 어떻게 할 수가 없습니다

    님이 주고 가신 금팔찌를 품고서

    타올라 타올라 재가 되고픈 이 심정을

    전들 어떻게 할 수가 없습니다

    어찌 미치지 않고

불바다를 이룬 이 눈부신 세상을
삼시 밥을 먹고 살아갈 수 있겠습니까
어둠을 향해 짖던 기나긴 밤 수백의 나날
복더위 땡볕 속 그을린 개처럼
시커멓게 타버린 이 가슴에 님아,
기름을 부어주십시오
그냥 한 사발의 기름을.

—〈不歸를 위하여—지귀의 말〉 전문

    서정주는 이 설화를 어떻게 해석했는가 하면, 여왕도 지귀를 사랑했다는 것입니다. 자신의 신분 때문에 사랑을 이룰 수는 없었지만 유언처럼 남기는 말 속에, 자신도 끓는 피가 있는 사람이라고 솔직하게 말합니다. 황금 팔찌를 지귀의 가슴에 올려놓은 이유는 팔찌가 내 살에 닿았기 때문입니다. 내 비단결 같은 피부를, 내 뜨거운 피를 네 가슴에 두고 가는 것이나 마찬가지이니 불귀신이 되었다는 너는 내가 죽거들랑 내 무덤으로 찾아오라고 말합니다. 죽어서라도 사랑을 하고 싶다는 것이 여왕의 본 마음이었다고 시인은 말합니다. 지귀에 대한 여왕의 사랑이 지귀의 여왕에 대한 사랑에 못지않았다고 본 것입니다. 아, 여왕이라고 하여 어찌 사랑을 모르는 사람이었겠습니까. 곤룡포 속의 몸에서는 예외 없이 뜨거운 피가 흐르고 있었을 것입니다.

박두진 시인이
노래했던
'자연'

- 박두진의 〈향현〉〈묘지송〉

박두진 시인에 대한 오해를 바로잡기 위해

《청록집》에 실려 있는 박두진의 시 12편을 보면 '자연 관조'나 '자연과의 친화'로 평가를 받아온 것과는 다른 면모를 보이고 있습니다. 또한 기독교적인 세계관을 지닌 시인으로 일컬어졌던 것과도 아주 다른 세계를 지니고 있습니다. 《청록집》 발간 60주년이 되는 2006년에 나는 이 점을 주목하여 한 편의 글을 썼습니다. 시인을 평가하거나 시를 평하는 데 있어 선입견이나 고정관념은 금물입니다. 박두진에 대한 평가는 이제 달라져야 합니다.

아랫도리 다박솔 깔린 산 너머 큰 산 그 너머 산 안 보이어 내 마음 둥둥 구름을 타다.

우뚝 솟은 산, 묵중히 엎드린 산 골골이 장송長松 들어섰고, 머루 다래 넝쿨 바위 엉서리에 얽혔고 샅샅이 떡갈나무 억새풀, 우거진 데 너구리, 여우, 사슴, 산토

끼, 오소리, 도마뱀, 능구렁이, 등, 실로 무수한 짐승을 지닌,

산, 산 산들! 누거만년累巨萬年 너희들 침묵이 흠뻑 지루함직하매,

산이여! 장차 너희 솟아난 봉우리에, 엎드린 마루에, 확 확 치밀어 오를 화염을 내 기다려도 좋으랴?

핏내를 잊은 여우 이리 등속이 사슴 토끼와 더불어 싸릿순 칡순을 찾아 함께 즐거이 뛰는 날을 믿고 길이 기다려도 좋으랴?

—〈향현香峴〉전문

북망北邙이래도 금잔디 기름진데 동그만 무덤들 외롭지 않어이.

무덤 속 어둠에 하이얀 촉루髑髏가 빛나리. 향기로운 주검의 내도 풍기리.

살아서 설던 주검 죽었으매 이내 안 서럽고, 언제 무덤 속 환안히 비춰줄 그런 태양만이 그리우리.

금잔디 사이 할미꽃도 피었고 삐이삐이 배, 뱃종! 뱃종! 멧새들도 우는데 봄볕 포군한 무덤에 주검들이 누웠네.

—〈묘지송墓地頌〉전문

친일문학 작품이 대다수 문인들에 의해 극성스럽게 창작된 1939~45년까지를 우리 문학의 암흑기로 간주해온 시각은 수정되어야 합니다. 1939년에《문

장》지 초회 추천을 받고 1940~41년에 등단한 청록파 세 사람이 발표할 길 없었던 시를 쓴 시기가 바로 이 무렵이었기 때문입니다. 박목월이 15편, 박두진이 12편, 조지훈이 12편을 내어 묶은 3인 시집 《청록집》이 나온 것은 1946년 6월 6일, 광복의 감격이 우리 민족 모두의 가슴에 그대로 남아 있을 때였습니다. 《청록집》이 세 시인의 서정성을 바탕으로 자연을 노래한 시를 모은 시집임에는 틀림없지만 세 시인이 '청록파'라는 이름으로 동일선상에 평가되어온 것은 문제가 있습니다.

청록파 3인에게 정지용의 영향은 절대적이었습니다. 우선 세 사람 모두 1939~1941년에 정지용이 주재하던 《문장》을 통해 정지용의 추천으로 등단했기 때문입니다. 박목월은 《어린이》와 《신가정》의 동시 공모에 당선되어 아동문학가로 활동을 하다가 《문장》 추천으로 시단에 나갔다는 점에서는 약간 선배였습니다. 정지용은 초기의 모더니즘에서 힘겹게 탈피하여 중기의 현실 초월적인 관념의 세계를 거쳐 동양적 사유에 기초한 정신주의로 회귀하는 거대한 궤적을 그린 시인이었기에 세 사람의 문청은 정지용 후기시의 영향을 받지 않으려야 받지 않을 수가 없었습니다. 정지용의 '동양정신으로의 회귀'를 배웠다는 이유로 박두진의 초기 시를 '자연과의 친화'라고 말하는 연구자가 있지만 저의 견해는 조금 다릅니다. 동양인의 사고 속에서 '자연'은 ①무위자연이거나, ②자연신 숭배를 통해 삶 속에 현현되거나, ③스스로[自] 그대로[然]인 자연인데 박두진의 자연은 꼭 그렇지만은 않았습니다. 바로 여기서 박두진은 박목월과 조지훈과 변별되는 점이 있습니다. '영향'이라는 것에는 원래 배움의 뜻도 들어 있지만 극복의 뜻도 내재되어 있습니다. 박두진은 '장수산長壽山'과도 같은 존재로 시단에 우뚝 서 있던 정지용의 영향을 충분히 받았습니다. 하지만 박두진은 탈속과 자존, 은일隱逸과 고아高雅를 지닌 동양인 사고 속의 자연과 동양 고전의 세계를 본받을 대상이라기보다는 범접하기 어려운 대상으로 여겼던 듯합니다.

박두진이 시의 배경 혹은 본질로 삼은 자연은 스스로 그대로인 자연이 아니라 "확 확 치밀어 오를 화염"을 예비한 자연이며, "검은 구름 떼가 몰리고, 이어, 성난 하늘에, 우루루루 천둥이며, 비바람에, 파란 번갯불이 질리고" 하는 무서운 자연이었습니다. 식물들이 뒤엉켜 자라고 동물들이 생존경쟁을 벌이는 원시적 생명력이 충일한 자연이었고, 그와 아울러 모든 주검을 받아들여 영원히 안식케 하는, '거대한 무덤'을 가진 자연이었습니다.

《청록집》 표지

등단작의 하나인 〈향현〉에서 시인이 꿈꾸었던 산은 "확 확 치밀어 오를 화염"의 산, 즉 활화산입니다. 하지만 용암이 분출하여 생명체가 떼죽음을 하는 그런 화산이 아닙니다. 누거만년의 침묵을 깨고 봉우리가 솟고 산마루가 엎드리는 역동적인 산입니다. 시인은 관조의 대상인 '먼 산'이 아니라 살아 움직이는 것이 헤아릴 수 없이 많은 산을 꿈꾸었던 것입니다. 시인이 소망한 시간은 여우·이리 등속이 사슴·토끼와 더불어 싸릿순·칡순을 찾아 함께 즐거이 뛰는 날입니다. 약육강식과 적자생존의 현장이 진실에 가까울지라도 그는 공존공영과 선린우호의 관계를 꿈꾸었습니다. 하지만 식민지 현실에서 우리 민족의 삶은 어떠했던가요. "생은 오직 갈수록 쓸쓸하고,/ 사랑은 한갓 괴로울 뿐"(〈도봉〉)이었습니다. 금강산에는 "살다가 오래여 삭은 장목들 흰 팔 벌리고 서 있고 풍설에 깎이어 날선 봉우리 훌 훌 훌 창천에 흰 구름 날리며"(〈별〉) 서 있었을 뿐입니다. 박두진이 숲을 묘사할 때, 그 숲은 투쟁과 쟁취의 장이요 공포와 고독의 장입니다. 자연을 대하는 시인의 태도는 무위자연無爲自然도 아니요 천석고황泉石膏肓도 아닙니다.

우거진 녹음 위에 오락가락

검은 구름 떼가 몰리고, 이어, 성난 하늘에,

우루루루 천둥이며, 비바람에, 파란 번갯불이 질리고 하면,

숲은 후둘후둘 무서워서 떨었다.

찬비가 내리곤 하다가,

이윽고 하늘에 서릿발이 서고,

찬바람에 우수수 누렁 나뭇잎들이 떨어지며,

달밤에, 귀뚜라미며 풀벌레들이 울고 하면,

숲은 쓸쓸하여, 숲은, 한숨을 짓곤 짓곤 하였다.

―〈숲〉제 2, 3연

처음에 숲은 새색시같이 즐거웠지만 이런 힘겨운 과정을 거쳐 결국 하얀 눈 위에서 한밤 내 웁니다. 그래서 이남호 같은 평론가는 박두진의 자연이 정적인 동양의 자연이라기보다는 서구적 자연이라고 했던 것입니다.[2] 박두진의 초기 시에 대해 자연과의 친화 모색이나 초월적 세계로의 회귀라고 말하는 이들이 있는데, 그런 논의에 저는 동의할 수 없습니다.

이와 아울러 《청록집》속 박두진의 시가 기독교적 세계관에 입각하여 쓰인 것이냐 그렇지 않은 것이냐 하는 문제가 제기될 수 있습니다. 박두진의 시에 대한 그간의 논의는 상당수, 시인이 기독교인이었기에 종교시의 관점에서 그의 시를 연구하고자 한 것이었습니다. 〈설악부雪岳賦〉 같은 시에는 "다른 태양이 솟는 날 아침에 내가 다시 무덤에서 부활할 것도 믿어본다."는 구절이 나오

---

2) 이남호, 〈박목월, 조지훈, 박두진과 《청록집》〉, 박목월·조지훈·박두진, 《청록집》, (주)열린책들, 2004, 97쪽.

므로 기독교적인 세계관을 갖고 썼다고 보는 것은 타당합니다. 하지만《청록집》속의 다른 시는 우리 민족의 전통적인 사생관과 영혼관, 인간관과 인생관에 의해 쓰인 것들로 보입니다.

> 북망北邙이래도 금잔디 기름진데 동그만 무덤들 외롭지 않어이.
>
> —〈묘지송〉부분

> 우로雨露와 상설霜雪에도
> 그대로 헐벗고,
>
> 창궁蒼穹과 일월日月과 다만
> 머언 그 성신星辰들을 우러르며,
> 나는 자랐다.
>
> —〈연륜〉부분

이런 시에 담겨 있는 사상은 노장사상도 아니지만 기독교적 세계관은 더더구나 아닙니다. 청산과의 거리를 지닌 김소월 유의 자연도 아닙니다. 싸우고, 피 흘리고, 죽어 묻히는, 삶의 터전인 자연입니다. 박두진은 초월적인 것으로 자연을 다루거나 형이상학적으로 인간을 그린 것이 아닙니다. 적어도 그 당시에는 '신'을 거의 운위하지 않았습니다. 시인은 단지 낫질을 하는 초부와, 그에 맞선 자의 거친 투쟁의 세계를 그리려 했던 것입니다.

> 때로—
> 초부樵夫의 날 선 낫이,

내 아끼는 가지를

찍어 가고,

푸른 도끼 날이

내 옆의 나무에 와 번뜩이나,

내가 이 땅에 뿌리를 박고,

하늘을 바라보며 서 있는 날까지는,

내 스스로 더욱

빛내야 할 나의 세기……

—〈연륜〉 부분

대단히 현실적이지요. 시인은 1950~60년대에 때때로 아주 강경하게 시에서 현실참여적인 발언을 하게 되는데, 이미 이때부터 현실주의자의 면모를 보여주었다고 할 수 있습니다. 초부의 푸른 도끼날이 내 옆의 나무에 와 번뜩이는 것은 식민 치하의 가혹한 현실일 터인데, 이때 내가 해야 될 일은 "내 스스로 더욱/ 빛내야 할 나의 세기"입니다. 자기반성과 성찰 없이 꿈만 꾸는 낭만주의자가 아니라 이 땅에 뿌리를 박고 있는 내가 무엇을 할 수 있는가를 모색했다는 점에서도 이 시절의 그는 현실주의자였습니다. 또한 그의 시는 엄혹한 1940년대였음에도 불구하고 퇴영적이 아니라 진취적이었고, 절망적이 아니라 희망적이었습니다. 〈묘지송〉의 세계에서조차도 시인은 비탄에 잠기지 않습니다.

저로서는 이 시에 대한 김현승의 "착한 사람들에게 보내는 시인의 애정"[3]이

---

3) 김현승, 《증보판 한국현대시해설》, 관동출판사, 1977, 199쪽.

라는 주제의식 제시나, 신익호의 "삶과 죽음이 공존하는 역설적인 공간으로 기독교의 메시아사상과 부활사상이 바탕을 이룬다"[4]는 진단에 동의하기 어렵습니다. 저로서는 생명체가 수명을 다해 자연으로 돌아가 자연의 일부가 되는 생명의 순환이라는 사이클을 느낄 수 있을 뿐, "죽음의 문제를 종교적으로 초극하려는 의지"(신익호)로는 봐지지가 않습니다. 죽은 자를 애도하는 마음과, 생명체와 주검 모두에 대한 외경심을 보여줍니다. 모든 생명체의 운명은 자연의 일부로 돌아간다는 것이 박두진의 이 무렵의 생각이었을 것입니다. 구원·부활·영생·신성·죄의식 등 종교적 내포를 지닌 생각을 자연과 연결시키는 것은 1953에 간행된《오도午禱》에 가서부터입니다.

《청록집》속 12편 박두진 시의 또 하나의 특징은 산문시가 압도적으로 많다는 것입니다. 운문시가 3편, 산문시가 7편입니다. 나머지 2편〈숲〉,〈푸른 숲에서〉은 관점에 따라서 운문시로도 산문시로도 볼 수 있을 것입니다. 다시 말해 1940년대에 서정시를 쓰면서 박두진은 이색적으로 산문시를 많이 썼다는 점을 주목하고 싶습니다. 박두진 산문시의 특징은 내재율과 외형률을 다 갖추고 있다는 점입니다. 산문시가 무미건조한 산문의 나열이 되지 않게끔, 그 당시로서는 꽤 첨단의 실험을 행하고 있습니다. 위에 인용한 〈향현〉에 잘 나타나 있듯이 열거법과 돈호법, 설의법과 의고체 등을 구사하였기에 산문시임에도 시 안에 운율이 살아 있게끔 했습니다. 오늘날 독자의 외면을 초래하고 있는 몇몇 젊은 시인의 산문에의 지나친 경도를 생각해볼 때, 박두진의 산문시는 중대한 의미를 지닙니다. 산문시의 드높은 경지를 보여준 박두진의 시를 이 땅의 시인들이 읽고 배웠으면 하는 마음이 간절합니다.

---

4) 신익호, 〈박두진의 〈묘지송〉〉, 신용협 편, 《한국현대시 대표작품 연구》, 국학자료원, 1998, 410~411쪽.

역사의 비극을
정화시키는
시의 힘

• 김종삼의 〈아우슈비츠〉 〈아우슈비츠 Ⅱ〉

인류의 비극 앞에 선 시인

오늘날 이 땅에서 참으로 많이 쓰이고 있는 서정시는 대부분 시인 자신의 정서와 감정을 드러냅니다. 괴롭다, 아프다, 쓸쓸하다, 기쁘다, 분하다……. 그래서인지 먼 나라에서 벌어지고 있는 온갖 참상에 대해서는 대다수 시인이 침묵을 지키고 있습니다. 중동에서 전쟁이나 테러가 일어나 수많은 사람이 죽건 말건 봄이 왔음을 기뻐하고 가을이 감을 아쉬워합니다. 자연 친화적인 시인의 취향을 탓할 수는 없지만 시인은 인간이 행한 온갖 추악상에 대해서도 그 누구보다 가슴아파할 줄 알아야 합니다. 그 대표적인 이가 김종삼 시인입니다.

어린 교문이 보이고 있었다
한 기슭엔 잡초가

죽음을 털고 일어나면

어린 교문이 가까웠다.

한 기슭엔

여전 잡초가,

아침 메뉴를 들고.

교문에서 뛰어나온 학동이

학부형을 반기는 그림처럼

복슬강아지가 그 뒤에서

조그맣게 쳐다보고 있었다

아우슈비츠 철조망 기슭엔

잡초가 무성해가고 있었다

—〈아우슈비츠〉《십이음계》, 삼애사, 1969) 전문

관청 지붕엔 비둘기떼가 한창이다 날아다니다간 앉곤 한다

문이 열리어져 있는 교회당의 형식은 푸른 뜰과 넓이를 가졌다

정연한 포도鋪道론 다정하게

생긴 늙은 우체부가 지나간다 부드러운 낡은 벽돌의

골목길에선 아희들이

고분고분하게 놀고 있고.

이 무리들은 제네바로 간다 한다

어린것과 먹을 거 한 조각 쥔 채

—〈아우슈비츠 II〉《십이음계》, 삼애사, 1969) 전문

2006년 5월 20일, 영국의 데이비드 어빙이라는 역사학자가 오스트리아 법정에서 징역 3년을 선고받은 일이 유럽 전역에 큰 화제를 불러일으켰습니다.

아우슈비츠 수용소의 포로들 중에는 아이들도 있었다.

어빙이 나치 독일에 의해 저질러진 유태인 대학살을 전면 부인했기 때문입니다. 증거가 명백한 홀로코스트holocaust를 부인한 것은 나름의 이유가 있었을 것입니다. 하지만 아무리 학문의 자유가 있을지라도 역사를 왜곡한 역사학자는 벌을 받아야 한다고 생각합니다. 일본의 한국 지배가 정당했다거나 독도는 일본 땅이라고 주장하는 사람들에게 명백한 증거를 대라고 주장하고 싶습니다. 어빙의 주장에 반론을 편 미국 대학교수를 고발한 어빙이 결국 형을 살게 한 변호인단의 이야기는 〈나는 부정한다〉(Denial, 2016)라는 영화로도 만들어졌습니다.

아우슈비츠의 비극 앞에서 어떻게 서정시를 운위할 수 있느냐는 말이 있습니다. 아도르노가 했다나요. 개인의 정서나 자아의 감정이란 엄청난 비극 앞에서는 아무것도 아니라는 전제 하에서 나온 말일 겁니다. 하지만 역사의 언덕에 억울하게 죽은 이의 무덤은 즐비하고, 그것을 정화시키는 것은 예술입니다. 예술 중에서도 언어 미학의 정화인 시가 있기에 우리는 위안을 받을 수 있습니다.

폴란드에 있는 아우슈비츠 집단학살 수용소에서 죽은 사람의 수가 얼마인지는 아무도 모릅니다. 사람에 따라 100~250만이라고도 하고 400만이라고도 합니다. 아우슈비츠에서 학살된 사람을 포함해 제2차 세계대전 중에 죽은 유태인의 수가 적게는 400만, 많게는 600만이라고 하지요. 죽은 사람이 4만이든 40만이든 그 숫자의 차이는 의미가 없습니다. 모든 개개인의 목숨은 금쪽보다 소중한 것인데 말입니다. 생각해보십시오. 운동경기장에 4만 명이 들어차 있어도 엄청난 수인데 400만 명이 아무 죄 없이 수용소에 갇혀 가스실에서 죽고, 병들어 죽고, 굶어죽어야 했으니까요.

김종삼1921~1984은 짧은 시를 많이 썼습니다. 동아방송 라디오 제작부에서 음악 효과를 담당한 그로서는 음악 효과 중에서 스타카토를 즐겨 썼던 것 같습니다. 이 두 편의 시도 비교적 짧고, 단속적인 효과음을 발휘하고 있습니다. 그런데 시의 내용을 보면 화자가 말을 할 듯 말 듯 멈칫거리기만 할 뿐 확실히 무엇인가를 말하지는 않습니다. 앞의 시는 폐교가 된 우리나라 시골 분교의 분위기입니다. 어린 교문은 작은 교문이겠지요. 한국의 어느 학교 운동장이 잡초로 뒤덮여 있다면 그곳은 폐교가 분명합니다. 아우슈비츠의 철조망 기슭에도 잡초가 무성해져 가고 있습니다. 많은 사람들이 그때 그곳에서 죽었지만 후세인들은 그 사실을 잊어버리고 살아갑니다. 아우슈비츠의 비극에 대한 안타까움과 세계 평화에 대한 염원을 담은 이 시의 어조는 시종일관 냉정하고 차분합니다. 비극적 상황에 흥분하지 않으면서도 죽은 이들에 대한 연민의 정이 촉촉이 배어 있습니다. 상황을 지나치게 우회적으로 다룬 것과 어색한 문장은 흠이라 할 수 있겠습니다.

〈아우슈비츠 Ⅱ〉는 처음에는 평화롭고 조화로운 분위기이지만 이 분위기는 금방 깨집니다. 그러고는 형언할 수 없는 비애의 그림자를 독자에게 드리

웁니다. 먹을 것을 한 조각 쥐고 있던 유태인 어린아이는 가스실에서 짧은 생을 마쳤겠지요. 연민의 정을 담고 있지만 이 시에서는 그것이 결코 노출되어 있지 않습니다. 감춰져 있기에 비극이 더욱 고조됩니다.

김종삼은 한국전쟁 같은 역사의 질곡을 직접 겪으면서 보았던 참담한 광경을 시화하거나 생로병사의 궤적을 그리다 사라지는 생명체에 대한 연민의 정을 곧잘 시화했습니다. 또한 아이들의 순수하고 순결한 세계를 동경하면서 어른의 때 묻은 세계를 비판하기도 했습니다. 김종삼 시인의 시 쓰기는 세상살이를 고통 그 자체로 받아들이고서, 그 고통에서 벗어나기 위한 노력의 일환이었습니다. 그의 시적 사고의 근저에는 죄의식과 측은지심이 자리하고 있었는데 이 두 편의 시도 예외가 아니었던 것입니다. 〈묵화〉나 〈민간인〉, 〈掌篇 1〉〈掌篇 2〉 같은 시에서도 김종삼은 인간의 생이란 슬픔과 아픔의 징검다리를 건너는 것이라고 얘기해주고 있습니다.

회의에서 믿음으로 가는 긴 여정

• 김현승의 〈견고한 고독〉〈절대고독〉

회의하는 기독교인 시인

　김현승 시인에 대한 연구가 끊이지 않고 있습니다. 전국 대학원에서 공부하고 있는 문학도 가운데 기독교인이라면 누구나 써보고 싶어 하는 석·박사 논문 대상 시인이 바로 김현승입니다. 2005년에 조사한 적이 있는데, 김현승론을 박사논문으로 쓴 이가 17명, 석사논문으로 쓴 이가 111명이었습니다. 아마도 그 이유는 김현승 시인이 한동안 회의하는 기독교인이었다가 말년에 가서야 신실한 신앙인이 되었기 때문일 것입니다. 기독교인으로서 신앙심이 흔들려본 사람은 시인 김현승에 대해 연구를 해보고 싶어 하는 모양입니다.

　　껍질을 더 벗길 수도 없이
　　단단하게 마른
　　흰 얼굴

그늘에 빚지지 않고

어느 햇볕에도 기대지 않는

단 하나의 손발

모든 신들의 거대한 정의 앞엔

이 가느다란 창끝으로 거슬리고

생각하던 사람들 굶주려 돌아오면

이 마른 떡을 하룻밤

네 살과 같이 떼어 주며

결정結晶된 빛의 눈물,

그 이슬과 사랑에도 녹슬지 않는

견고한 칼날 발 딛지 않는

피와 살

뜨거운 햇빛 오랜 시간의 회유에도

더 휘지 않는

마를 대로 마른 목관 악기의 가을

그 높은 언덕에 떨어지는,

굳은 열매

씁쓸한 자양滋養에 스며드는

네 생명의 마지막 남은 맛!

―〈견고한 고독〉《현대문학》, 1965. 10) 전문

나는 이제야 내가 생각하는

영원의 먼 끝을 만지게 되었다.

그 끝에서 나는 눈을 비비고

비로소 나의 오랜 잠을 깬다.

내가 만지는 손끝에서

영원의 별들은 흩어져 빛을 잃지만,

내가 만지는 손끝에서

나는 내게로 오히려 더 가까이 다가오는

따뜻한 체온을 새로이 느낀다.

이 체온으로 나는 내게서 끝나는

나의 영원을 외로이 내 가슴에 품어준다.

그리고 꿈으로 고이 안을 받친

내 언어의 날개들을

내 손끝에서 이제는 티끌처럼 날려 보내고 만다.

나는 내게서 끝나는

아름다운 영원을 내 주름 잡힌 손으로 어루만지며 어루만지며

더 나아갈 수도 없는 나의 손끝에서

드디어 입을 다문다― 나의 시와 함께

―〈절대 고독〉《현대문학》, 1968. 12) 전문

'기독교 시인'으로 알려져 있는 김현승의 시는 가을에 특히 많이 읽혀진다고

합니다. 〈가을이 오는 시간〉〈가을의 향기〉〈가을의 기도〉 같은, 제목에 조락의 계절을 넣은 기도조의 시 덕분일 것입니다. 〈눈물〉이나 〈플라타너스〉 같은 시도 우리를 거룩한 신성의 세계로 인도합니다. 그 세계는 순수서정의 세계이기도 합니다. 목사의 아들로 태어나 목사인 아들을 두었고, 유서 깊은 미션스쿨인 평양 숭실전문학교에 다녔고, 그 후신인 숭전대학교(현재의 숭실대학교)에 재직하다가 채플 시간의 기도 중에 쓰러져 영면하기까지 김현승의 생애는 크리스천으로 일관된 것이었습니다.

그러나 참으로 묘하게도, 그의 시 가운데 제일 높게 평가되고 있는 시는 극심한 신앙 회의의 시기에 쓴 〈견고한 고독〉과 〈절대 고독〉입니다. 김현승은 생애 내내 '독실한 기독교인'이 아니었습니다. 신의 권능은 물론이거니와 존재에 대해서도 회의했던 시기가 있었습니다.

4·19혁명 직후였습니다. 200명 가까운 학생과 시민이 경찰의 총격에 목숨을 잃은 4·19를 겪은 뒤에 시인은 이런 생각을 한 듯합니다. '아무런 죄 없이 저렇게 많은 사람이 죽었다. 신이란 과연 있는 것일까. 신이 있기는 있어도 그는 인간 세상에서 일어나는 모든 일을 수수방관하는 방관자가 아닐까. 내가 과연 신의 권능을, 신의 사랑을, 신의 역사役事를 믿어야 하나.' 이런 추측을 하지 않을 수 없는 것은 그가 쓴 산문 때문입니다.

무엇보다 하나님은 유일신이 아닌 것 같다. 만일 유일신이라면 어찌하여 이 세상에는 다른 신을 믿는 유력한 종교가 따로 있겠는가. (중략) 성경에서도 인간의 삶은 고독하고 허무하다고 그것을 아침에 피었다 저녁에 시들고 마는 들꽃에 비유하였다. 그러나 성경의 고독도 고독이나 허무로서 끝나는 고독이 아니고 신앙적인 구원을 얻기 위한 고독이었다. 나의 고독은 구원에 이르는 고독이 아니라, 구원을 잃어버리는, 구원을 포기하는 고독이다.

대학 교정 벤치에 앉아 있는 김현승 시인

1960년에 이런 내용의 산문 〈나의 고독과 나의 시〉를 썼던 김현승은 5년 뒤에 〈견고한 고독〉이란 시를 발표합니다. 이 시에서는 그는 놀랍게도 "모든 신들"이란 복수의 개념을 사용합니다. 신을 믿기는 믿되 전지전능한 유일신인 여호와 하나님을 더 이상 인정하지 않겠다는 뜻이 아닐까요. 그 뒤 1968년 12월에 발표한 시가 바로 〈절대 고독〉입니다.

"영원의 먼 끝을 만지게 되었다."나 "비로소 나의 오랜 잠을 깬다."는 서두의 발언은 바벨탑을 쌓던 사람들의 심정을 대변하고 있습니다. 그만큼 자신감에 차 있습니다. 이는 전지전능한 신에 맞서 도전장을 낸 실존적 인간, 즉 카뮈가 말한 '반항인'의 목소리입니다. 또한 "영원의 별들은 흩어져 빛을 잃지만", "따뜻한 체온을 새로이 느낀다."는 것은 인간 신뢰에 대한 명확한 표명입니다.

김현승은 신의 권능이 도무지 믿어지지 않아 고독을 뼈저리게 느낀다고

〈나의 고독과 나의 시〉에다 쓰기도 했지만 시인이 시를 쓴다는 것은 경우에 따라 신을 부정하는 반역의 행위일 수도 있음을 알고 있었습니다. 〈절대 고독〉에는 이런 심정이 절절히 배어 있습니다. "생명의 마지막 남은 맛"은 완전히 사라지고 "영원의 먼 끝"을 인간이 만지는 지경이 되었다는 것은 예정설豫定說[5]에 대한 반박에 다름 아닙니다. 그가 생각하는 "영원의 먼 끝", 즉 사후세계는 천국이 아닙니다. "빈 하늘만이/ 나의 천국으로 거기 남아"(〈완전 겨울〉) 있는 사후세계는 공의 세계이며, 그렇기 때문에 문제되는 것은 현세뿐입니다. 절대 고독 상태에서 그는 드디어 신으로부터 벗어났다는 확신에 이릅니다. "영원의 별들은 흩어져 빛을 잃지만", 즉 원죄·은총·영생 따위는 내게서 그 의미를 잃었지만 "오히려 더 가까이 다가오는/ 따뜻한 체온"을 느낀다는 인간 긍정론을 펴고 있습니다. 신에 대한 회의에서 오래 헤어나지 못하던 김현승은 그런 회의에 종말을 선언한 것입니다.

절대 고독의 세계에서 요지부동이던 김현승이 차남의 결혼식장에 갔다가 고혈압으로 졸도한 것은 1973년 3월, 시집 《절대 고독》을 내고 3년이 지나서였습니다. 의식 불명인 채로 2개월 동안 사경을 헤매다 깨어난 그는 신에의 귀의를 시도합니다. 죽음에 대한 예감이랄까, 그는 인간 능력의 한계를 깨닫고 초월자인 신을 다시 대면합니다. 전집의 일부인 《날개》와 유고 시집 《마지막 地上에서》는 신앙시집의 면모를 여실히 보여줍니다. 이제 신은 "나의 지난날을 기도로 뉘우치면"(〈나무〉) 돌아온 탕자를 맞이하듯 용서하는 자비로운 분입니다. 인간인 신, 신인 인간, 신 없이도 살 수 있는 인간이라는 그의 오만한 인간관은 일시에 뒤바뀌어 평온한 가운데 신성을 찬양합니다.

아는 것은 신

---

5) 예정설 : 인간이 구원을 받느냐 멸망을 당하느냐는 신에 의해 미리 결정되어 있다는 설.

알려는 것은

인간이다.

—〈인간의 의미〉 부분

지난날은 멀리서

아버지의 성난 얼굴을 바라보며 떨게 하시더니,

오늘은 오늘은 우리에게 가까이 다가오시어

당신의 따뜻한 품으로 우리를 안아주신다!

—〈크리스마스의 모성애〉 부분

    절대자인 신과 인식 주체인 인간이, 사랑 자체인 신과 사랑의 실천자인 인간이 구분될 때 시인은 고독하지 않습니다. 신이 인간을 이끌어준다고 확신하기 때문입니다. 그는 〈크리스마스의 모성애〉에서 신에 의한 예정조화의 섭리로 신의 품에 다시 안기게 되었음을 감사합니다. 오랜 기간 처절하게 대결하고 회의하고 나서야 신에게 돌아왔음을 고백합니다. 고독감에 휩싸여 있을 때 그의 문학은 줄곧 인간 중심이었지만 그리스도의 죽음과 부활을 자신의 병을 통해 재인식하면서 신 중심으로 돌아선 것입니다.

이루지 못한
사랑을 그리워하며
쓴 시

• 한하운의 〈답화귀〉〈전라도 길〉

사랑의 힘으로 시를 쓴 시인

흔히 문둥병으로 일컬어지는 한센병을 앓다 죽은 한하운의 시는 편편이 슬프고 처절합니다. 함흥학생데모사건에 연루되어 옥고를 치르다 월남한 시인은 북에 두고 온 애인 R을 죽는 날까지 그리워하며 살았습니다. 자서전《나의 슬픈 반생기》1957에서 시인은 "이 세상에 사랑이란 것이 없다면 사람은 어떻게 될 것인가? 더욱이 나 같은 경우에는 R의 사랑이 없었다면 이 심연을 어떻게 했을 것인가."라고 썼습니다. 만날 수 없는 R에 대한 그리움이 그를 시인으로 만들었고, 월남 이후 27년 동안 붓을 꺾지 않게 했습니다.

벚꽃이 피고
벚꽃이 지네.
함박눈인 양 날리네 깔리네.

꽃 속에

꽃길로

꽃을 밟고 나는 돌아가네.

꽃이 달빛에 졸고

봄 달이 꽃 속에 졸고

꿈결 같은데

별은 꽃과 더불어

아슬한 은하수 만리 꽃 사이로 흐르네.

꽃잎이 날려서

문둥이에 부닥치네.

시악씨처럼 서럽지도 않게

가슴에 안기네.

꽃이 지네

꽃이 지네

뉘 사랑의 이별인가

이 밤에 남몰래 떠나시는가.

꽃 지는 밤

꽃을 밟고

옛날을 다시 걸어

꽃길로

꽃을 밟고

나는 돌아가네.

—〈답화귀踏花歸〉《한하운 시전집》, 인간사, 1957) 전문

가도 가도 붉은 황톳길

숨 막히는 더위뿐이더라.

낯선 친구 만나면

우리들 문둥이끼리 반갑다.

천안 삼거리를 지나도

수세미 같은 해는 서산에 남는데

가도 가도 붉은 황톳길

숨 막히는 더위 속으로 절름거리며

가는 길.

신을 벗으면

버드나무 밑에서 지까다비를 벗으면

발가락이 또 한 개 없어졌다.

앞으로 남은 두 개의 발가락이 잘릴 때까지

가도 가도 천리, 먼 전라도 길.

—〈전라도 길〉《보리피리》, 인간사, 1955) 전문

한하운1919~1975 시인이 세상을 떠난 지도 어언 40년이 되었다. 그의 〈전라도 길〉〈손가락 한 마디〉〈죄〉〈파랑새〉〈보리피리〉〈나혼유한癩魂有恨〉을 읽을 때면 심호흡을 하게 됩니다. 예순을 못 채우고 간 한 시인의 생애가 얼마나 많은 고통으로 점철되었는가 상상해보는 것만으로도 가슴이 짓눌리는 느낌을 받습니다.

그는 중학교(이리농림학교) 5학년 때 자신이 '문둥이'로 살아가야 함을 알게 됩니다. 불행 중 다행은 음성나환자였기에 겉으로 보기에 크게 표시가 나지 않았다는 것 정도일까요. 하지만 궤양이 얼마나 심하게 온몸을 덮쳤는가는 회고록 《나의 슬픈 반생기》를 보면 알 수 있습니다.

> 하루는 얼마나 되는가 궤양을 헤어보았다. 적어도 850군데에서 900군데나 헤아릴 수 있을 만큼 엄청나게 퍼져 있는 것이다. 당시부터 십여 년 후 나는 내가 살고 있는 인천시 간석동의 육백 환자 중에서 나같이 험한 궤양이 많은 환자는 하나도 볼 수 없었다. 마치 밤하늘에 별이 무수하게 뿌려져 있는 것같이 나의 온 몸뚱이에는 궤양이 뿌려져 있었다.

한하운은 회고록에서 어머니의 임종을 묘사한 뒤 이런 말을 합니다. "장례를 치르기 위해서는 내가 없어져야 한다."

어머니가 돌아가셨을 때 맏상제이면서도 집에 있을 수 없었습니다. 이웃사람들과 친척들이 와 장례를 치르는데 나환자인 자기가 얼쩡거리면 그네들이 싫어한다는 것을 알고 있었기 때문입니다. 하운은 집 근처 숲을 여러 날 울며 배회하는 동안 밥을 먹지 못해 정신을 잃었다가 밤이슬을 맞고 깨어납니다.

한하운

한태영(한하운의 본명)은 함경남도 한주군 동촌면에서 태어나 함흥 제일공립보통학교와 이리농림학교 수의축산과를 졸업하고 일본에 가 동경 성계고등학교를 수료한 뒤 중국으로 유학을 가 북경대학 농업원 축목학과를 졸업했으니 대단한 엘리트였습니다. 함경남도에서 19명이 이리농림학교에 응시하여 자기 혼자 합격했다는 말이 거짓일 리 없고, 북경대학 졸업시 주논문으로 〈조선축산사〉를, 부논문으로 〈조선우의 지방적 체격 연구〉와 몇 가지를 썼다는 말도 사실일 것입니다. 총독부 도서관과 고서점을 샅샅이 돌아다니며 고서를 수집하여 논문의 뼈대를 추렸다는 대목이 나오는 것으로 보아 태영은 그 시대에 흔치 않은 농업학자였습니다.

한태영에게 한센병 증세가 나타난 것은 축산과 졸업반에 다닐 때인 1936년이었습니다. 그는 성대부속병원에서 나병이라는 선고를 받고는 학교에 휴학계를 내고 금강산으로 들어갑니다. 신계사 근처의 여관에 방을 하나 얻고는 날마다 온정리의 온천에 다니며 온천욕으로 병을 치료해보려 했던 것이지요. 일본제와 독일제 나병 치료약도 갖고 그곳으로 들어갔지만 약물치료만으로는 안 될 것 같아서였습니다.

열여덟 살 미소년이었던 태영에게는 'R'이라는 여자친구가 있었습니다. (한하운은 회고록에다 그녀의 이름을 밝히지 않고 이니셜로 표시합니다) 어릴 때부터 알고 있던 누이동생의 친구였습니다. 그녀는 태영이 한 마디 말도 없이 잠적하자 여름방학 때 금강산 신계사를 찾아갑니다. 학교에 잘 다니고 있던 남자친구가 느닷없이 금강산으로 들어갔다니 당혹해하며 찾아갔던 것입니다.

R 앞에서 태영은 큰 죄라도 지은 것처럼 고개를 수그렸습니다. 가슴이 찢어지는 고통이 엄습했지만 눈물을 보일 수는 없었습니다. 그럼 자신이 눈물을 보인 이유를 밝혀야 하니까요. 태영은 R이 기왕 여기까지 왔으니 비로봉 구경

이나 시켜주기로 합니다. 내려오는 길에 마의태자 능이 있으니까 그것도 보여주기로 하고요. 능 앞에서 자신이 나병에 걸린 것을 고백하려 했지만 능에 당도했을 때 R이 마의태자의 슬픈 운명에 대해 이런저런 이야기를 하는 바람에 말할 기회를 놓치고 맙니다.

며칠 후 태영은 집선봉 기슭 우거진 숲가를 흐르는 시냇물을 보며 마침내 자신이 나병에 걸렸음을 고백합니다. 천형을 짊어지고 살아가게 되었으니 나를 잊어달라고. R은 태영의 말을 말없이 듣기만 하면서 꽃가지의 잎사귀를 뜯어서 물에 띄워 보냅니다. 비감에 찬 태영의 말에 희미한 웃음을 지으며 R이 대꾸합니다. 회고록의 말을 그대로 인용합니다.

"무슨 말씀을 그렇게 하세요. 저를 그렇게 생각하다니 저는 슬퍼져요. 저는 태영 씨를 일생의 남편으로서 언약한 이상 태영 씨가 불운에 처했다고 버리고 가는 그런 값싼 여자가 아닙니다."

자살까지 생각하고 있던 태영의 마음을 R은 간곡한 설득으로 돌립니다. R은 그날 이후 전국을 돌아다니며 병에 좋다는 약을 구해 태영에게 줍니다. R은 그 이후에도 태영의 병을 고치고자 전심전력을 다합니다.

태영은 농림학교를 졸업하고 일본 동경의 성계고등학교로 진학합니다. R은 태영을 따라 일본에 갔고, 일본에 가서도 돌아다니며 약을 구해줍니다. 하지만 이국에서의 불규칙적인 생활은 병의 재발을 부추겨 3학년 때 급거 귀국하게 됩니다. 태영은 다시 금강산으로 들어가 몇 달 정양한 뒤 이번에는 중국으로 갑니다. 그는 북경대학에 입학하여 비로소 시에 눈을 뜨게 됩니다. 태영은 중국 시절을 이렇게 회고한 바 있습니다.

운명의 병마에 신음하면서 남은 여명을 문학에 귀의하지 않고는 나를 구원할 길이 없음을 나의 심혼에서 백열같이 내연하였다.

태영의 중국 생활은 학업과 투병이 아니라 술과 문학의 나날이었습니다. 심신이 피폐해지자 병세가 다시 심해집니다. 고국에 돌아와 다시금 금강산에서 몸을 추스른 태영은 함경남도 도청 축산과에 취직하여 일하다 도내 장진군으로, 다시 경기도 용인군으로 전근합니다. 그때가 광복을 맞게 되는 1945년, 또 다시 병이 악화되어 직장을 그만두고 함흥 본가로 가서 치료하지만 효과를 못 봅니다. 이 무렵부터 남은 생을 문학을 위해 바치기로 결심하고 시작에 몰두합니다.

태영에 대한 R의 사랑은 변함이 없었지만 이별의 순간이 다가오고 있었습니다. 1946년 태영은 함흥학생데모사건에 연루되어 함흥형무소에 수감되었으나 나병환자라는 이유로 풀려나옵니다. R과 태영이 이별을 하게 한 장본인은 태영의 남동생이었습니다. 동생은 형과 R의 필사적인 만류에도 아랑곳하지 않고 김일성 암살을 모의하는 비밀결사를 조직했다가 거사 직전에 체포됩니다. 이때 R도 비밀결사의 일원으로 지목되어 체포되었으므로 아마도 한국전쟁 발발 전에 처형되었을 것입니다. 태영도 병자가 아니었다면 이들과 함께 처형되었을 것이므로 아이러니컬한 일입니다.

자, 이제 그의 필명을 사용하도록 하겠습니다. 한하운은 1949년, 《신천지》 4월호에 시 〈전라도 길〉 외 12편을 발표하면서 문단에 정식으로 등단합니다. 같은 해 5월에는 시 25편을 묶어 첫 시집 《한하운시초》를 발간하고 57세의 나이로 작고할 때까지 병마와 싸우는 한편 시를 씁니다. 시집 《한하운 시초》 《보리피리》 《한하운 시전집》, 자작시 해설집 《황토길》, 회고록 《나의 슬픈 반생기》 등을 출간하고 장편소설 《사랑은 슬픈 것인가》를 발표하기도 합니다. 아무튼 그는 육신의 고통과 세상의 질시를 감내해야 했고, 회한과 허무감에 젖어 시를 썼습니다.

남으로 온 이후 사회활동도 활발히 합니다. 1954년 대한한센총연맹 위원장에 취임하고 1958년에 청운보육원을 설립, 원장에 취임합니다. 1959년에 한미제약회사를 설립, 회장에 취임합니다. 1961년에 명동에 출판사 무화문화사를 설립합니다.

꽃 피면 더 괴로웠던 시인, 〈답화귀〉는 R에 대해 사무치는 그리움을 담아 쓴 것입니다. "꽃을 밟고 옛날을 다시 걸어" 꽃 같은 R을 만나고 싶어 하는 시인의 마음이 너무나 서러워서 애달픕니다.

〈전라도 길〉은 한센병을 앓는 모든 사람의 아픔과 슬픔을 대변하고 있습니다. 시적 화자는 한여름 더위 속에 전라도를 향해 걸어가고 있습니다. 발가락이 떨어져나가는 고통을 그 누가 알까요. 이 시를 지배하고 있는 정조는 소외감과 절망감입니다. 한센병은 사람들이 보면 징그럽다고 외면하는 살이 썩어 문드러지는 병이며 혈액을 통해 전염이 되는 병이며 한 번 걸리면 회복이 불가능한 불치병입니다. 그래서 이 병을 천형이라고 합니다. 이남에서 사회사업가와 제약회사 사장으로 살아간 한하운은 북에 두고 온 애인 R을 못 잊어하면서 이런 글을 쓴 바 있습니다.

> 나는 R의 빛나는 눈동자에서 사랑의 시를 느끼고 그 사랑의 시는 나에게 '생명의 노래'를 주었던 것이다. 또 나는 생각에 잠긴다. 이 세상에 사랑이란 것이 없다면 사람은 어떻게 될 것인가? 더욱이 나 같은 경우에는 R의 사랑이 없었다면 이 심연을 어떻게 할 것인가.

이북에 두고 온 R이란 여인이 한센병 환자인 자신을 사랑해준 그 사랑의 힘으로 절망하지 않았다는 한하운. 그는 죽는 날까지 전라도 길을 땀을 비 오듯이 흘리며 걸어간 시인입니다. 숨 막히는 더위 속으로 절름거리며, R을 생각하면서. 고통의 극점에서도 첫사랑을 잊지 않았던 시인이기에 저는 그의 시를 읽을 때마다 전율하는 것입니다.

검은 신을 향해 던진 질문과 항의

• 박인환의 〈검은 神이여〉

박인환은 정말 모더니스트였을까요?

박인환은 모더니스트라는 인상을 강하게 남겼지만 몇 편의 시를 보면 리얼리스트적인 면이 그에 못지않게 강했습니다. 한국전쟁을 겪고 난 이후에 박인환은 자기 나름대로 현실을 직시하고, 비판했습니다. 시인이 남긴 작품을 제대로 읽지 않고 세평에 의해 그 시인을 평가하는 일이 있으면 곤란합니다. 무덤 속의 시인이 몹시 억울해할 수도 있을 테니까요.

저 묘지에서 우는 사람은 누구입니까.
저 파괴된 건물에서 나오는 사람은 누구입니까.
검은 바다에서 연기처럼 꺼진 것은 무엇입니까.
인간의 내부에서 사멸된 것은 무엇입니까.
일년이 끝나고 그 다음에 시작되는 것은 무엇입니까.
전쟁이 뺏어간 나의 친우는 어디서 만날 수 있습니까.

슬픔 대신에 나에게 죽음을 주시오.

인간을 대신하여 세상을 풍설로 뒤덮어 주시오.

건물과 창백한 묘지 있던 자리에

꽃이 피지 않도록.

하루의 일년의 전쟁의 처참한 추억은

검은 신이여

그것은 당신의 주제일 것입니다.

—〈검은 神이여〉《박인환 선시집》, 산호장, 1955) 전문

    박인환은 대다수 독자에게 〈목마와 숙녀〉〈세월이 가면〉을 쓴 시인으로 알려져 있습니다. 이 두 시는 노래로 만들어져서, 지금도 간혹 라디오의 흘러간 노래 프로를 통해 들을 수 있습니다. 두 편의 대표시 외에 〈센티멘털 자니〉라는 시도 있고 해서 박인환은 센티멘털리스트라는 인상을 지금까지도 남기고 있지요. 31세 젊은 나이에 과음 후의 심장마비로 죽었기에 많은 사람이 그의 때 이른 죽음을 애도하는 글을 남긴 탓도 있을 것입니다. 시인의 요절 앞에 독자는 애틋한 마음을 갖게 마련입니다. "지금 그 사람 이름은 잊었지만/ 그 눈동자 입술은/ 내 가슴에 있네"로 시작되는 노래가 들려오면 멀쩡한 독자라도 센티멘털리스트가 되지 않을 수 없으며, 시인 역시 그만큼 감상적이었던 사람으로 여겨지는 것입니다.

    애도의 뜻을 표한 사람들과는 반대로 김수영은 "인환이가 죽은 뒤에 그를 무슨 천재의 요절처럼 생각하고 떠들어대던 사람 중에는 반드시 인환이와 비슷한 경박한 친구들만 끼어 있었던 것이 아니다." 운운하는 등 여러 차례 비난을 했는데, 이런 글 역시 박인환을 센티멘털리스트로 자리매김하는 데 일조했습니다.

또 하나는 24세 팔팔한 나이에 동인 그룹 '후반기'를 발족시켜 한국 모더니즘 문학의 대부 노릇을 했기에 박인환은 모더니스트로 이해되고 있습니다. 정지용·김기림·김광균 등이 주도한 1930년대의 모더니즘은 현대적 지성과 시각적인 이미지를 중시하는 이론이었습니다. 1949년에 발간된 5인(김경린·김수영·박인환·양병식·임호권) 합동 시집 《새로운 도시와 시민들의 합창》의 발간을 시발점으로 새롭게 전개된 1950년대의 모더니즘은 당시 한국 시단의 주류를 형성하고 있던 주정적인 서정시를 거부하고 문명의 총화인 대도시와 기계문명을 제재로 한 주지적인 경향의 작품을 위주로 했습니다. 후반기 멤버 중에서 박인환은 나이가 제일 적었지만 누구보다 활발하게 작품 활동을 전개, 모더니스트로서의 이미지를 확고히 했습니다.

그러다 보니 박인환은 문학사적인 업적과 위치, 혹은 서구 실존주의의 영향, 한국 시단에서 별로 행해지지 않은 종교상의 질문 등에 대해서는 연구가 거의 되지 않았습니다. 일반인은 박인환을 센티멘털리스트로 이해했으며 학자들은 모더니스트로 알고 연구했던 것입니다. 전쟁 중에, 또 전쟁 후에 쓴 일련의 시를 보면 박인환은 센티멘털리스트가 아니라 냉철한 주지주의자이며, 모더니스트가 아니라 리얼리스트였습니다.

〈검은 神이여〉는 전체 11연으로 되어 있습니다. 앞의 6개 연은 신을 향한 엄중한 항의의 질문입니다. 전지전능하신 신은 전시에 일어난 온갖 잔인무도한 살상 행위를 보았을 것이라는 전제하에 이 시는 시작됩니다. 묘지에서는 사람들이 울고 있고 파괴된 건물에서는 시체가 나옵니다. 검은 바다에서는 군함이 침몰합니다. 인간의 내부에서 사멸된 것은 사랑·헌신·배려·온정·염치 같은 것들이겠지요.

"일년이 끝나고 그 다음에 시작되는 것은 무엇입니까."란 행은 이렇게 해석해볼 수 있을 것입니다. 송구영신이라고, 정초는 사람들이 새 희망을 꿈꾸며

맞게 마련인데 해가 바뀐다고 한들 아무런 희망 없이 맞을 수밖에 없는 것은 전쟁 중이기 때문이거나 전후의 폐허 상황이기 때문이겠지요. 가족이나 친척 중에 한두 명은 죽거나 다쳤고 한두 명은 생사 여부도 모릅니다. 천만 이산가족을 낳았으므로 전후에 살아남은 사람들은 전쟁 중에 사별을 했거나 생이별을 했습니다. 목숨은 부지했지만 거처할 데는 영 마땅치 않으며 눈만 뜨면 끼니 때울 걱정을 해야 합니다. 다섯 번째 질문은 이런 마음에서 한 것이겠지요.

그리고 한마디 덧붙입니다. "전쟁이 뺏어간 나의 친우는 어디서 만날 수 있습니까." 하고. 어린 시절 물장구를 치고 놀았던 불알친구이건 학교에서 사귄 동창이건 사람은 누구나 친구가 있는 법인데 그 친구를 전쟁이 빼앗아갔습니다. 시인은 그래서 그 친구를 어디 가면 만날 수 있느냐고 전지전능한 신에게 따져 묻고는 이렇게 절규합니다. "슬픔 대신에 나에게 죽음을 주시오."라고. 대단히 반항적인 어조인데, 이는 당시 박인환이 니체나 사르트르에게 경도되어 있었다는 증거로 삼을 수 있는 시행입니다. 박인환은 이미 《신천지》 1948년 10월호에 〈사르트르의 실존주의〉라는 글을 발표한 바가 있습니다.

> 이들(초현실주의자)은 제1차에 있어 인간 해방과 세계 재건을 위해 선악·미추·가정·조국·종교 등의 모든 기존 가치와 교의敎義를 파괴하여 문학적으로는 이지와 논리를 배격하고 잠재의식에서 우러나오는 자동기술 속에서 절대를 탐구하기로 하였다. 그리고 이 운동은 출발점을 프로이트의 정신분석, 마르크스의 이론과 헤겔 변증법에 두었다.
>
> (……)
>
> 《구토》에 나타난 사르트르가 암시하는 것은 실존이란 무동기, 불합리, 추괴醜怪이며 인간은 이 실존의 일원으로서 불안·공포의 심연에 있다는 것이다. 이 심연에서 구원을 신에게 찾는 것이 키에르케고르이나 무신론자 사르트르는 행동에

의한 자유를 찾지 못하고서는 구원이 없다고 한다. 이러한 것을 최근 미국에서는 '신이 없는 키에르케고르'라고 말하고 있다.

박인환은 장문의 기고문에서 다다이즘과 초현실주의, 실존주의에 대해 명확히 인식하고서 우리 문학의 나아갈 바를 밝히고 있습니다. 21세인 1946년도에 부산의 국제신보를 통해 등단한 박인환이 불과 23세밖에 안 된 젊은 나이에 서구의 문예사조에 이렇게까지 정통했다는 것은 놀라운 일이 아닐 수 없습니다. 사르트르의 실존주의를 거의 완벽하게 파악하고 있던 그는 한국전쟁의 와중에서 경향신문 전선판 종군기자, 육군 정훈부 종군작가단 소속 기자 등으로 전선을 취재하면서 시를 썼는데 그 과정에서 발표한 시가 바로 이 〈검은 神이여〉였습니다. 다시 시로 돌아갑시다.

시인은 세상을 풍설로 뒤덮어달라고 신에게 호소하고 있습니다. 전쟁으로 인해 더럽혀진 산천과 폐허가 된 도시에 눈을 퍼부어 덮어달라는 것이 그 이유가 아닙니다. 너무나 깊이 절망했기에 건물과 창백한 묘지가 있던 자리에 꽃이 피지 않도록 세상을 풍설로 덮어달라는 것입니다. 이는 전쟁에 대한 도저한 환멸감과 대량의 죽음을 목격한 후에 엄습한 깊은 절망감의 은유적 표현입니다. 김현은 꽃의 등장에 대해 이렇게 평한 바 있습니다.

> 박인환의 '꽃'이 이동주의 '꽃'보다 더 고급인 것은 박인환의 '꽃'이 알레고리로 떨어져버리지 않고 제자리에 풍설風雪과 좋은 대조를 이루며 박혀 있기 때문이다. 그런데도 박인환의 '꽃' 역시 말하지 않고, 반짝거리지 않고 그대로 있다. 박인환의 '꽃'에서 우리는 삶이라든지 희망을 바라본다.[6]

---

6) 김현, 〈꽃의 이미지 분석〉, 《상상력과 인간》, 일지사, 1973, 64쪽. 이 글은 애당초 《문학춘추》 1965년 2월호에 실렸던 것이다.

김현은 이 시의 꽃에서 삶이라든지 희망을 바라보았지만 박인환 자신은 꽃이 피지 않기를 기원하고 있습니다. 꽃이며 봄이며 희망 같은 것을 기대하지 않고 있습니다. 그만큼 전쟁이라는 상황에 대해 절망했던 것이며, 신의 침묵이 원망스러웠던 것입니다. 김흥규는 이 시의 꽃에 대해 이렇게 평했습니다.

> 꽃이 핀다는 것은 자연스러운 삶의 질서가 되돌아옴을 의미한다. 그와 같은 자연의 흐름을 본래부터 싫어할 사람이 어디 있겠는가? 그러나 그는 그것을 거부한다. 너무나도 참혹한 전쟁 속에서 모든 것을 잃고 그는 인간의 잔인함과 비참함에 대하여 절망하였기 때문이다.[7]

박인환은 인간의 잔인함과 비참함에 대해서만 절망했던 것이 아닙니다. 신에 대한 깊은 절망감이 시의 마지막 연에 이르러 피를 토하듯 터져 나옵니다.

> 하루의 일년의 전쟁의 처참한 추억은
> 검은 신이여
> 그것은 당신의 주제일 것입니다.

박인환

박인환이 기독교인이었다는 증거는 없지만 신을 믿었느냐 믿지 않았느냐가 중요한 것이 아닙니다. 신을 검은 신, 즉 어둠의 신, 절망의 신, 죽음의 신으로 여기고 있는 것입니다. "시인은 이 시에서 인간의 삶의 근거를 송두리째 뽑아버린 전쟁의 폭악성을 고발하고"[8]

---

7) 김흥규, 〈〈검은 神이여〉에 대하여〉, 이동하 편, 《木馬와 淑女와 별과 사랑》, 문학세계사, 1986, 166쪽.
8) 김영철, 《박인환》, 건국대학교 출판부, 2000, 120쪽.

있는데, 이런 시인이 어찌 센티멘털리스트입니까. 작품의 경향이 꽤나 주지적이기는 했지만 이런 시를 보면 문명의 총화인 대도시와 기계문명을 제재로 하여 문명 비판을 한 모더니스트로 보기도 어렵습니다. 그는 현실을 직시하였고, 현실을 고발했으며, 현실과 부단히 싸운 리얼리스트의 면모를 확실히 보여준 시인이었습니다. 다음과 같은 시를 보십시오.

기총과 포성의 요란함을 받아가면서
너는 세상에 태어났다 주검의 세계로
그리하여 너는 잘 울지도 못하고
힘없이 자란다.

엄마는 너를 껴안고 삼 개월간에
일곱 번이나 이사를 했다.

—〈어린 딸에게〉 제1, 2연

전쟁 때문에 나의 재산과 친우가 떠났다.
인간의 이지理智를 위한 서적 그것은 잿더미가 되고
지난날의 영광도 날아가 버렸다.
그렇게 다정했던 친우도 서로 갈라지고
간혹 이름을 불러도 울림조차 없다.
오늘도 비행기의 폭음이 귀에 잠겨
잠이 오지 않는다.

—〈잠을 이루지 못하는 밤〉 제1연

산과 강물은 어느 날의 회화

피 묻은 전신주 위에

태극기 또는 작업모가 걸렸다.

학교도 군청도 내 집도

무수한 포탄의 작렬과 함께

세상엔 없다.

―〈고향에 가서〉 제2연

옛날은 화려한 그림책

한 장 한 장마다 그리운 이야기

만세 소리도 없이 떠나

흰 붕대에 감겨

그는 남모르는 토지에서 죽는다

―〈한 줄기 눈물도 없이〉 제4연

    1950년대에 나온 시 가운데 어느 누구의 것 못지않게 '반전'이라는 주제의식이 뚜렷한 작품들입니다. 이런 작품을 쓸 때의 박인환은 현실참여주의자라고 해도 틀린 말이 아닙니다. 전후의 절망감을 어쩌지 못해 술에 취해 명동 거리를 헤매고 다녔고, 지식인의 허세 같은 것을 보며 훗날 이동하 같은 평론가로부터 엄청난 욕을 먹기도 했지만[9] 이런 시를 쓸 때의 현실참여의식은 인정해주어야 할 것입니다. 20대 후반기 젊은이의 치기 정도로 이해해줄 수도 있는 문제입니다. 오히려 난해하기 이를 데 없는 김수영의 일부 시가 '참여시'로 평가되었던 지난날의 오류가 지적되어야 할 것입니다.

---

9) 도대체 험프리 보가트의 머리 모양이 우리하고 무슨 상관이 있는가? 진 피즈, 하이볼, 조니 워커 따위

김영철이 '종말론적 세계관'이라고 말한 일련의 시에서 신은 "파멸과 절망, 허무와 공포의 늪으로 우리를 인도"합니다.[10] 박인환에게 신은 기독교에서 말하는 사랑의 신, 구원의 신, 혹은 우리를 영생케 하는 신이 아닙니다. 불행한 신입니다.

　　쉴새없이 내 귀에 울려오는 것은
　　불행한 신 당신이 부르시는
　　폭풍입니다

―〈불행한 신〉 부분

　　날개 없는 여신이 죽어버린 아침
　　나는 폭풍에 싸여
　　주검의 일요일을 올라간다.

―〈영원한 일요일〉 제1연

　　신이란 이름으로서
　　우리는 최종의 노정을 찾아보았다.

―〈검은 江〉 제1연

　　차디찬 철의 고체
　　쓰디쓴 눈물을 마시며

를 마음대로 마시지 못하는 것이 어째서 우리의 수치인가? 장 콕토의 시시껍적한 재담 한마디에 왜 우리가 흥분해야 하는가? 홈스펀과 바바리와 머플러가 무엇 말라 비틀어진 것인가? 이런 따위에 열이 올라서 소리치고 흥분하고 탄식하는 인간이란 속물치고도 아예 구제가 불가능할 정도의 악성 질환에 걸린 속물이 아닐 수 없다. ―이동하 편, 앞의 책, 60쪽.
10) 김영철, 앞의 책, 121쪽.

혼란된 의식에 가라앉아 버리는

다리 위의 사람은

긴 항로 끝에 이르는 정막(靜寞)한 토지에서

신의 이름을 부른다.

―〈다리 위의 사람〉 부분

'신이여 우리의 미래를 약속하시오

회한과 불안에 얽매인 우리에게 행복을 주시오'

주민은 오직 이것만을 원한다.

―〈서부전선에서〉 부분

  이와 같이 신이 등장하는 시치고 비극이 아닌 것이 없습니다. 시어도 불행·폭풍·주검·최종·눈물·정막·회한·불안 등 부정적인 이미지를 갖고 있는 것들만 보일 뿐, 희망적인 이미지를 지닌 것은 없습니다. 시인은 전쟁시에 살상의 현장과 집단의 주검을 보았을 것입니다. 신이 있다면 살상의 현장에서 수수방관했음에 틀림없다는 생각에 시인은 '검은 신'이라면서 크게 원망하기에 이르렀습니다. 단 하루만 봐도 전쟁의 추억은 처참한데 화자는 1년을 보았습니다. 한국전쟁은 3년 전쟁이었습니다. 하루든 1년이든 3년이든 전쟁의 처참한 추억이 나의 것이 아니라 이제는 검은 신, 당신의 주제라고 시인은 말합니다. 전쟁은 한 개인의 힘으로는 도저히 막을 길이 없습니다. 신에게 매달려도 하등 달라질 것이 없습니다. 수많은 사람이 죽은[11] 한국전쟁의 과정

---

11) 한국전쟁 때 남한 200만, 공산진영 250만이 죽었다. 450만 중에는 중국군 90만, 북한군 54만, 한국군 23만, UN군 3만 7000명이 포함되어 있고 나머지는 민간인이었다. 다시 말해 6·25전쟁은 민간인이 군인보다 훨씬 많이 죽은 전쟁이었다. ―《브리태니커 세계 대백과사전》17, 한국브리태니커회사, 1993, 377쪽 참조.

에서 시인이 무신론자가 된 것은 아닙니다. 줄기차게 신을 외치고 있기 때문입니다. 하지만 구원의 손길을 바라며 외쳤던 것은 아닙니다. 파괴를 일삼는 검은 신을 향하여 시인은 여섯 번 질문을 던졌고, 당신이 학습해야 할 주제는 "하루의 一年의 전쟁의 처참한 추억"이라고 항의의 말을 던졌습니다.

박인환에 대한 갖가지 오해와 억측은 이제부터 바로잡혀야 합니다. 관념이 지나칠 정도로 승한 〈살아 있는 것이 있다면〉〈회상의 긴 계곡〉〈일곱 개의 층계〉 같은 난해한 작품도 있지만 전시와 전후라는 암담한 시대 상황을 직시하면서 고뇌했던 시인의 몇몇 시편은 재평가되어야 할 것입니다. 게다가 그는 거의 모든 작품을 20대에 썼다는 것을 우리는 기억해야 합니다.

이산가족의
가슴에
박힌 못

• 전봉건의 〈뼈저린 꿈에서만〉

이보다 더 가슴 아픈 시는 없습니다.

여러분은 남북 통일을 꿈꿔본 적이 있습니까? 우리나라가 분단국이라는 사실을 곰곰이 생각해본 적이 있습니까? 휴전선 저 너머에 보고 싶은 어머니가 계실 때, 아들의 마음은 어떠할까요. 남북한간 대화가 시작된 1972년 이래 시인은 수도 없는 밤을 뜬눈으로 밝혔을 것입니다. 부모자식간의 만남을 가로막고 있는 철조망이 뚫릴 날을 고대하면서 시인은 이 시를 썼겠지만 그는 끝내 어머니를 만날 수 없었습니다. 저는 여러분이 이산가족이 상봉하는 장면을 텔레비전 뉴스 시간에 보면서 무슨 생각을 했을지 궁금합니다.

그리하라면
그리하겠습니다.
개울물에 어리는 풀포기 하나
개울 속에 빛나는 돌멩이 하나

그렇습니다. 고향의 것이라면

무엇 하나도 빠뜨리지 않고

지금도 똑똑하게 틀리는 일 없이

얼마든지 그리하겠습니다.

말을 하라면

말하겠습니다.

우물가에 늘어선 미루나무는 여섯 그루

우물 속에 노니는 큰 붕어도 여섯 마리

그렇습니다 고향의 일이라면

무엇 하나도 빠뜨리지 않고

지금도 생생하게 틀리는 일 없이

얼마든지 말하겠습니다.

마당 끝 큰 홰나무 아래로

삶은 강냉이 한 바가지 드시고

나를 찾으시던 어머님의 모습.

가만히 옮기시던

그 발걸음 하나 하나

나는 지금도 말하고 그럴 수가 있습니다.

그러나 아무리 애써도 한 가지만은

아무리 몸부림쳐도 그것만은

내가 그러질 못하고 말도 못합니다.

강이 산으로 변하길 두 번

산이 강으로 변하길 두 번

그러고도 더 많이 흐른 세월이

가로 세로 파놓은 어머님 이마의 어둡고 아픈 주름살.

어머님

꿈에 보는 어머님 주름살을 말로 하려면 목이 먼저 메이고

어머님

꿈에 보는 어머님 주름살을

그림으로 그리려면 눈앞이 먼저 흐려집니다.

아아 이십 육 년

뼈저린 꿈에서만 뫼시는 어머님이시여.

―〈뼈저린 꿈에서만〉《북의 고향》, 명지사, 1982) 전문

　　전봉건 시인의 〈뼈저린 꿈에서만〉을 이해하려면 시인의 생애에 대한 고찰이 반드시 필요합니다. 시인은 1928년 평안남도 안주군 동면 명학리 10번지에서 7형제 중 막내로 태어나 관리인 부친을 따라 도내 여러 곳에서 전전하며 성장기를 보냈습니다. 해방되던 해에 숭인상업고등학교를 졸업하고 자유와 시를 찾아 곧바로 월남, 고향을 영원히 등지게 됩니다. 즉, 월남한 이후 고향은 영원히 돌아갈 수 없는 땅이 되며, 많은 일가친척과 친구들은 끝끝내 만날 수 없는 사람이 되고 말았습니다. 전봉건 시인에게 고향 상실과 국군 사병으로 참전한 한국전쟁 체험은 그의 시에 아주 중요한 모티브로 지속적으로 작용합니다.

　　전봉건은 23세인 1950년 《문예》지에 시가 추천되어 등단한 이후 1988년 작

고할 때까지 많은 시집과 시선집, 시론집을 내며 우리 시단의 대표적인 시인으로 활동한 시인입니다. 특히 그는 1969년 4월 시전문지《현대시학》을 창간하여 우리 시의 발전을 위해 지대한 공헌을 하신 분입니다.

시〈뼈저린 꿈에서만〉이 발표된 것은 1972년 7·4남북공동성명이 발표되었을 때였습니다. 남과 북이 함께 머리를 맞대고 마련한 '조국통일 3원칙'은 지금 보아도 가슴이 설렙니다. 통일을 외부세력에 의존하지 않는다, 통일은 무력에 의하지 않고 평화적인 방법으로 실현한다, 사상과 제도를 초월하여 민족적 대단결을 도모한다는 내용의 공동성명서는 당시 냉전체제 속에 있던 전 세계의 이목을 집중시켰을 정도로 획기적인 것이었습니다. 일단 남북 이산가족이 휴전 이후 처음으로 공식적으로 만날 수 있으리라는 희망을 갖게 되었으니 이 얼마나 감격적인 일이었을까요. 시인은 월남한 이후 한시도 잊은 적이 없는 어머니를 만나볼 수 있을지도 모른다는 꿈에 부풀어 애타는 마음으로 사모곡을 불렀으니 바로〈뼈저린 꿈에서만〉입니다.

이 시의 제 3연과 5연을 이산가족이 읽는다면 눈물을 글썽일 것입니다. 어머니의 발걸음 하나하나를 지금도 그릴 수 있다는 것과, 주름살을 그림으로 그리려면 눈앞이 먼저 흐려진다는 대목은 읽는 이의 심금을 울리고도 남음이 있습니다. 독자가 설사 이산가족이 아니어도 북에 계신 어머니를 간절히 보고 싶어 하는 아들의 비원悲願을 듣는다면 눈시울이 뜨거워질 것입니다. 통일은 정치적 논리와 경제적 이해타산을 따지면 절대로 이루어질 수 없습니다. 남북한 이산가족이 쌓인 한을 푸는 만남의 자리가 연중 몇 차례 이루어지는 데서 실마리가 풀릴 수 있습니다.

분단 상황이 어머니와 자식을 못 만나게 한 세월, 그 세월이 이 시가 쓰였을 당시 이미 26년이나 되었고, 시인의 사무친 그리움은 날이 갈수록 쌓여 갑니다. 그리하여 1982년 펴낸 시집《북의 고향》에는 다음과 같은 시가 나옵니다.

산모퉁이를 돌아서는데 눈 한 송이가 내 등허리를 파고들었습니다. 늙어 한쪽 눈만 보시는 어머님의 그 눈 하나도 산모퉁이까지 쫓아와서 내 등허리를 파고들었습니다. 그 뒤로 나는 삼십여 년을 이남에서 살고 있습니다.

―〈눈〉 부분

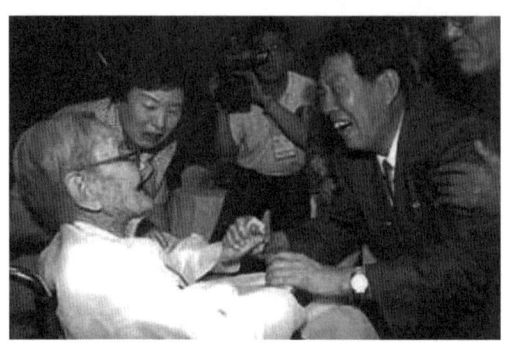
이산가족 상봉 장면

시인은 어머니를 만나지 못하고서 올림픽이 서울에서 개최되던 해에 눈을 감았습니다. 북의 어머니 또한 언제 돌아가셨는지 알 수 없으나, '한쪽 눈'을 감는 그 순간까지 막내아들이 보고 싶어 눈물의 나날을 보냈을 것입니다.

2000년 8월 15~18일과 11월 30~12월 2일 두 차례에 걸쳐 서울과 평양에서 실시된 이산가족 상봉 행사 이후 스무 번째 실시된 이산가족의 만남은 온 국민에게 남북 화해와 통일의 당위성을 심어주었습니다. 이제 연로하시어 임종을 앞두고 계신 많은 이산가족 노인분들, 그분들의 가슴에 박힌 못을 빼드리고 싶은 마음이 간절합니다. 전봉건 시인의 시를 읽으니 21세기에는 반드시 통일이 되어 이산가족의 한이 조금이라도 풀리기를 더욱 간절히 바라게 됩니다. 그런데 남북 이산가족 신청자들이 고령으로 사망하면서 신청한 남측 가족의 절반 이상이 북측 가족을 만나지 못하고 숨진 것으로 나타났습니다.

2016년 3월 20일 통일부와 대한적십자사가 운영하는 이산가족정보통합시스템에 따르면 2월 29일 기준으로 북측 가족을 만나기 위해 신청한 남측 가족 13만838명 중 50.4%인 6만 5922명이 사망한 것으로 집계됐습니다. 남측 사망자들은 지난 1월 말 기준 전체 신청 가족 13만 808명 중 49.8%인 6만 5134명이었으며, 지난 2월 말 기준 6만 5922명으로 788명이 증가했다고 합니다. 상봉 신청자의 56.6%가 80세 이상으로 분단 기간이 길고 상봉이 정례적이지 못해 고령으로 인한 사망이 늘고 있는 것이지요. 2월 말 현재 이산가족 생존자의 연령을 보면 90세 이상이 13.5%, 80~89세가 43.1%, 70~79세가 25.8%, 60~69세가 9.8%, 59세 이하가 7.8%라 합니다. 지난해 10월 실시한 20차 남북이산가족 상봉 때만 해도 상봉 당시 귀가 어두워 대화가 어렵거나 노환과 병환으로 자식이나 형제를 알아보지 못하는 경우도 있었습니다.

현재 남북 당국간 주기적인 생사확인 작업은 없습니다. 이산가족 상봉을 하기로 한 때부터 생사확인을 시작해 확인 작업만 최소 한 달 이상 걸려 대규모 상봉도 어렵습니다. 이산가족들은 고령인 부모의 북측 가족 상봉을 위해 무엇보다 생사확인, 서신교환이라도 원하지만 연초 북한의 4차 핵실험을 계기로 전방위 대북 압박을 높여가는 상황이라 정부의 주도적인 상봉 논의는 없을 것이란 의견이 우세합니다. 빨리 남북한 당국이 이산가족의 뼈저린 한을 풀어주면 좋겠습니다. 2017년 지금은 더더욱 남북 관계가 경색국면이라서 이산가족의 처지가 안타깝기 이를 데 없습니다.

절망의 끝에 있는 희망을 믿고 산 시인

- 박정만의 〈끝없는 이별〉

아픔이 꽃피운 시들

제 자신도 마음이 아프거나 몸이 괴로울 때 시가 잘 써집니다. 마찬가지로, 비교적 평온하게 하루를 보낸 날은 시상을 떠올리지 않고 잠자리에 들게 됩니다. 박정만은 고문의 후유증도 심했지만 영문도 모른 채 당하고 나온 뒤에 억울함 때문에 깡술로 몸을 망가뜨렸습니다. 하지만 그는 생의 말년에 눈부신 시들을 남겼습니다. 아팠기 때문입니다. 세상의 시인이여, 그대 자신 아프지 않다면 남의 아픔을 나누기라도 해야 합니다.

오늘 아침에도
나는 또 한 이별을 갖는다.
만나는 기쁨보다
헤어지는 슬픔이 더 큰 이별을.

우리 고단한 시절에 만나

사랑하는 것으로 한 위안을 삼았거니

이제 속절없는 언약에 멍이 들고

가슴엔 봄꽃보다 더 심란한

아지랑이가 피어, 아지랑이가 피어,

내 이르노니 사랑한단 말을 말어

다시는 그런 말을 말어

죽자사자 끌어안는 시늉도 말어

마음도 팔지 말어 갈보도 되지 말어

인생은 어차피 뜬구름같이 여기기

오다가다 만나

정분 있으면 그 정분 나누기

눈물 있으면 그 눈물 나누기

다시는 그립단 말을 말어

믿지도 말어

징그러운 계집들의 세 치 혓바닥을.

그만한 길이의 모란꽃 그 허울을.

꿈 없는 꿈의 헛된 그 그림자를.

갈피 없는 내 마음 이지러지고

헛된 생각들 어지러이 나부끼는 날,

나 창가에 나가 배웅하노니
끝없는 이별은 이 아침, 이 저녁의
내 형벌, 내 고통의 첫사랑이라.

―〈끝없는 이별〉《혼자 있는 봄날》, 나남, 1988) 전문

고문 후유증을 소주로 달래며 살아가자 아내가 견디지 못하고 집을 나갑니다. 아내가 사라진 뒤에 암담한 심정으로 쓴 시가 바로 〈끝없는 이별〉입니다. 시인이 고문을 당한 1981년 5월이었고 숨을 거둔 것은 1988년 10월 2일, 마침 서울올림픽이 끝나던 날이었습니다. 잠실운동장에서 폐막식이 거행되고 있을 때 시인은 서울 봉천동 자택에서 홀로 유명을 달리했습니다. 전 세계에서 온 운동선수들과 올림픽 관계자들이 석별의 정을 나눌 때, 시인은 세상과 이별하고 있었습니다. 마흔세 살, 아직 정정한 나이였습니다. 제5공화국 정권 초기인 1981년 '한수산 필화사건' 때 당한 고문의 후유증이 너무 심해 곡기도 끊은 채 미친 듯이 술을 마시며 열정적으로 시를 쓰다가(1987년 8월 19일부터 20여 일 동안 무려 300여 편의 시를 썼습니다) 짧은 시 하나를 유고시로 남기고 숨을 거뒀습니다.

해 지는 쪽으로 가고 싶다
들판의 꽃잎은 시들고.

나마저 없는 저쪽 산마루
나는 사라진다
저 광활한 우주 속으로.

―〈해 지는 쪽으로〉 전문

'한수산 필화사건'이란 것의 실상은 대강 이렇습니다. 광주민주화운동 이후 국가권력을 완전히 장악했다고 자신한 신군부 세력은 누가 우리를 향해 험담을 하지 않나 노심초사 신경을 곤두세우고 있었습니다. 때마침 중앙일보에 소설 〈욕망의 거리〉를 연재하고 있던 한수산은 '정부의 고위 관리'와 '제복 좋아하는 자들'을 비아냥거리는 내용을 썼다가 정보기관에 끌려가 엄

박정만

청난 고문을 당합니다. 고문기술자에 의해 물 고문 · 전기 고문 · 엘리베이터 고문 등을 당하며 그런 소설을 쓰게 한 배후 인물을 대라고 추궁을 받자 한수산은 며칠 전에 술을 함께 마신 박정만의 이름을 댔고, 시인은 아무 영문도 모른 채 끌려가 갖은 고문을 당하여 몸이 만신창이가 되고 말았습니다. 초주검이 되어 나온 이후 박정만은 주변 사람들에게 이렇게 말했다고 합니다.

"도대체 워찌 된 일이다요. 답답해 죽겄소. 이유나 알고 죽었으면 원이 없겄소."

세상에 이렇게 억울한 일이 또 있을까요. 갑자기 어디론가 끌려가 온몸에 피멍이 든 채로 끝없이 고문당하고 욕설을 들으면서 신문조서를 "다시 쓰라"고 채근당한다면? 왜 내가 이런 일을 당하고 있는지 그 이유를 모른다면?

1946년 전북 정읍의 산골에서 태어난 박정만은 경희대 국문학과 재학 시절에 서울신문 신춘문예로 등단한, 장래가 촉망되는 시인이었습니다. 첫 시집 《잠자는 돌》을 발간한 지 얼마 되지 않는 시점인 1981년, 필화사건의 불똥이 튀어 그는 비참한 생을 영위해나가게 됩니다.

진통제로도 다스릴 수 없는 온몸의 통증을 깡소주로 달랬으니 몸이 배겨날 수 없었습니다. 하지만 그는 고문 이후 사망할 때까지 7권의 시집을 내고, 그밖에도 동화집과 수필집, 시화집을 내면서 왕성하게 작품 활동을 합니다. 그

에게 시 쓰기란 고통을 달래기 위한 방편이기도 했고 끔찍한 기억을 떨쳐버리기 위한 수단이기도 했습니다.

> 마음에 시퍼런 독毒을 품고
> 자살하듯 술 사발만 들이켜는 날
>
> 하늘엔 저승으로 가로놓인
> 애틋하고 선연한 서녘 무지개.
>
> 눈 시려, 눈 시려, 눈이 시려,
> 눈감고 눈을 감고 바라보는 맘.
>
> 내 피는 오금 박혀 가지 못하고
> 눈물만 저승까지 갔다가 되돌아오네.
>
> —〈흐르는 눈물〉 전문

1987년 8월에는 약 20일 동안 300편의 시를 쓰기도 했으니, 거의 신이 들려서 시를 썼다고 할까요. 편편의 시가 절규요 절창이었습니다. 자신의 목숨이 끝간 데까지 온 것을 짐작하고서 피를 토하듯이 시를 토했고, 그 시는 한 시인의 아물지 않은 상처의 기록이었습니다. 시인은 죽은 이후인 1989년에 현대문학상을, 1991년에 정지용문학상을 수상하였습니다. 현대문학상 수상소감을 장녀 송이 양이 고인이 된 아버지를 대신해서 썼습니다. 아래는 그 일부.

아버님은 삶을 사랑하셨습니다. 절망의 끝에 있는 희망을 믿고 사셨습니다. 당신의 삶 자체가 바로 시였습니다. 삶을 시로, 시를 삶으로 살아오셨습니다. 저는 이제 그 모든 것들이 결집되고 승화된 아버님의 문학이 세상 사람들에게 정당하게 인정받고 평가받게 되기를 바라며, 또 그렇게 될 것이라고 믿고 있습니다.

〈쓸쓸한 가을〉은 시인이 스스로 시 끝에다 밝혀놓았듯 1987년 9월 7일 새벽 5시 7분에 쓴 작품입니다. 몸이 너무 아파서 이른 가을임에도 그는 몹시 추웠던 것이겠지요. 깊어가는 가을, 박정만의 시를 머리맡에 둡니다.

꽃술만 시치미떼듯 마냥 따먹고
대낮 담장 밑에 던져버린
시큼시큼한 그 쇠서나물 이파리.
서럽기로 하자면 그야말로 하늘빛이지.

죄처럼 바람만 쌀쌀하게 부는 가을 언저리.

—〈쓸쓸한 가을〉 전문

불행했기에
희망을 노래한
시인

- 천상병의 〈오월의 신록〉〈나의 가난함〉

영혼을 정화시키는 시의 힘

천상병의 시는 맑거나 밝거나 둘 중의 하나입니다. 생전의 그는 낙천주의자였습니다. 술값만 있으면 하루가 마냥 즐거웠습니다. 순진무구와 천진난만이 천상병의 트레이드마크이지만 그가 끔찍한 아픔을 참아낸 사람일 줄을 모른다면 독자는 그의 시가 담백하기만 할 뿐일 것입니다. 천상병의 시를 읽고 있으면 영혼이 정화되는 느낌이 듭니다.

오월은 신록의 달이다.
파란빛이
온 세상을 덮는 오월은
문자 그대로 신록의 달이다.

파란빛은 눈에 참 좋다.

눈에 좋을 뿐만 아니라

희망을 속삭여 준다.

오월 달은 그래서

너무 짧은 것 같다.

푸른 오월이여

세계의 오월이여

　　　　　　　　　　　―〈오월의 신록〉《나 하늘로 돌아가네》, 청산, 1993) 전문

나는 볼품없이 가난하지만

인간의 삶에는 부족하지 않다.

내 형제들 셋은 부산에서 잘살지만

형제들 신세는 딱 질색이다.

각 문학사에서 날 돌봐주고

몇몇 문인들이 날 도와주고

그러니 나는 불편함을 모른다

다만 하늘에 감사할 뿐이다

이렇게 가난해도

나는 가장 행복을 맛본다.

돈과 행복은 상관없다.

부자는 바늘귀를 통과해야 한다.

　　　　　　　　　　　―〈나의 가난함〉《천상병은 천상 시인이다》, 오상, 1990) 전문

천상병 시인은 1993년 4월 28일에 작고했습니다. 막 운명했을 때 시인의 웃옷 호주머니 속에 들어 있던 시가 〈오월의 신록〉입니다. 시인은 자신의 죽음을 예감하던 그 시간에도 신록의 파란빛과 희망의 속삭임을 노래했습니다. 죽는 순간까지도 푸른 오월을 꿈꾸었던 시인이 바로 천상병이었습니다. 개인사의 불행을 뿌리치고 끊임없이 희망의 철학을 논한 시인이었기에 그의 시는 이처럼 밝습니다.

천상병만큼 일화가 풍부한 시인도 없을 것입니다. 서울대 상대 4학년 1학기까지 마쳤음에도 시인으로 살아갈 내게 대학 졸업장이 무어 필요 있겠냐고 중퇴한 것은 기나긴 기행奇行 역사의 시발점이었습니다. 동백림사건1967에 연루되어 6개월간 옥고를 치르는 동안 고문을 지독하게 당해 육체가 망가지고 정신이 황폐해진 이후 시인을 둘러싸고 일어난 일들은 세간에 풍성한 화제를 제공했습니다. 기억상실의 행려병자로 서울시립정신병원에 입원해 있는 동안 친구들이 유고시집을 내준 일은 지금까지도 인구에 회자되는 문단 최대의 희비극이라고 할 수 있습니다. 그는 1988년 간경화증으로 죽음 일보 직전에 이르렀지만 아내 목순옥 여사의 헌신적인 간호로 소생하여 1993년 별세할 때까지 수많은 화제를 남기며 시인다운 삶을 살다 갔습니다.

동백림사건이란 독일 유학생 몇 사람이 베를린에 사는 동포의 주선으로 동베를린 구경을 하고 온 것이 엄청난 간첩단 사건으로 비화된 것입니다. 시인은 베를린 유학을 하고 돌아와 대학 강단에 서 있던 친구한테 몇 번 술을 얻어 마셨고, 동독의 비교적 자유로운 분위기에 대해 이야기를 들은 적이 있을 따름이었습니다. 천상병은 동백림사건의 핵심 인물이자 서울상대의 동기동창인 강빈구가 간첩인 것을 알면서도 신고를 하지 않았고, 그가 갖고 온 공작금을 받아썼다는 혐의로 끌려가 세 차례의 전기고문 등 심한 고문을 당했습니다. 얼마나 얻어맞았는지 구둣발 발소리만 들려도 책상 밑으로, 감방 구석으로 숨어 들어가 무조건 잘못했다고 빌었다고 합니다. 그는 6개월 동안의 감금과 고문으로 정신이 반쯤 나간 상태로 석방이 되었습니다.

천상병은 고문 후유증으로 많은 고통을 감내하며 살아가야 했습니다. 고통을 술로 달래기도 했지만 시를 쓸 때는 유머감각을 발휘함으로써 자신이 처한 상황을 극복하려고 했습니다. 세상에 대한 희화戱化는 천상병 시인의 장기였습니다. 생식 능력까지 잃을 정도로 심한 고문을 당한 이후에 쓴 시들임에도 불구하고 시인의 시심은 청정무구합니다.

〈나의 가난함〉에는 아무리 가난해도 희망을 잃지 않고 살아가는 시인의 밝은 인생관이 잘 나타나 있습니다. 한 인간에게 가혹한 육체적·정신적 고통이 가해졌다면 비관주의자가 되게 마련인데 천상병의 경우 오히려 반대되는 시 세계가 전개되고 있습니다. 그의 시에서 절망과 좌절, 비탄과 자학의 세계를 찾아보기란 대단히 어렵습니다. 천 시인의 시 세계는 결코 음습하지 않습니다. 희망적이고 낙관적입니다. 〈행복〉이라는 시에서는 "막걸리를 좋아하는데/ 아내가 다 사주니/ 무슨 불평이 있겠는가./ 더구나/ 하나님을 굳게 믿으니/ 이 우주에서/ 가장 강력한 분이/ 나의 빽이시니/ 무슨 불행이 온단 말인가!" 하고 밝은 미래에 대한 확신을 천명하고 있습니다. 동시대의 시인이건 후배 시인이건 상당수의 시인들이 지향하는 세계는 어둠의 세계이지만 시인은 끊임없이 밝은 세계, 긍정적인 세계를 지향하고 있습니다. 아내가 연 찻집의 이름이자 시인의 대표작으로 부상한 시 〈歸天〉만 보아도 천 시인의 인생관과 세계관이 밝았음을 알 수 있습니다.

나 하늘로 돌아가리라

새벽빛 와 닿으면 스러지는

이슬 더불어 손에 손을 잡고

천상병 시인과 부인 목순옥 여사

나 하늘로 돌아가리라

노을빛 함께 단 둘이서

기슭에서 놀다가 구름 손짓하며는,

나 하늘로 돌아가리라

아름다운 이 세상 소풍 끝내는 날,

가서, 아름다웠다고 말하리라……

—〈歸天〉 전문

시인은 이 세상을 '아름다운 세상'이라고 규정하고 있습니다. 게다가 하늘 나라에 가서도 이 세상을 아름다웠다고 말하리라고 합니다. 고문에 대한 아픈 기억, 정신병원에 갇힐 정도로 황폐해진 심신, 2세를 가질 수 없을 정도로 망가진 몸, 간경화중으로 죽음 일보 직전까지 갔던 심한 음주, 만년 실업상태⋯⋯. 이 모든 불행에도 불구하고 시인은 줄기차게 희망의 철학을 사람들에게 들려주었습니다. 그렇다고 무턱대고 희망만을 말했던 것은 아닙니다.

> 온실에서 갓 나온 꽃인 양
> 첫걸음을 내디딘 신부여
> 처음 바라보는 빛에 눈이 부실 테지요.
> 세상은
> 눈부시게 밝은 빛이 있는가 하면
> 어두운 빛도 있답니다.
> 또한 기쁜 일도 있을 것이고
> 슬픈 일도 있답니다.
> 그러나
> 세상을 살다 보면
> 쓴맛이 더 많다는 것을
> 잊어서는 안 됩니다.
> 그렇다고
> 이 세상은 괴로움만도
> 또한 아닙니다.

―〈신부에게〉 전반부

결혼을 앞둔 신부에게 주례사 같은 말을 해주고 있습니다. 결혼축시로 손색이 없습니다. 세상 살아가면서 쓴맛을 볼 때가 더 많다는 사실을 알고 있기에 시인은 애써 희망의 소중함을 말하고 있습니다. 어두운 현실 등 세상의 어둠을 들려주는 시인이 많고 많지만 천상병은 유아독존 격으로 희망을 말하고 싶어 했습니다. 불행의 깊이를 너무나 뼈저리게 체험한 그이기에 역설적으로 세상의 밝은 부분을 노래하고 싶어 했던 것입니다.

관수제를 울렸던
그 큰
웃음소리

• 구상의 〈임종 예습〉 〈한가위〉

영혼을 정화시키는 시의 힘

시인 구상은 한국 천주교계의 큰 시인임에 틀림없습니다. 하지만 시인이 하느님이나 예수 그리스도에 대한 찬양의 시편만을 쓰지 않았다는 데 주목해야 합니다. 신과의 힘겨운 대결의식 끝에 신 앞에 무릎을 꿇었을 때 진솔한 신앙 시편이 나올 수 있음을 〈임종 예습〉 같은 시를 보면 알 수 있습니다.

흰 홑이불에 덮여
앰뷸런스에 실려 간다.

밤하늘이 거꾸로 발밑에 드리우며
죽음의 아슬한 수렁을 짓는다.

이 채로 굳어 뻗어진 내 송장과

사그라져 앙상한 내 해골이 떠오른다.
돌이켜보아야 착오투성이 한평생
영원의 동산에다 꽃피울 사랑커녕
땀과 눈물의 새싹도 못 지녔다.

이제 허둥댔자 부질없는 노릇이지……

"아버지, 저의 영혼을
당신 손에 맡기나이다."

시늉만 했지 옳게 섬기지는 못한
그분의 최후 말씀을 부지중 외우면서
나는 모든 상념에서 벗어난다.

또 숨이 차온다.

―〈임종 예습〉(《한국일보》, 1979. 2. 10) 전문

어머니
마지막 하직할 때
당신의 연세보다도
이제 불초 제가 나이를 더 먹고
아버지 돌아가실 무렵보다도
머리와 수염이 더 세었답니다.

어머니

신부神父 형이 공산당에게 납치된 뒤는

대녀代女 요안나 집에 의탁하고 계시다

세상을 떠나셨다는데

관에나 모셨는지, 무덤이나 지었는지

산소도 헤아릴 길 없으매

더더욱 애절합니다.

어머니

오늘은 중추 한가위,

성묘를 간다고 백만 시민이

서울을 비우고 떠났다는데

일본서 중공서 성묘단이 왔다는데

저는 아침에 연미사煉彌撒만을 드리곤

이렇듯 서재 창가에 멍하니 앉아서

북으로 흘러가는 구름만 쳐다봅니다

어머니

어머니

―〈한가위〉《造化 속에서》, 미래사, 1991) 전문

    저는 지금 사진 한 장을 들여다보고 있습니다. 이 사진을 찍은 것은 아마도 1994년쯤일 것입니다. 국민일보사에서 사제간의 만남을 특집 기사로 매주 한 번씩 게재할 때였습니다. 신문사에서는 우리 사회가 워낙 살벌해지다보니 사제간의 아름다운 관계조차도 무너지고 있다고 여겨 그런 특집을 마련했나 봅니다. 신문 한 면을 다 차지한 지면에다 저는 선생님을 어떻게 만났으며, 어떤 것을 배웠고, 어떤 감화를 받았으며, 어떤 관계를 이어오고 있는가를 설명했습니다. 국민일보사에서는 선생님께 미리 연락을 드렸던 것인데 선생님은 수많은 제자 중 저를 지목해 사제지간의 정을 엮어나가는 기사를 쓰게 하셨습니다. 구상 선생님은 정말 저를 믿고 사랑해주셨습니다.

저는 그때 쌍용그룹 홍보실 소속의 샐러리맨이었습니다. 홍보실장님이 신문기사를 보고 우리 회사 직원이 신문에 이렇게 크게 나와서 아주 뿌듯했다고 덕담을 해주신 것이 기억납니다. 토요일 오후에 저는 문화부 임순만 기자와 사진기자와 함께 선생님의 서재인 여의도 관수재觀水齋를 찾아갔습니다. 파안대소하시던 그 모습, 그 음성, 지금도 또렷하게 기억납니다.

저는 선생님이 가슴에 한을 품고 살아오시면서 세상을 향해 원망하지 않고 결 고운 시로 승화시키신 것을 초인적인 의지의 소산이라고 생각하고 있습니다. 선생님은 〈한가위〉라는 시에서 명절 때마다 북녘 하늘을 우러러보며 어머니를 그리워하고, 못 모시고 온 데 대해 자책하고 계신 것을 알 수 있었습니다.

선생님은 일본 니혼대학 종교학과를 졸업하고 친가가 있는 원산으로 돌아와 신문사 기자로 일하고 있었습니다. 광복 직후인 1946년 12월, 문우들과 어울려 '응향凝香'이란 이름의 동인지를 냈습니다. 지방에서 나온 동인지에 불과했지만 조선문학예술총동맹 중앙상임위원회에서는 이 책을 자본주의의 퇴폐성을 고스란히 담고 있다고 판단, '시집《凝香》에 대한 결정서'를 발표하고 조사위원단을 평양에서 원산으로 급파하였지요. 이미 공산화된 북한 사회에서 형이상학적이거나 종교적인 뜻이 담긴 글은 타기의 대상이었습니다. 모더니즘 경향이나 순수문학도 마찬가지였고요. 조선문학예술총동맹이란 데서는 공산주의라는 이념 전파를 목적으로 하는 문학 이외의 문학에 대해서는 발을

구상 시인의 서재인 관수재를 찾아가서

못 붙이게 완전히 파문을 시킬 작정을 하고는 원산에서 나온 이 동인지를 본보기로 삼고자 했던 것입니다. 이 사실을 귀띔해준 사람이 있어 선생님은 목숨을 건 탈출을 감행하게 됩니다.

선생님의 월남은 가족과의 생이별을 뜻하는 것이었습니다. 그때야 남북 분단이나 동족상잔의 전쟁을 누가 예상했겠습니까. 북한 당국의 조치가 좀 완화되면 고향으로 돌아가리라 생각하셨을 테고, 기회를 보아 북한에 계신 어머니를 남쪽으로 모셔올 생각도 했겠지요. 그러나 38선이 놓이고, 북한 문단에서 낙인이 찍힌 선생님은 고향 땅을 다시는 못 밟게 됩니다. 신부님이었던 형님이 납치, 처형된 이후 어머님은 대녀의 집에 의탁하다 돌아가셨는데 무덤이나 만들어드렸는지 알 길이 없습니다. 한가위를 맞아 백만 시민이 성묘 길에 나섰다는 언론 보도를 보며 선생님은 비탄에 잠깁니다. 산소조차 만들어졌는지 알 길이 없으니 어머니에 대한 그리움과 회한이 명절 때마다 가슴을 찢어지게 했을 것입니다. 오죽했으면 시의 첫 행이 "어머니"인데 마지막 두 행도 "어머니"라 했을까요.

선생님의 시련은 폐결핵이라는 병마가 덮침으로써 이어집니다. 1966년 일본으로 건너가 큰 수술을 두 차례 받고 선생님은 소생하시지만 폐 한쪽을 절단하게 되지요. 폐활량이 보통사람의 반의반도 안 되어 언덕길이나 계단을 오를 때 한숨을 계속해서 내쉬며, 조금 오르다 쉬고 조금 오르다 쉬시던 모습이 잊히지 않습니다.

당신의 몸을 빠져나간 결핵균은 작은아드님 '성'의 몸을 덮쳐 식구 중 가장 먼저 앞세우게 됩니다. 작은 병원을 운영하며 선생님의 수발을 들던 사모님은 1993년 11월 5일에 돌아가셨습니다. 경기도 안성의 성당 묘지에 시신을 안치하고 선생님은 많이 외로우셨을 것입니다. 그런데 공부도 곧잘 하고 몸도 튼튼하여 한양공대를 나온 뒤 베트남전에도 갔다 오신 큰아드님 '홍'도 이름 모를 병을 앓다 아버지에게 참척慘慽의 고통을 선사합니다. 아내와 두 아들을 앞세운 선생님은 교통사고를 당해 또 한 차례 생사의 고비에 서십니다. 그때 선생님을 일으켜 세운 것은 무엇이었을까요. 시詩가 아니었겠습니까.

선생님은 임종 예습을 참 많이도 해오셨습니다. 80여생을 살아오시면서 입원을 하신 회수만도 수십 번은 되실 겁니다. 그날 관수재에서 해주신 말씀이 잊히지 않습니다.

"말에는 신비한 힘이 있다. 겉으로 번드르르하게 외면치레를 할 게 아니라 감동을 주는 말을 해야 하는데, 오늘날에는 시인들조차 말의 치장만을 노리고 있다."

선생님의 가르침을 받은 제자로서, 선생님이 쌓아올린 높은 시 세계의 언저리에라도 언젠가는 이르고 싶습니다. 하지만 제 시는 아직도, 여전히, 말의 치장만을 일삼고 있습니다. 선생님이 해주신 말씀 늘 가슴에 새기고서 한 명 참된 시인으로 남은 생을 살도록 하겠습니다. 육신의 아픔과 마음의 고통을 시를 씀으로써 이겨내신 선생님을 본받아서 말입니다.

구상 선생님은 2004년 5월 11일에 영면하셨습니다. 아래의 글은 선생님을 경기도 안성 천주교 공원묘지에 안장하고 와서 쓴 것입니다.

지난 사흘이 꿈만 같습니다. 어제와 그제, 강남성모병원에는 정말 많은 사람이 조문을 왔습니다. 천주교 사제와 수녀·수사는 물론 웬 스님은 또 그렇게들 오시는지. 참 많은 장애인이 왔고, 문인·정치인·언론인·기업인·외국인·지방의 관리……. 아무튼 몰골이 꾀죄죄한 시장 사람 같은 분에서부터 정부 최고위직 인사까지 우리 사회 각계각층 사람들이 와서 조문을 하는 모습을 보며 저는 '인간 구상'의 큰 스케일에 놀라움을 금할 수 없었습니다. 선생님은 참 많은 사람들의 존경을 받고 계신 분이었고, 그것은 '시인 구상'과 '인간 구상'이 일치되었기 때문이라는 생각이 들었습니다.

문학인으로서의 명성은 대단한데 인간 됨됨이가 실망스러운 경우가 왕왕 있습니다. 서양의 경우 보들레르나 베를렌느, 랭보의 예를 들 수 있겠지만 일화를 많이 남긴 국내 몇몇 시인을 저는 그분들의 살아생전에 직접 뵙고 싶다는 생각이 든 적이 없었습니다. 그런 시인들의 시는 좋아합니다만.

그토록 많은 조문객이 다녀간 데는 선생님의 대인관계가 원만했기 때문만은 아닐 것입니다. 아주 많은 사람에게 인정을 베풀고, 사랑으로 대하고, 인격적으로 감화를 주고, 넓은 아량으로 포용했기 때문이라고 저는 생각합니다. 아무리 유명한 시인이라고 할지라도 속인의 빈소인데 신부님과 스님이 그렇게 많이 찾아온 것은 전무후무한 일이 아닐까요.

제가 중앙대 문예창작학과에서 조교를 할 때의 일이 생각납니다. 학교를 중퇴한 어느 선배가 비승비속으로 살아가면서 후배들을 괴롭히고 있었습니다. 이 후배 저 후배 찾아다니며 기식하고 있었으니까요. 어느 날 얼굴에 상처가 난 상태로 학과 사무실로 찾아와 구상 선생님께 용돈을 달라며 떼를 썼습니다. 제자로서 할 수 없는 행동을 한 셈이었지요. 그런데 선생님은 이런 식으로 살지 말라고 따끔하게 꾸짖은 뒤에 돈을 좀 주시는 것이었습니다. 제게 선생님이 참된 스승의 모습으로 각인된 최초의 일입니다.

제가 선생님께 안부전화를 드리면 선생님은 언제나 영혼의 병을 앓고 있는 제 누이동생과 허리병으로 고생하고 있는 제 아내의 건강을 오히려 더욱 걱정하셨습니다. 타인에게는 늘 너그럽고 인자하셨지만 자신에게는 더없이 엄격하셨기에 40여 권의 저서를 가질 수 있었을 것입니다. 미욱한 제자가 소소한 고민에 휩싸여 선생님이 머무셨던 하와이나 일본으로 고해성사를 하듯 주절주절 편지를 써 올리면 선생님은 반드시, 떨리는 필체로 답장을 해주셨습니다.

> 자네의 병약도 파란도 그 모두가 하느님의 섭리임을 깨닫고 정녕 그리스도와 십자가를 함께 지는 용기와 인내와 사랑으로 나아가세. 그때 비로소 신령한 변화를 그 모두에게서 맛볼 것이네.

선생님은 이렇게 크나큰 용기를 주는 말씀을 해주셨습니다. 그 은혜 백골난망입니다.

선생님의 생애를 더듬어봅니다. 선생님은 기미년 만세운동이 일어났던 1919년에 태어나셨습니다. 흔히 말하는 '천수를 누리고' 돌아가셨으니 호상이라고 할 수 있겠지요. 그간 받으신 상훈은 금성화랑무공훈장(종군작가단 부단장으로서 받은 훈장. 민간인 최초라 함), 서울시문화상, 국민훈장 동백장, 대한민국문학상 본상, 대한민국예술원상 등이었고 영면하신 이후 금관문화훈장이 추서되었습니다.

하지만 이런 영광의 뒤안길에서 선생님이 겪어내신 육신의 고통과 영혼의 고뇌를 저는 아주 조금 알고 있습니다. 관동대지진 때 일본에 유학 가 있다가 학살당한 형, 신부가 되신 또 다른 형은 공산당에게 납치를 당했으니 순교하셨겠지요. 어머니의 죽음은 더더욱 가슴을 아프게 했을 것입니다. 관은 썼는지, 무덤이 어디에 있는지도 모른다고 선생님은 시〈한가위〉에 쓰셨습니다.

선생님은 한국 문단의 큰 별이었습니다. 제자들에게는 자상한 선생님이었고, 대자들에게는 인자한 대부님이었습니다. 선생님은 늘 제자와 대자들, 그리고 당신이 문단에 내보낸 시인들의 앞날을 걱정하며 잘되기를 기도하셨습니다. 모든 주변 사람들, 특히 장애자들과 사형수와 무기수 등 형을 살고 있는 죄수들에게 각별한 관심을 쏟으셨습니다. 한국장애인문인협회에서 겨우겨우 꾸려가던 《솟대문학》에 2억을 쾌척하신 것은 겉으로 드러난 예이지, 정말 선생님은 세인들이 잘 모르는 곳에서 사랑을 실천하셨습니다.

이승만 정권을 비판한 사회평론집 《민주고발》을 내는 바람에 두 번째 필화를 입고 8개월 동안 감옥생활을 하시면서 선생님은 현실문제에 참여할 것인가, 문학의 길로 걸어갈 것인가를 놓고 심각하게 고민을 하셨는데, 그때 평생 문학의 길로만 걸어가기로 굳게 결심을 하셨다구요. 그래서 박정희 대통령으로부터 입각 제의를 받고도 일본으로 피신, 《경향신문》 동경지국장으로 계셨던 것입니다. 이때의 얘기는 제가 선생님을 만나 대담한 자리에서 들은 적이 있지요. 제5공화국 전두환 대통령의 측근 허 모 씨로부터도 입각을 권유받았지만 수염을 기르면서까지 거부한 것은 선생님의 올곧은 정신과 시를 위한 순교자적 자세를 잘 말해주는 일화입니다. 대학교 총장 제의도 숱하게 받았지만 그 어떤 감투도 마다하고 선생님은 시인의 길로만 걸어가셨습니다.

그렇지요, 선생님은 1946년 이래 시인이셨습니다. 선생님의 시는 국내보다는 오히려 외국에서 더 높은 평가를 받아왔습니다. 영역시집 4권에 불역시집, 독역시집, 스웨덴어 번역시집, 스페인어 번역시집, 일역시집 등 10권이 넘습니다. 선생님 시의 기독교적인 정진의 깊이와 구도를 향한 동양적인 발상이 외국 사람들의 관심을 끈 것이 아닌가 생각해봅니다. 선생님 시에 나타난 구도적인 사색에 의한 그 정신의 깊이와 초월의 무게는 앞으로 후학들이 두고두고 연구할 것이라고 믿습니다.

선생님의 공적인 직함은 그리 많지 않았습니다. 문예진흥원 이사와 대한민국예술원 회원, 국제펜클럽 한국본부 고문, 성천아카데미 명예회장, 제2차 아시아시인대회 서울대회장, 세계시인대회 명예대회장 등 그야말로 명예직이었지 실제로 어느 단체의 리더로서의 역할은 하신 적이 없습니다. 《한겨레신문》 최재봉 문학전문기자의 말대로 선생님은 "문단의 큰 어른이면서도 이렇다 할 감투를 쓰지 않음으로써 문학적 순결과 위엄을 지키고자" 하셨습니다. 선생님이 왜 굳이 시인의 길만을 걸어가시려 했는지, 그 뜻을 늘 가슴에 새기고 살아가겠습니다.

저는 중앙대학에서 선생님께 시를 배웠고, 사람됨의 뜻을 배웠습니다. 그리고 크신 사랑을 배웠습니다. 관수제를 쩌렁쩌렁 울리던 그 웃음소리와 환한 미소가 그립습니다. 제 가슴속에서 선생님의 웃음소리와 미소는 결코 지워지지 않을 것입니다. 구상 선생님! 오래오래 선생님을 잊지 않고 선생님이 이 땅에 와서 베푸신 사랑을 기억하고 저 역시 주변 사람들을 사랑하며 살아가고자 애쓰겠습니다.

선생님이 지금 계신 곳은 육신의 고통과 정신의 고뇌가 없어 평안하십니까? 지금도 시상을 떠올리고, 떨리는 손으로 시를 쓰고 계시겠지요. 머리 숙여 선생님의 명복을 빕니다.

특유의 유머감각에 깃들어 있는 삶의 철학

• 임영조의 〈치통〉

시의 긴장감을 완화시키는 유머 센스

아픈 이빨을 갖고도 시인은 시를 쓸 수 있습니다. 농담 던지듯이 하는 말 가운데 인생의 지혜가 담겨 있다면 그 말의 효과는 엄숙할 때보다도 몇 배 높지요. 임영조 시인의 작품은 대개 유머 센스를 발휘하고 있어 재미가 있습니다. 재미로 포장되어 있지만 그 속에는 가볍지 않은 건더기가 들어 있습니다.

어금니 하나가 또 흔들거린다.
말을 버리고 생각도 끊다.
밥도 술도 사양하고 입 다물어도
바늘쌈 씹은 듯 쑤시는 통증
입 속 온통 뜨겁다. 치가 떨린다.

방화범을 찾아라!

―오래된 풍치시군요.

이런 제기랄! 풍치라면

바람든 이빨인가

바람난 이빨인가

온몸이 욱신욱신 열풍에 뜬다

이제 보니, 그동안 나는

너무 많은 관습을 씹어 먹었다

씹으면 씹을수록 맛이 난다고

초록빛 들녘과 바다를 씹고

죄 없이 죽어간 정육을 씹고

부질없는 말[言]을 씹고 살았다

내게 뽑힌 모든 기억들이여

그래 얼마나 아프더냐

부디 용서해다오

오늘은 내가 대신 아프다

―그만 뽑아버리시죠

실컷 잘 써먹고 퇴출시키듯

거덜난 식욕 하나 뽑아버린다

홀연 이 빠진 하모니카 소리

머릿속이 시원하고 헐렁해진다

―〈치통〉(《지도에 없는 섬 하나를 안다》, 민음사, 2000) 전문

시인은 2003년 5월 28일 오후, 췌장암으로 60년이라는 그리 길지 않은 생애를 마감했습니다. 시집 8권 가운데 소월문학상 수상시집 《고도를 위하여》와 시선집 《흔들리는 보리밭》을 제외하면 6권의 시집이 그가 세상에서 시인으로 남긴 흔적의 전부입니다.

시인은 20년 동안 몸담았던 직장을 시를 쓰고 싶어 퇴사했습니다. 퇴사 이후 대학에 시 창작을 가르치는 강사로 나가기 시작했고 한국시인협회 사무국장을 2년간 하긴 했지만 사당동에 방 한 칸을 구해 그 방을 직장으로 삼아 출퇴근을 하면서 시 쓰기에 정진, 제4시집 《귀로 웃는 집》을 1997년에, 제5시집 《지도 없는 섬 하나를 안다》를 2000년에, 제6시집 《시인의 모자》를 2003년 2월 15일에 펴냈습니다. 작고 3개월 전에 마지막 시집을 낸 것입니다.

시작에 몰두한 10년 남짓 되는 세월 동안 임영조 시인은 주옥같은 시를 썼으며, 시단으로부터 차츰 좋은 평가를 받기 시작할 무렵이었습니다. 임영조의 시가 한참 무르익어가고 있던 그 시절에 그만 병마가 엄습하였고, 시인의 목숨을 순식간에 빼앗아갔습니다. 대한민국의 평균연령을 따져도 시인의 죽음은 너무 이릅니다. 60대로 접어든 그 시기부터 더더욱 좋은 시를 쓸 수 있었을 터인데 병마는 붓과 목숨을 함께 거두어갔습니다. 시인의 죽음은 가족에게도 안타까운 일일 테지만 한국 시문학사를 생각해도 너무나 안타깝습니다. 임영조 시인의 특징 중 하나가 특유의 유머 센스였습니다.

풍치로 오래 고생한 이빨을 뽑는 과정이 시가 되었는데, 그 전개 과정이 너무나 유머러스합니다. 어금니 하나가 입 속을 온통 뜨겁게 했으므로 "방화범을 찾아라!"며 일갈하게 되었을 것입니다. 그동안 시인이 아플 정도로 씹었던 것은 초록빛 들녘(농산물)과 바다(해산물)만이 아니었습니다. 죄 없이 죽어간 정육과 부질없는 말이기도 했기에 시인은 자기에게 씹힌 모든 아픈 기억들에게 용서를 빕니다. 오늘은 자기가 대신 아프니까 좀 봐달라는 것입니다. 마지

제자 임영조의 수상을 축하하는 스승 서정주. 가운데서 웃고 있는 이는 김형영 시인.

막 연 1~3행도 유머감각이 번뜩이고 있지만 "홀연 이 빠진 하모니카 소리/ 머릿속이 시원하고 헐렁해진다"에 이르면 무릎을 치며 미소 짓게 됩니다. 화자는 이를 뽑았기 때문에 통증이 사라진 대신 말을 할 때, 하하, 이 빠진 하모니카 소리를 내는 신세가 되고 말았습니다.

그러나 화자는 그것을 웃어넘깁니다. 말소리야 어떻게 되든 말든 치통이 사라짐으로써 머릿속이 시원하고 헐렁해졌으니 이 얼마나 다행스런 일입니까. 이러한 우스갯소리 속에 들어 있는 생활철학은 우리의 평범한 삶을 충전시키는 역할을 합니다. 정신없이 살다가 이런 시 한 수 읽으면 정신이 번쩍 드는 것입니다.

이런 시는 '긴장감'을 시 평가의 잣대로 들이대려는 뭇 평론가를 향한 '이빨 빠진 우스꽝스런 소리'가 아니고 무엇일까요. '카타르시스'는 아리스토텔레스

이래로 시의 목적 중에서 가장 중요하게 취급되어온 것입니다. 반드시 긴장감을 고조시켜야 좋은 시가 되는 것이 아닙니다. 혁대 풀듯이 우리의 긴장감을 풀게 하고, 농담 던지듯이 하면서 정문일침의 교훈을 주는 임영조 시인의 시가 많이 그립습니다. 아래의 글은 1주기를 맞아 만든 추모문집에 나와 있는 편지글입니다.

임영조 선배님!

선배님이 세상을 버리신 지도 10개월이 다 되어갑니다.

저승세계에서는 몸과 마음이 다 평안하십니까? 얼굴이 반쪽이 되어버린 말년의 모습이 떠오르고, 뒤이어 선배님과 함께 했던 적지 않은 시간이 떠올라 희비가 교차합니다. 선배님은 육신의 고통이 없는 세상으로 가셨지만 넋은 여전히 시를 짓기 위해 고뇌하고 계시겠지요.

음주를 곁들인 사당동에서의 나날은 참으로 즐거웠습니다. 오세영 선생님을 좌장으로 모시고 일당이 모이면 임 선배님은 늘 분위기 메이커로 나섰습니다. 세상 돌아가는 이야기와 문단 이야기, 시와 시인 이야기에 밤이 깊어가는 줄도 몰랐습니다. 선배님은 참 구수한 말솜씨로 우리 모두를 즐겁게 했습니다.

선배님은 귀가 좀 어두워서 자기주장에 치우친 말씀도 했었고 간혹 좌충우돌하는 말씀을 하시기도 했었지만 제게는 늘 신선하기만 했습니다. 미당 선생님에 얽힌 일화는 들어도 들어도 재미있기만 했었지요. 아니, 선배님의 말씀은 재미만 있었던 것이 아닙니다. 시인을 푸대접하는 이 땅에서 자존심을 지키며 살아가기가 얼마나 어려운가를 역설하였고, 그 말씀은 지금 생각해도 제 마음을 반듯하게 펴줍니다. 꼬장꼬장한 선비기질을 선배님처럼 완벽하게 지니고 계신 분을 저는 앞으로 다시는 만날 수 없을 것입니다.

일당은 사당동에서 출판기념회 등을 빙자하여 두세 달에 한 번씩 모였습니

새로 나온시집을 들고 임영조 시인의 댁을 방문한 날

다. 남원추어탕이나 향원복집에서 소주를 곁들여 저녁을 먹고 피카소나 에뚜아르에서 맥주를 마셨지요. 간혹 노래방에 들를 때면 문단 최고의 음치라는 선배님의 노래를 듣는 것이 고역이었는데 이제는 그 노래가 그립기만 합니다. 일당은 주로 김명인·이숭원·박주택·이재무·이승하였고, 김강태·고형진·송희복·홍용희도 자주 어울린 멤버였습니다. 아, 김지헌·안정옥·정채원·허혜정 씨도 선배님을 흠모하여(?) 잘 따른 문단의 후배들이었지요.

선배님을 땅에 묻고 온 날, 49제 뒤 추모의 날에 모여 선배님이 안 계신 이 세상의 허전함을 뼈저리게 느끼며 모두 안타까워했었지요. 선배님이 안 계신 사당동이며 우리 시단, 그리고 한국시인협회의 자리가 너무 넓어 허전하기 이를 데 없습니다. 그 말소리, 웃음소리, 노랫소리가 날이 지날수록 더 많이 그립습니다.

그래서 책을 한 권 묶어 선배님의 목소리를 다시 한 번 듣기로 했습니다. 1

주기에 맞춰 책을 내려 하는데 하늘나라에서 그런 책을 왜 내느냐고 역정을 내지는 마십시오. 선배님에 대해 쓴 여러 사람의 인물론과 추모의 글을 모았습니다. 선배님이 여러 지면에 쓰셨던 체험적 시론과 수필은 인간적 체취가 물씬 풍겨 가슴을 훈훈하게 합니다. 사모님께서 선배님의 체취가 담긴 글을 한 편 한 편 모아주셨고, 이재무 형이 출판 쪽 일을 주선해 주었습니다. '천년의 시작'에서 흔쾌히 책을 내주겠다고 하여 감격스러웠습니다.

선배님, 책이 출간되면 조촐한 모임을 한 번 가질까 합니다. 그리고 몇 년 있다가 시 전집이나 선집을 내어 또 '임영조 시인을 그리워하는 모임'을 갖고 싶습니다. 허락해주실 거지요?

임영조 선배님!

이런 글을 쓰고 있자니 오늘따라 더욱 뵙고 싶습니다. 제가 선배님을 가깝게 뵌 것은 선배님이 한국시인협회 사무국장이 되었을 때부터였습니다. 저 보고 간사가 되어 심부름을 해달라 청하시기에 선배님 사랑을 받는 것이 즐거워 야유회며 세미나 때 짐꾼 노릇을 하면서 선배님이 사주시는 술을 여러 차례 마셨고, 이사도 "우리 동네로 오너라"고 하시어 과천으로 하게 되었습니다.

시내에서 몇 차례에 걸쳐 마셔 취기가 돌아도 과천으로 오는 동안에는 깨기 마련이었습니다. 그럼 선배님은 저를 꼭 술집으로 데려가 '엄격한 선배'로서 '철없는 후배'에게 저의 태작에 대해 조목조목 충고를 해주셨고, 때때로 분에 넘치는 칭찬도 해주셨습니다.

선배님이 지금 제 곁에 없는 것이 참 아쉽지만 선배님이 쓰신 시와 들려주신 말씀은 언제나 제 곁에 있습니다. 시를 배우는 후학들에게 선배님의 시와 시정신을 가르치겠습니다. 이 책이 그들을 위한 작은 길잡이의 역할을 할 것이라 믿습니다. 선배님의 명복을 빕니다.

하늘나라에 있는
기형도를
생각하며

• 기형도의 〈질투는 나의 힘〉

기형도 시인과의 작은 인연을 회상하며
이 땅의 청소년들이 무척 좋아하는 시인이 예전에는 윤동주였는데 근년에 들어 기형도로 바뀌었다고 합니다. 기형도 시인과의 추억이 별로 많지는 않지만 이상하게도 그는 제 마음속에 아직도 씩씩하게 살아 있습니다. 여러분도 기형도 시인을 요절한 시인으로만 기억하지 말고 질투도 많고 욕심도 많았던 한 사람의 정직한 시인으로 기억해주길 바랍니다. 기형도 시인은 다른 사람과 별반 다를 바가 없었고, '의문의 죽음'이라는 특이성으로 기억되는 것을 자신도 바라지 않을 것입니다.

아주 오랜 세월이 흐른 뒤에
힘없는 책갈피는 이 종이를 떨어뜨리리
그때 내 마음은 너무나 많은 공장을 세웠으니
어리석게도 그토록 기록할 것이 많았구나

구름 밑을 천천히 쏘다닌 개처럼

지칠 줄 모르고 공중에서 머뭇거렸구나

나 가진 것 탄식밖에 없어

저녁 거리마다 물끄러미 청춘을 세워두고

살아온 날들을 신기하게 세어보았으니

그 누구도 나를 두려워하지 않았으니

내 희망의 내용은 질투뿐이었구나

그리하여 나는 우선 여기에 짧은 글을 남겨둔다

나의 생은 미친 듯이 사랑을 찾아 헤매었으나

단 한 번도 스스로를 사랑하지 않았노라

—〈질투는 나의 힘〉(《입 속의 검은 잎》, 문학과지성사, 1989) 전문

제가 동기생 남진우의 전화를 받고 세브란스병원 영안실로 헐레벌떡 달려갔던 봄날, 시인은 영정 속에서 아무렇지도 않다는 듯 나를 내려다보고 있었습니다. 저보다 백배는 건강하게 보였던 그가 나이 서른이 되기 직전에 고인이 되었고, 내가 자네한테 조문을 가서 절을 올리게 될 줄이야. 만날 때마다 느낀 것이지만 그는 너무나 씩씩했고 유쾌했고 말도 참 잘했습니다. 그때까지만 해도 말을 꽤 더듬었던 저와는 너무나 대조적으로.

영안실에서 소주를 마시면서 하재봉 씨와 나눴던 대화가 잊히지 않습니다.

"이 형! 최근에 기형도가 발표한 시들 읽어보셨어요?"

"읽어봤지요. 기가 막힌 일입니다. 전부 자기 죽음을 예언한 시들 아닙니까."

그가 시내 파고다극장에서 영화 〈뽕 2〉를 보다가 절명한 것은 1989년 3월 7일 새벽 3시 30분경이었습니다. 계간지가 3월 1일 전후로 출간되었는데 공교

롭게도 그 시점에 발표한 시들, 즉 사망 직전에 발표한 시들의 제목이 '빈 집', '가수는 입을 다무네', '입 속의 검은 잎' 등이었습니다. 하재봉 씨와 저는 바로 며칠 전에 읽은 그 시편들에 거무튀튀하게 번져 있는 죽음 이미지에 대해 이야기를 나누며 소주를 물 마시듯 마셔댔습니다. 평소의 그는 병을 앓기는커녕 건강하기만 했으니 죽음이 도무지 믿어지지가 않았습니다. 아무런 질병의 흔적도 약물 복용의 혐의도 남기지 않은 그가 도대체 왜? 하지만 희한한 일은 사망 며칠 전에 우리에게 보여준 기형도의 시가 온통 죽음, 죽음, 죽음의 이미지로 가득했다는 것입니다. 그는 왜 그 야심한 시간에 남색가들이 파트너를 찾기 위해 들어간다고 하는 극장에 들어가서 새벽녘에 숨을 거두었던 것일까요. 아무튼 자정 넘어서까지 이어진 영화 상영이 끝나 관객들이 다 나가고 텅 빈 극장 안에 청소하러 들어간 청소부에 의해 그가 발견되었을 때는 이미 뇌졸중으로 절명한 후였습니다.

영안실에서 시인과 절친했던 연세대문학회의 친구 원재길 씨에게 물어보아도 그가 죽기 전날의 행적이 드러나지 않아 우리는 그가 왜 그 시간에 그곳에 갔는지, 그곳에서 죽었는지 모르겠다고 이구동성으로 이야기했습니다.

제가 그를 처음 만난 것은 1986년 겨울이 아니었나 싶습니다. 그는 그 무렵 중앙일보사 문화부 기자였습니다. 그가 어느 날 저한테 전화를 해왔습니다.

"이승하 시인이지요? 저 중앙일보 문화부에 있는 기형도라고 합니다."

"기형도 씨라고요? 반갑습니다. 동아일보 당선작 〈안개〉 잘 읽었습니다. 시가 참 좋던데요."

"고맙습니다. 제가 전화를 한 이유는 이 형한테서 원고를 하나 받고자 해서입니다. 지금이 이른바 신춘문예의 계절 아닙니까. '나의 신춘문예 체험'이라는 코너를 만들었는데 이 시인께서 신춘문예를 준비하고 당선되던 시절의 이야기를 써주시면 고맙겠습니다."

"쓰지요. 몇 매 정도 쓰면 됩니까?"

원고를 팩스로 보낼 수도 있었지만 그때는 아직 이메일이란 것이 사용되기 전이었습니다. 그는 시간이 되면 중앙일보사로 한번 와주기를 원했고, 나도 1985년 동아일보 당선작 〈안개〉를 쓴 시인을 만나고 싶어 원고를 들고 오랜만에 중앙일보사에 놀러갔습니다. 우리는 그날 신문사 근처 음식점에서 점심을 같이 먹었습니다. 저녁이었다면 술잔을 기울였겠지만 그를 처음 만난 날 술을 마신 기억이 없으니 만난 시간은 분명히 낮이었습니다.

그는 밥을 먹으면서 저를 한동안 몹시 원망했다고 말했습니다. 1983년 말, 중앙일보사에 〈겨울 판화〉 연작시 몇 편을 투고하고는 내심 큰 기대를 걸고 있었는데 자신은 최종심까지 올라가 차점자로 떨어지고 저의 〈畵家 뭉크와 함께〉가 당선되어 부러움과 동시에 질투심이 나서 몹시 괴로워했다고 말했습니다. 그럼 그의 시 〈질투는 나의 힘〉은 저 때문에 쓴 시일까요? 그런 것이 뭐가 중요하겠습니까. "살아온 날들을 신기하게 세어보았으니" 하는 대목에 담겨 있는 자신의 죽음에 대한 예언이 중요한 것이겠지요.

"이 형의 시는 대단히 충격적이었습니다. 처음에는 뭐 이런 시가 다 당선이 되었나 싶어 화도 나고 그랬어요. 말더듬이를 하나의 화법으로 삼을 생각을 어떻게 하셨습니까?"

"하하, 제가 말을 심하게 더듬었거든요. 지금도 사람들 앞에서 발표를 하거나 회의석상에서는 말을 꽤 더듬습니다."

그는 제가 내민 글에 '입대 전 투고…… 꼴찌 작품으로 습작 마감'이라는 제목을 붙여 실어주었습니다. 꼴찌 작품이란 것은 무슨 말인가 하면, 투고작 중 제일 밑에 깔려 있던 작품이 당선작으로 선정되었다는 것입니다.

뒤에 서 있는 사람은 기형도와 조선일보 박해현 기자. 앞에는 웃고 있는 나와 가방을 들고 있는 후배 시인 전동균.

그날 이후 그와의 만남은 그저 1년에 한두 번, 그것도 문인들이 한꺼번에 모이는 시상식이나 송년 모임 같은 때였습니다. 저는 그 무렵 쌍용그룹 홍보실이라는 데 적을 두고서 만원 전철에 실려 출·퇴근을 하는 샐러리맨이었고, 그는 신문사 정치부와 문화부·편집부 등을 거치며 경력을 쌓아가고 있던 민완한 기자였습니다.

그는 그 시절에 기자로서는 경력을 확실히 쌓아가고 있었지만 시인으로서는 철저히 무명이었습니다. 시인의 살아생전에 기형도의 시에 대해 언급한 문학평론가는 딱 두 사람, 조남현과 최동호 씨였습니다. 조남현은 〈신예들의 저력과 가능성〉에서, 최동호는 〈80년대적 감성의 자리잡기〉에서 80년대에 등단한 여러 유망한 시인을 죽 나열하는 가운데 기형도도 있다는 식으로 스쳐 지나가면서 언급했을 따름이었지요.

1985년 동아일보 신춘문예로 등단하여 1989년 3월 7일에 작고할 때까지 그는 철저하게 무명의 시인이었지만 사후 그에 대한 평가는 완전히 뒤바뀝니다. 문학과지성사에서 김현 씨가 해설을 써 간행된 유고시집 《입 속의 검은 잎》은 문지시선 사상 최고의 발행 부수를 기록하게 되고 작고 10년 만에 간행된 전집은 발간 사흘 만에 재판을 찍었습니다. 그의 시집은 지금껏 최소 50만 권은 나간 것으로 알려져 있습니다. 기형도 사후에 그의 시를 연구한 글이 1백 편이 넘게 발표되었습니다. 제 제자 중 구지원은 기형도와 보들레르의 시에 나타난 각종 이미지를 비교 연구하여 석사학위를 받았고, 김은석은 기형도 시의 가상 공간과 환상성을 연구하여 박사학위를 받았습니다. 필명을 금은돌로 쓰는 김은석의 논문은 《거울 밖으로 나온 기형도》라는 책으로 나왔습니다.

저는 기형도를 만난 적이 몇 번 안 되지만 연세대 출신의 시인 원재길과 여러 해 동인 활동을 했기에 그에 대한 이야기는 수시로 듣고 있었습니다. 그의 지독하게 가난했던 유년시절에 얽힌 여러 가지 이야기들을. 저는 생시의 그를 사실은 시인으로서보다는 기사를 정직하게 쓰는 기자로 기억하고 있습니다. 영화평이나 연예인 평은 침소봉대하게 마련인데 그가 촌지를 받았는지 안 받았는지 알 수 없지만 느낀 그대로 정직하게 써 제 기억에 강하게 남아 있습니다.

그는 살아생전에 우리 시단의 '가수'였습니다. 연세대 국문학과에 계신 정현기 교수도 어느 가수 못지않은 노래 실력을 갖고 있는데 연대 나온 사람은 다 노래를 잘하나 봅니다. 그는 남진우의 결혼식장에서 영화〈로미오와 줄리엣〉프랑코 제피렐리 감독의 주제가인〈캐풀릿 가의 축제〉를 정말 멋지게 불렀습니다. 시단의 가수 3총사는 그와 박주택과 장석남인데……. 지금은 누가 노래를 잘하는지 모르겠습니다.

하재봉은 기형도 사후 1주기 모임을 주선했습니다. 하재봉은 기막힌 아이디어를 떠올렸습니다. 남진우에게 부탁하여 예식 행사를 찍은 비디오필름을 빌려, 어느 순간 추모 행사장의 불을 끄고 암흑천지로 만든 후에 기형도가 노래를 부르는 장면을 틀어주었다고 합니다. 그 자리에 모인 여성 독자들이 일제히 울먹였다고 하더군요. 그 추모의 자리에 저는 가지 않았지만 그에 대한 내 마음은 그때나 지금이나 여전히 애도, 애석함, 애처로움뿐입니다. 가난도 무명도 떨쳐버리고 신문기자로서, 또 시인으로서 탄탄대로를 걸어갔어야 할 그에게 죽음의 사신이 그렇게 일찍 방문했으니.

그대가 간 지도 25년, 저는 시집도 몇 권 냈고 문학평론집도 몇 권 냈습니다. 모교의 교수가 되어 살아가고 있지요. 저는 지금도 시인이고 학교에서 학생들 앞에서 시의 아름다움을 역설하고 있습니다. 기형도 시의 그 치열함과 처절함을 매 학기 학생들에게 이야기할 때마다 제 귓가에는 시인의 노랫소리가 들려오는 듯합니다. 그가 지금까지 살아 있다 하더라도 시를 위한 순교자적인 자세를 잃지 않고 있으리라고 믿습니다. 1980년대를 살면서 그는 그 시대에 대해 절망했는데 90년대도 2000년대도 2010년대도 이 땅은 여전히 비극적인 상황이지요.

하늘나라에서도 기형도는 시를 열심히 쓰고 있겠지만 나는 읽을 수가 없습니다. 아픔도 설움도, 억울함도 부러움도 없을 그곳은 정녕 천국이 아닐까요. 시인의 명복을 다시 한 번 빕니다. 아래의 시는 같은 묘역에 있는 구상 시인과 기형도 묘소에 참배하고 와서 쓴 것입니다.

1. 구상 시인 묘비 앞에서

지아비 具　요한　常
1919년 9월 16일 — 2004년 5월 11일
아내 徐 마리아데레사 暎玉
1919년 2월 4일 — 1993년 11월 5일

적군묘비 앞에서 울먹였던 시인이
이곳에 뼈 묻은 지 어언 10년

10주기에 찾아온 참배객들 대부분
신발 벗었다 신을 일 없을 것이다

10년만 지나면

이 광대한 부지가 다 무덤
거의 대부분
사람 다녀간 흔적이 없다
무덤마다, 조화조차 빛에 바래
누리끼리하다

11월 7일에는 비가 왔었다
두 아들도 앞세우고 아내도 앞세우고
스승은 민망하다는 듯이
빨리 식당으로 가자고만 외치고 있었다

2. 기형도 시인 묘비 앞에서

幸州奇公 그레고리오 亨度之墓
1960. 2. 25 — 1989. 3. 7

석간 문화일보 부고 기사를 보고
달려간 세브란스병원 영안실
너는 빙그레 웃고 있었다
'산다는 것의 가소로움이여' 하고 말하고 있는 듯

기억한다 남진우 결혼식장에서 부른 노래

'캐플릿 가의 축제'

축제는 한 순간에 끝나고

그때 그 장례식장

시인들은 만취해 부둥켜안고 울기도 하고

주먹다짐에 나서기도 했지만

새벽이 되니 신발이 몽땅 사라지고 없는 것이었다

세월은 흘러 그대 간 지 어언 30년

비석 위에 꽃을 올려본들

시들지 않는 생화가 있느냐

봉분에다가 술을 뿌리고

주검 앞에서 죽음을 잊는다

죽음 앞에서 주검을 잊는다

대부님, 내년에 또 오겠습니다

형도, 내년에 또 오겠네.

—〈시인들, 신발을 벗다〉 전문